THE RISE AND FALL OF
THE GREAT POWERS

大国的兴衰（下）

1500－2000年的经济变革与军事冲突

（英）保罗·肯尼迪（Paul Kennedy）◎著
王保存 王章辉 余昌楷◎译
朱贵生◎审校

中信出版社·CHINA CITIC PRESS ·北京·

图书在版编目（CIP）数据

大国的兴衰（下）/（英）肯尼迪著；王保存等译．—北京：中信出版社，2013.2 （2024.1重印）
书名原文：The Rise and Fall of the Great Powers
ISBN 978-7-5086-3780-8
I. ①大… II. ①肯… ②王… III. ①国际政治-研究 ②世界经济-研究 ③国际关系史-研究 IV. ①D5 ②F11 ③D819
中国版本图书馆CIP数据核字（2012）第308649号

大国的兴衰（下）

著　　者：[英]保罗·肯尼迪
译　　者：王保存　王章辉　余昌楷
审　　校：朱贵生
策划推广：中信出版社（China CITIC Press）
出版发行：中信出版集团股份有限公司
（北京市朝阳区东三环北路27号嘉铭中心　邮编　100020）

承 印 者：北京通州皇家印刷厂

开　　本：787mm×1092mm　1/16　　印　　张：18　　字　　数：300千字
版　　次：2013年2月第1版　　印　　次：2024年1月第40次印刷
京权图字：01-2012-6236
书　　号：ISBN 978-7-5086-3780-8 / F · 2807
定　　价：59.00元

THE RISE AND FALL OF THE GREAT POWERS

目 录

第二篇 工业时代

第三篇 当代和未来

第二篇

工业时代

THE RISE AND FALL OF
THE GREAT POWERS

第六章　两极世界的来临（1919~1942）

人们在数十年前预测的两极世界终于来临，军事力量对比再次变得与全球经济资源布局一致。

战后国际秩序

1919年初，大大小小的国家的政治家们云集巴黎，磋商和平解决办法。他们面临的一系列难题，要比他们的前辈在1856年、1814~1815年和1763年所遇到的问题更为广泛、更为棘手。虽然议事日程上的许多问题都可以列入《凡尔赛和约》(1919年6月28日签订）加以解决，但是，敌对的种族集团竞相建立"继承人国家"而在东欧造成一片混乱，俄国的内战和外来干涉，以及土耳其民族主义者对于西方企图瓜分小亚细亚所做出的反应都表明，直到1920年，许多问题还没有得到解决，甚至有些问题到1923年仍为悬案。为了简单明了起见，我们将把这一系列协议作为一个整体，而不是按照它们实际付诸实施的年代顺序来考查。

如果按照领土—法律标准来衡量，欧洲最引人注目的变化，可以说是在先前属于哈布斯堡帝国、罗曼诺夫帝国和霍亨索伦帝国的土地上出现了一系列民族国家，这些国家是波兰、捷克斯洛伐克、奥地利、匈牙利、南斯拉夫、芬兰、爱沙尼亚、拉脱维亚和立陶宛。种族上凝聚在一起的德国，在东欧丧失的领土比苏维埃俄国和完全瓦解的奥匈帝国都要小得多。但它的力量在其他方面遭到了削弱，其中包括将阿尔萨斯—洛林归还法国，同比利时和丹麦进行了边界调整，盟军占领了莱茵兰，法国对于萨尔的经济剥削，史无前例的“非军事化”条款（即只得保有规模极小的陆军和近岸防卫的海军，不得保有空军、坦克或潜艇，撤销普鲁士总参谋部等），以及巨额赔款。此外，德国还将其广大的殖民帝国丢给了英国、自治领和法国，正像土耳其发现自己的近东领土变成了英国和法国的委任统治地、在形式上受到新建国际联盟的监督一样。在远东，日本虽然在1922年将山东归还了中国，但却接管了先前属于德国的位于赤道以北的岛屿群。在1921~1922年召开的华盛顿会议上，各国承认了太平洋和远东地区的领土现状，并同意根据相对标准来限制各自的作战舰队的规模，从而阻止了英、美、日三国的海军军备竞赛。因此，到20世纪20年代初，无论在西方还是在东方，国际体系已趋于稳定。所遗留的难题（或者今后可能出现的问题），都可以通过国际联盟来处理；尽管美国没有加入，国际联盟仍定期在日内瓦举行会议。

1920年后，美国突然退回到至少是相对的外交孤立主义之中，这似乎与上述的、自19世纪90年代以来所形成的世界强国的发展趋势是矛盾的。对那个时期之前的世界政治预言家来说，国际舞台将日益受到正在兴起的德国、俄国和美国的影响（如果说不是统治的话），这一点不言而喻。然而事实是，这三个国家中的第一个国家遭到了决定性的失败；第二个国家在革命中崩溃了，后来又退回到布尔什维克领导的孤立状态中；而第三个国家，尽管在1919年无疑是世界上最强大的国家，它也宁愿退出外交舞台的中心。结果是，20世纪20年代和以后时期的国际事务似乎仍是以英国和法国的行动为中心，尽管两个国家在第一次世界大战中都遭到了严重的削弱；或者是以国际联盟的审议为中心，而在国际联盟中又是英、法的政治家们扮演着主要角色。奥匈帝国现已消亡。在意大利，1922年以后，墨索里尼领导的国家法西斯党正处在巩固其统治地位的时期，因而显得比较沉默。日本也是一样，似乎是在平静地遵循着1921~1922年华盛顿会议的决定。

因此，从一个难以理解的和（我们将会看到）人为的观点来看，世界似乎仍是一个以欧洲为中心的世界。这一时期的外交史更多地是以法国“寻找安全”以对抗德国未来的复兴为中心的。在美国参议院否决《凡尔赛和约》的同时，法国也失去了英美特殊的军事保证，只好设法寻求各种补救措施，例如，鼓励在东欧形成一个“反修正主义”的国家集团（即1921年所谓的小协约国）；与比利时（1920年）、波兰（1921年）、捷克斯洛伐克（1924年）、罗马尼亚（1926年）和南斯拉夫（1927年）等国单独结盟；维持一支庞大的陆军和空军以威慑德国，并在德国不支付赔款时进行干预，就像1923年的鲁尔危机那样；努力说服历届英国政府对法国的边界提供新的军事保证，这一努力仅仅在1925年签订的多国《洛迦诺公约》中间接地取得了一些结果。这一时期还是一个财政外交的紧张时期。由于德国赔款和协约国的战争债务之间相互影响，不仅搅乱了胜利者和被征服者之间的关系，而且也搅乱了美国和它的前欧洲盟国之间的关系。“道威斯计划”（1924年）的财政妥协在很大程度上平息了这场动乱，同时也为第二年《洛迦诺公约》的签订打下了基础；随之而来的是德国加入国际联盟和作为修正了的财政解决方案的“杨格计划”（1929年）的出笼。确实，到20世纪20年代末，由于繁荣又回到了欧洲，国际联盟明显地被当作国际体系中一个重要的新因素，相当多的国家（根据1928年的《巴黎公约》的规定）庄严地同意在解决未来的争端中不诉诸武力，外交舞台似乎已恢复了常态。像施特莱斯曼、白里安和张伯伦这样的政治家们，以他们自己的方式充当着现代的梅特涅和俾斯麦，在欧洲这个或那个游览胜地聚会以解决世界的事务。

然而，尽管存在着这些表面现象，1919年以后的国际体系的基础结构毕竟不同于半个世纪以前影响外交的那些基础结构，而且前者要比后者脆弱得多。

首先，4年半的“总体战”所造成的人口损失和经济破坏是巨大的。在实际战斗中死亡人数大约为800万，另外有700万人永远成了残疾人，还有1 500万人“伤得或重或轻”，在这些伤亡者之中，绝大多数人都处在具有生产能力的一生当中的最佳年华。此外，由于那些所谓的“战争诱发的原因”——“战争所引起的和军事冲突所造成的疾病、饥荒和匮乏”，除俄国外，欧洲伤亡平民可能超过500万人；而俄国人的伤亡总数（要是把内战的惨重损失也加在一起的话）要比这大得多。战时“生育赤字”（由于那么多的男人被调往前线，因此人口不能以战前的正常比率更新）也是极高的。最后，虽然大的战役停止了，但在战后边界冲突中，如在东欧、亚美尼亚和波兰的边界冲突中，战斗和屠杀仍没有停止。这些受到战争削弱的地区哪一个也没有逃脱掉1918~1919年那场可怕的流行性感冒的传播，这一灾祸又夺走了数百万人的生命。因此，在这段持久的时期里，受害人数（伤亡人数）总计高达6 000万人，其中将近一半的损失发生在俄国，而法国、德国和意大利也受到了严重的损害。目前还没有什么方法可以衡量这场人类浩劫给个人带来的极度痛苦和心理冲击，但是这场浩劫的参与者——从政治家到农民——都受到了深重影响这一点是显而易见的。

这场战争的物质损失也是空前的，对于那些看到法国北部、波兰和塞尔维亚惨遭蹂躏的景象的人们来说，物质损失更加骇人听闻：无数幢房屋被摧毁，田野一片荒芜，公路、铁路和电报线路都被炸断，牲畜横遭屠杀，森林被彻底摧毁，由于遍布着大量未爆炸的炸弹和地雷，大片田园无法耕种。如果再加上船舶损失、用于动员的直接和间接费用以及各参战国所筹集的款项，这场战争的总消耗实际上高得叫人无法想象。事实上，大约有2 600亿美元左右。据估算，这个数字“相当于从18世纪末到第一次世界大战前夕整个世界所有国家债务总和的6.5倍”。在持续几十年的增长以后，世界制造业产量突然下跌。1920年世界制造业产量仍不及1913年的7%，农业产量低于常年的1/3，出口额只及战前时期的一半左右。整个欧洲经济的发展在长达近8年的时间里处于停滞状态[1]，个别国家所受到的影响更为严重。可以预料，处于混乱中的俄国在1920

年创下了工业产量的最低纪录，只占1913年产量的13%；而德国、法国、比利时和大半个东欧的工业产量至少要比战前低30%。

如果说一些国家受到这场战争的影响更为深重的话，那么毫无疑问，其他国家所受到的影响就较轻，而且许多国家经过这场战争反而改善了它们的地位。因为事实是，现代战争和被现代战争所刺激起来的工业生产力也有积极作用。严格地从经济和技术角度来说，这些年取得了很多进步，具体表现在汽车和卡车生产、飞机制造业、炼油和化学制品、电力工业、染料工业和合金钢工业、冷藏法和罐头食品的制造以及其他许多工业部门。很自然，如果一个国家的经济远离前线的破坏，那么事实证明，它是很容易利用这些进步并从这些进步中获得商业利益的。这就是饱受消耗战之苦的欧洲对于工业品、原材料和粮食的需求，刺激了美国、加拿大、澳大利亚、南非、印度和南美部分国家经济发展的原因所在。和从前重商主义的冲突一样，一个国家的损失通常使另一个国家受益，如果后者能够避免战争消耗，或者至少能够防止发生大规模的交战的话（见表26）。

表26　世界制造业生产指数（1913~1925年）

	1913年	1920年	1925年
世　界	100	93.6	121.6
欧　洲*	100	77.3	103.5
苏　联	100	12.8	70.1
美　国	100	122.2	148.0
世界其他地区	100	109.5	138.1

*包括英国、法国、比利时、荷兰、德国、丹麦、挪威、瑞典、芬兰、瑞士、奥地利、意大利、捷克斯洛伐克、匈牙利、波兰、罗马尼亚、希腊和西班牙。

关于世界制造业生产的这些数字在这方面很能说明问题，因为它们记录了在其他地区取得巨大进步的同时，欧洲（特别是苏联）在这场战争中遭受损害的程度。毫无疑问，从一定程度上来说，工业化从欧洲向美洲、日本、印度和澳大拉西亚[2]扩展，使得这些地区在世界贸易额的比重日益增长，仅仅是19世纪末期以来就显露出的经济发展趋势的持续上升。因此，根据上文已提到的那种计算方法来计算，美国在1914年以前经济的增长量可能已经超过了欧洲1925年的总产量。这场战争所起的作用，只是用仅仅6年的时间（即到1919年）加速了那一事变。另一方面，和1880~1913年的变化不同，全球经济力量对比中的这些特殊变化并不是发生在几十年的和平时期，也不是以市场力量的大小为转移的。相反，战争和封锁的作用就在于形成了它们自己独特的需求，因而大大改变了世界生产和贸易的自然模式。例如，在战争中期，为了弥补被潜艇所击沉的船只，造船能力（特别是美国的造船能力）得到了巨大的增强，但是1919~1920年以后，在全球航行的船只就出现了过剩现象。又如，在战争期间欧洲大陆的钢产量下降了，而美国和英国的钢产量却迅速增加，但是当欧洲的钢的生产者恢复元气以后，这种过剩的生产力是极其可怕的。这一问题也影响到了一个更大的经济部门—农业。在战争期间，欧洲大陆的农业产量减少了，俄国的战前谷物出口贸易也消失了，然而，南北美洲和大洋洲的农业产量却有了巨大的增加，它们的农民成了奥匈帝国皇太子之死当然的（如果不是预谋的）受益人。但是，到20世纪20年代后期欧洲农业得到恢复以后，整个世界的农业生产者则面临着对农作物需求量减少、价格日益下跌的困境。这些结构性的变化对所有地区都产生了影响，但在东欧和中欧地区，这种影响尤为强烈，因为在那里，脆弱的“继承者国家”正在为解决新的国界、混乱的市场和交通而疲于奔命。凡尔赛创造的和平和按照（大致地按照）种族界线重新划定的欧洲版图本身，并没有为恢复经济稳定提供保证。

最后，战争的财政支出引起了空前复杂的经济问题以及随之而来的政治问题。很少有几个交战国（英国和美国例外）曾试图通过增加税收来偿付这场战争的部分费用；相反，大多数国家都几乎完全依赖于借款，并设想由战败国来偿还这些债务——像1871年法国所做的那样。没有黄金保险的公债在直线上升，国家财政部源源不断抛出的纸币使物价飞涨。由于战争所造成的经济破坏和领土变更，1919年欧洲各国都不准备跟随美国恢复金本位。松散的货币和财政政策造成了通货膨胀的持续增长，这在中欧和东欧导致了灾难性的后果。各国孤注一掷地试图增加出口而执行国家通货贬值政策，只能产生更严重的财政不稳定性和政治上的敌对状态。这一问题又与协约国内部的贷款和战胜国（特别是法国）要求德国巨额赔款这些相互关联的难题交织在一起。所有的欧洲协约国都欠英国的债，也都少量地欠法国的债；然而这两个国家都大量地欠美国的债。由于布尔什维克拒绝偿还俄国的36亿美元巨额借款，由于美国要求收回贷款，由于法国、意大利和其他国家在得到德国的赔款之前拒绝还债，还由于德国人宣称他们不可能按要求支付那么多赔款，因而一连几年国际舞台一直陷入激烈争吵的状态。这就使西欧和怀有不满情绪的美国之间在政治上存在的鸿沟更加扩大了。

如果说1924年的道威斯计划似乎使这些争吵得到平息这一点是正确的话，那么这场混乱的政治和社会后果却是极为严重的，特别是在前一年[3]德国陷于极度通货膨胀期间更是如此。同样使人惊恐的是，20世纪20年代中期世界经济表面上的财政和商业稳定所依赖的基础，比第一次世界大战以前所存在的那种基础还要不稳定得多，尽管这一点在当时还不大为人知晓。虽然到这时金本位在大多数国家里得到了恢复，但是，以英国伦敦金融区为基础的、1914年以前的那种灵敏的（几乎是自我平衡的）国际贸易和金融流通机制已不复存在。事实上，伦敦为恢复这个角色曾做过不顾一切的努力，其中包括1925年把英镑的汇率固定在战前1英镑兑换4.86美元的水平上，这一行动使英国出口商遭受严重打击；英国还恢复了向海外大规模提供贷款的做法。然而事实是，在1914~1919年，当欧洲的国际债务日益增加而美国则变成了世界上最大的债权国之时，世界财政中心已经自然而然地跨过了大西洋。另一方面，美国经济的独特结构——较少依赖于对外贸易，很少与世界经济联为一体，倾向于保护主义（特别是在农业方面）而不是自由贸易，缺少一个与英格兰银行相同职能的对应机构，在繁荣与萧条之间大幅度地波动和政治家们更直接地受到本国的院外集团的影响等——意味着国际财政和商业体系在围绕着一个易变的和有缺陷的中心点运转。现在不再有真正的“最后可以求助的贷方”，来为发展世界经济基础设施和稳定国际账目结算中的暂时脱节现象提供长期贷款。

这种结构上的不健全在20世纪20年代后期被掩盖起来了，那时巨额的美元以短期贷款的形式从美国流向欧洲各国政府和城市，所有人都愿意付出高额利息以利用这些资金——虽然并不总是明智的——来求得发展和弥补支付账款中的差额。短期贷款被用于长期计划，相当数目的投资（特别是在中欧和东欧）仍然被用于农业，因而日益增加农产品价格下跌的压力，支付这些债务利息的费用在令人惊恐地增加着，由于这些费用不能通过出口来偿付，所以只好用进一步的借款来维持，因此，到1928年夏天，这一体系已经崩溃了，那时美国的国内繁荣（和联邦储备局做出反应，提高了利率），导致了资本外流的大量缩减。

1929年10月的那场繁荣在“华尔街崩溃”中结束，加之美国贷款的进一步减少，造成了无法控制的连锁反应：缺少足够的贷款既减少了投资，也减少了消费，使工业化国家降低了需求，打击了粮食和原材料的生产者，而它们的反应就是拼命地增加供应，然后目睹价格体系几乎全部崩溃，这反过来又使它们不能购买工业制品。紧缩通货、出卖黄金和贬值货币、对商业和资本采取限制性措施以及拖欠国际债务，都成了那个时代各种各样的权宜之计；而每一个权宜之计，又都使全球的贸易和信用体系遭到进一步的打击。典型的保护主义的《斯姆特-霍利关税法》（为了帮助美国农民）在一个唯一拥有巨额贸易盈余的国家里被通过，使其他国家赚取美元变得愈加困难，这就遭到别国不可避免的报复，从而破坏了美国的商品出口。到1932年夏天，许多国家的工业产量只及1928年产量的一半，世界贸易减少了1/3。欧洲贸易额（1928年为580亿美元）到1935年下降到208亿美元，这一下降反过来又打击了海运、造船和保险等行业。

鉴于这场世界性危机及其引起的大规模失业现象极其严重，国际政治是无法逃脱这场危机所带来的灾难性影响的。制造业、原材料和农产品等方面的激烈竞争，增加了国家间的怨恨，迫使许多政治家们意识到选民们的不满，从而力图叫外国人多掏腰包。一些比较极端的集团，特别是右翼集团，利用经济混乱之机攻击整个自由资本主义制度，并要求实行以武力为后盾的（如果需要的话）专断的"国家"政策。一些比较脆弱的民主国家，特别是魏玛德国，当然还有西班牙、罗马尼亚和其他国家，在这些政治一经济压力下屈服了。统治日本的谨小慎微的保守主义者被民族主义者和军阀主义者挤掉了。西方民主国家如要平安地度过这些暴风雨，其政治家们就不得不集中力量加强对国内经济的管理，并抱着使四邻日益贫困这样一种态度。美国和法国这两个主要的黄金剩余国都不愿意帮助债务国摆脱困境。确实，法国越来越倾向于使用它的财政力量来控制德国的行为（这只能加剧莱茵河彼岸的怨恨）和加强它自己的欧洲外交。与此相类似的是，关于德国赔款的"胡佛延期付款法"与减少战争赔款（最终是不还债）问题的提出，是密不可分的，前者大大地激怒了法国，而后者则使美国大受其苦。货币的竞相贬值和1933年世界经济会议上关于美元和英镑汇率的分歧，在人们面前呈现出一幅暗淡的图景。

那时候，整个世界秩序已经瓦解成各种相互竞争的小单位：以英国贸易模式为基础，并为1932年渥太华会议确定的"帝国特惠制"所加强的英镑区；以法国为首的金本位区；以日本为依靠的远东日元区；以美国为首的美元区（罗斯福以后也出售黄金）；以及远离这些动荡不安地区，并在"一国之内稳定地建设社会主义"的苏联。甚至在阿道夫·希特勒宣布要建立一个自给自足的千年帝国计划之前，德国的自给自足政策就已经得到了很大的发展，在他要建立的千年帝国中，对外贸易变成特殊交易和"物品交换"协定。由于法国不断地反对盎格鲁-撒克逊人在处理德国赔款问题上的权力，由于罗斯福宣称美国在同英国人打交道时总是失败，又由于张伯伦在他前不久的讲话中已经确信美国的政策都是"空话"，所以民主国家在混乱的1919年世界秩序中无心合作去处理领土诉讼所造成的压力。

旧世界的政治家和外交部门总是认为理解和处理经济问题是很困难的。而对那些乐于回顾19世纪密室外交的人们来说，20世纪20年代和30年代期间民众舆论对于国际事务的影响日益增加也许更具有破坏性。从某些方面来说，这种情况无疑是不可避免的。甚至在第一次世界大战以前，整个欧洲的各政治集团就在不断地批评“旧式外交”的神秘性、秘密方法以及头面人物的先入之见，并要求用一种革新的体制取而代之。在这种新体制中，国家事务接受人民及其代表的监督。这些要求由于1914~1918年的冲突而变得更加强烈，其部分原因是，要求社会总动员的领导者们认识到，社会反过来也会要求对它做出的牺牲给予补偿，并在和平时期拥有发言权；另一部分原因是，被协约国宣传机构称之为为民主和民族自决权而战的这场战争，确实摧毁了中欧东部的专制帝国；还有部分原因是，甚至当克里孟梭和劳埃德·乔治正在叫嚣需要彻底的胜利之时，伍德罗·威尔逊这位有权势有感染力的人物仍不断施加压力，坚持要建立一个新的开明的世界秩序。

但是1919年以后，“民众舆论”存在的问题是，它在许多方面确实与格莱斯顿和威尔逊天真的幻想不相符。他们的幻想认为，民众是宽宏大度的，有教养的，公正的，富有国际主义思想和功利主义设想，并尊重法治。正如阿尔诺·迈耶所指出的，导致世界大战的“旧式外交”（这一点已得到普遍承认）在1917年以后不仅受到威尔逊改良主义的挑战，而且也受到布尔什维克对现存秩序更为有系统的批评的挑战，这种批评对于两大参战国阵营中有组织的工人阶级都具有相当大的吸引力。这就使得像劳埃德·乔治这样聪明的政治家们要设法把他们自己进步的对内对外政策加以装潢打扮，以抵消威尔逊的号召力，并制止劳工向往社会主义的倾向。但这种情况对于协约国阵营中那些更为保守的和民族主义的人物的影响却完全不同。在他们看来，为了国家的“安全”，必须坚定地反对威尔逊原则，而国家的“安全”只能通过边界的调整、殖民地的取得和赔款这些硬通货来衡量。同时对于更为令人惊恐的苏联威胁，则必须无情地予以摧毁，这种威胁既存在于布尔什维克的心脏地带，（尤其是）又存在于在西方崛起的仿效的苏维埃中。换句话说，调停争端的政治和外交受到历史背景、意识形态和国内政治因素的制约，其程度是1856年和1878年的国际会议所想象不到的。

不仅如此，到20世纪20年代后期，在西方民主国家里，人们对第一次世界大战的普遍看法是死亡、破坏、恐怖、浪费和毫无意义。1919年“迦太基式的和平”到来后，战时政治家们对人民付出的牺牲要给予报偿的诺言没有兑现，数百万残废退伍军人和数百万战争寡妇的出现，20世纪20年代后期的经济困难，信仰的丧失以及维多利亚式的社会关系和私人情感的崩溃等，所有这些都要归罪于1914年7月那些愚蠢的决定。民众中战斗精神和尚武精神的普遍减退，在许多方面是与认为国际联盟会使那种灾难不再重现的良好愿望结合在一起的，但是，这种战斗精神的减退，并不是所有战争参加者人人都有的——尽管英美文学曾给人们造成了这种印象。对于那些曾横跨过欧洲大陆赴前线作战的成千上万的士兵来说（失业、通货膨胀和对于战后资产阶级统治秩序的厌倦使他们的幻想破灭了），那场战争虽然冷酷无情，但也有某些积极的东西，例如军人的价值、战友情谊和暴力行动的刺激性等。对于战败国德国和匈牙利以及最令人不满的战胜国意大利等国的某些集团和法国的右翼派别来说，新法西斯运动的思想——即要求建立秩序、纪律和国家荣誉的思想，消灭犹太人、布尔什维克、颓废派知识分子和自满的自由中产阶级的思想——具有极大的吸引力。在他们的眼中（和在日本他们的同类人眼中），只有斗争、力量和英雄主义才是生活的永久特征，威尔逊国际主义的原则是虚假的和过时的。

这意味着20世纪20年代和30年代期间的国际关系，仍继续被意识形态和国际社会这两大因素困扰着，并牢固地分裂成若干政治集团，其中部分政治集团的划分与上述的经济区的划分是一致的。一方面，西方民主国家，特别是英语世界，被第一次世界大战的恐怖所吓退，正集中力量处理国内问题，特别是社会经济问题，并大规模地削减它们的国防建设投资；然而，法国领导者由于害怕德国的复活而继续保持着一支庞大的陆军和空军。很明显，许多法国公众也痛恨战争并渴望社会重建。在另一方面，苏联虽然在许多方面孤立于全球政治—经济体系之外，但是对于西方的崇拜者来说仍具有吸引力，因为它提供了一种“新文明”，尽管这种“新文明”是令人怀疑的。只有苏联避免了大萧条，尽管它也受到普遍的憎恨。最后，至少到20世纪30年代，已有德国、日本和意大利成了法西斯的“修正主义”国家，它们不仅恶毒地反对布尔什维克，而且也谴责1919年重建起来的自由资本主义现状。所有这一切，使得民主国家的政治家们履行外交政策极端困难，他们对于法西斯主义者或是布尔什维克的意图都掌握不住，因而只有渴望回到那种已遭到战争严重破坏的爱德华七世时期的“常规”状态。

如与上述这些问题相比，1919年以后在热带地区开始发生的一些问题，对于以欧洲为中心的这个世界的威胁性要小一些，但仍然是很重要的。在这里，人们也能发现1914年以前发生的一些事件，如埃及的阿拉比 · 帕夏起义，1908年以后青年土耳其党人的暴动，印度的提拉克企图使国大党更为激进的运动，以及中国孙中山反对西方统治的行动。由于同样原因，历史学家们注意到像日本在1905年打败俄国和同一年俄国发生的流产革命这样的事件，对于亚洲和中东其他地区典型的民族主义势力具有强烈的吸引力，并使其从中受到了鼓舞。具有讽刺意味然而又是可以预见的是，殖民主义越是渗透进不发达社会，把它们拉进全球商业和金融网络并使它们接触西方思想，就越容易激起本地人的反抗，来反对对他们传统的生活和贸易方式进行限制。不论这种反抗是以部落暴乱的形式出现，还是以受过西方教育的律师和知识分子寻求创立民众党派和发起民族自决运动这种更有意义的形式出现，其结果都是对欧洲殖民统治的一种日益增强的挑战。

第一次世界大战在各方面都加速了这些倾向的发展。首先，对于热带地区原材料经济剥削的加剧，和使殖民地为宗主国的战争努力做出人力和税收的贡献的企图，都不可避免地会引起殖民地人民提出“补偿”的问题，就像欧洲的工人阶级正在做的那样。其次，西非、西南非和东非、近东以及太平洋地区的反对殖民地运动，从总体上对殖民帝国的生存能力和永久性提出了疑问。这种倾向由于协约国关于“民族自决”和“民主”的宣传以及德国对于马格里布、爱尔兰、埃及和印度进行的反宣传活动而发展得更快。到1919年，正当欧洲列强建立它们的国际联盟委任统治权时——如A·J·P·泰勒所描述的，这是用精心制作的遮羞布来掩藏它们的帝国主义利益——泛非大会在巴黎召开并提出了自己的主张，华夫脱党在埃及建立起来，中国的五四运动风起云涌，凯末尔·阿塔图尔克作为现代土耳其的创立者正在崛起，突尼斯宪政党正在重新制定它的策略，印度尼西亚的伊斯兰教联盟成员已发展到250万人，而甘地则正在推动各种力量反对英国人统治印度。

更加重要的是，这次“反叛西方”的运动发现，那种大国之间不论有着怎样的分歧仍能团结起来进行讨伐的时代已一去不复返了，那时在这些大国和世界上不发达民族之间有着一道巨大的鸿沟。这一点与在柏林召开西非会议时的情况也大不相同。那种团结已经由于日本加入大国俱乐部而变得多余。早在1919年，日本的一些思想家就开始明确阐述“东亚共荣圈”的见解。而且这种团结被列宁和威尔逊提出的“新外交”的两种说法所摧毁，不管这两位得到群众狂热拥护的领袖之间在政治上有着怎样的差异，他们都不喜欢旧的欧洲殖民秩序并想要用别的东西取而代之。由于种种原因，在国际联盟委任统治权存在的情况下，他们俩都不能阻止那种旧殖民秩序的进一步扩展；但是他们的雄辩言辞和影响已在帝国的统治区内广泛传播，并与本地民族主义者的动员相互影响。这在20世纪20年代后期的中国表现得尤为明显，在那里，条约特权、商业渗透和偶尔的炮舰行动这一类旧式欧洲秩序，在与苏联、美国和日本提供的可以选择的“秩序”的竞争中开始退却，并在复活的中华民族主义面前畏缩不前。

这并不意味着西方殖民主义就要走向崩溃。1919年，英国在阿姆利则的强烈反应，20世纪20年代后期荷兰监禁苏加诺和其他印度尼西亚民族主义领导人解散工会的行为，以及法国对由于水稻和橡胶的迅猛发展而导致的东京（越南）骚动所采取的强硬立场，所有这些都证明了欧洲军队和武器的残余力量仍很强大。毫无疑问，20世纪30年代中期，意大利帝国对于阿比西尼亚（今埃塞俄比亚）的入侵也同样可以这样讲。只有第二次世界大战所造成的规模巨大的震荡才能够真正地使这些帝国放松控制。然而，殖民地的这种骚动对于20世纪20年代，特别是20世纪30年代的国际关系还是有些重要性的。首先，它分散了某些大国的一些注意力（和资源），使它们不能全力关注欧洲的均势。英国就是很明显的例子，英国领导人更加担心的是巴勒斯坦、印度和新加坡，而不是苏台德或但泽（今格但斯克），这些优先考虑反映在他们1919年以后的“帝国”防御政策中；而对非洲的干预也在同等程度上影响了法国，当然也在相当程度上分散了意大利的军事力量。其次，在某些情况下，欧洲以外的问题和殖民地问题的再度出现正在分解着1914~1918年的联盟结构。不仅仅是帝国主义的问题使美国人对英法的政策更加不信任，而且20世纪30年代像意大利入侵阿比西尼亚和日本侵略中国这样的事件，也使罗马和东京同伦敦和巴黎分道扬镳，从而为德国修正主义者提供了可能的伙伴。在这里，根据“旧式外交”的惯例，国际事务又一次变得更加难以处理了。

战后不稳定的最后一个主要原因是存在着这样一个棘手的事实，即“德国问题”不仅一直没有得到解决，反而变得更加难以处理和更加紧张了。1918年10月，当德军仍控制着从比利时到乌克兰的大半个欧洲的时候，德国却迅速地崩溃了。这对民族主义者和右翼势力是一次巨大的打击，他们为了可耻的投降而一直在谴责“内部叛徒”。当巴黎和约条款带来了更多的耻辱时，大多数德国人都纷纷对这一“奴役性条约”和同意这些条款的魏玛民主政治家们进行谴责。赔款问题以及与之相关的1923年的极其严重的通货膨胀，更使德国人的不满达到了极点。在德国，像国家社会主义党党徒这样的极端分子还是少数，他们在20年代大部分时间内，以一种疯狂的、蛊惑人心的、偏激的运动形式出现在社会上。而绝大多数德国人都是修正主义者，只是表现形式不同而已。赔款、波兰走廊、对武装部队的限制以及把讲德语的地区从祖国划分出去等做法，是不会被永远忍受下去的。问题只是这些限制多久才能被废除，以及为了改变现状，应该在多大程度上宁愿用武力而不用外交来解决问题。在这方面，可以说1933年希特勒上台仅仅是加速了德国走向修正主义的进度。

安排德国在欧洲的“恰当”地位的问题，与第一次世界大战以后国际权力分配奇特的不平衡交织在一起。尽管德国存在着领土丧失、军事上受限制和经济上不稳定等因素，但是，1919年以后的德国，从潜力上来说，仍然是一个强大的大国。在后面的章节里，我们将会对它的强势和弱点进行更详尽的分析，而在这里值得注意的是，德国仍然拥有比法国多得多的人口，它的钢铁生产能力大约是法国的3倍。德国的化工厂和电气工厂以及大学和技术学院都同国内交通网络一样，丝毫没有受到损害。“在1919年那个时刻，德国是被打垮了。直接的问题是德国的软弱。但是经过几年的‘正常’生活以后，它将再一次提出德国的强大问题。”此外，正如泰勒所指出的，有助于限制德国扩张主义的旧的欧洲均势已不复存在。“俄国退却了，奥匈帝国消失了。剩下的只有法国和意大利，这两个国家在人力上处于劣势，在经济资源上更处于劣势，并且都被战争拖得精疲力竭。”随着时间的推移，先是美国，然后是英国，对于在欧洲进行干预越来越表现出一种厌恶感，并且越来越不赞成法国控制德国的努力。然而确切地说，正是法国的这种不安全感促使巴黎想尽一切办法来防止德国力量的复活；这些办法包括：坚持全部偿还赔款，维持它自己的规模庞大而又代价高昂的武装部队，力图使国际联盟变成一个专门维持现状的组织，反对允许德国按照法国的水平“武装起来”的一切建议。可以预料，所有这些都进一步激起了德国的不满情绪并有助于右翼极端分子进行煽动。

在法国一整套外交和政治武器中的另一个策略就是，它与东欧“继承人国家”的联系。从表面上看，支持波兰、捷克斯洛伐克和那个地区1919~1921年各项和约的受益者，既是一种花言巧语的战略，同时又是一种有希望的战略：这样做就可以在各个侧翼抑制德国扩张主义。实际上，这个计划充满了困难，因为这个地区在以前多民族帝国的统治下，在地理上是各种民族散居的区域，而且1919年时各民族间不可能团结一致地来解决领土问题，因此，在每一个国家的边界之外都居住有大群的少数民族，这不仅是产生国内弱点的根源，也是产生外国人不满的根源。换句话说，在希望对巴黎和约进行修正方面，德国并不是孤立的。即使法国迫切要求维持现状，但无论英国或美国，都不认为自己对这一地区仓促安排的、不规则的边界负有多大义务。正如伦敦在1925年所澄清的，在东欧并不存在洛迦诺式的保证。

由于这些新建国家建立了海关和关税壁垒，从而增加了地区竞争并阻碍了全面发展，因而东欧和中欧的经济情况更加恶化。在欧洲，战前独立的货币共有14种，现在却增加到27种；新增加的边境线有1.25万英里；许多边界都使工厂同原材料、钢铁厂同煤田以及农场同市场分离开了。更有甚者，尽管在1919年以后英国和法国的银行家和企业进入了这些继承人国家，但是一旦德国在20世纪30年代能够恢复自己的经济稳定，那么，德国才是这些国家的更加“天然”的贸易伙伴。德国不仅在地理位置上更靠近这些国家，有公路和铁路与东欧市场密切联系，而且它还能够很容易地吸收这一地区的剩余农产品，用这些国家所急需的机械和（后来）军事装备同匈牙利的小麦和罗马尼亚的石油进行交换，而农产品剩余的法国和实行帝国特惠制的英国却做不到这一点。另外，这些国家也和德国一样，都存在着通货问题，于是它们发现进行“换货”贸易更简便易行。因此，从经济角度来看，中欧可以再次稳固地成为德国控制区。

1919年巴黎会议的许多参加者已经意识到了上述问题中的某些问题（显然不是全部）。但是，他们像劳埃德·乔治一样，认为可以指望新建的国际联盟“去医治、修补和纠正……（它）将会作为一个上诉法庭去对残暴的、不道德的和不公正的行为进行重新调节”。国家间任何悬而未决的政治和经济争端，现在都可以由通情达理的人们在日内瓦聚在一张桌子周围加以解决。上述设想在1919年来说似乎是合理的，但是它在残酷的现实面前遭到失败。美国并没有加入国际联盟。苏联被作为国际社会的弃儿来对待，并被排除在国际联盟之外。战败国的遭遇也是如此，至少在开始几年是这样。当20世纪30年代修正主义国家开始侵略行动时，它们很快就退出了国际联盟。

另外，由于英国和法国早期对于国际联盟该是一个什么样的机构——是一个警察，还是一个调停者——有分歧，这就使得这一组织缺乏强制执行的权力，也没有真正的集体安全机制。因此，令人啼笑皆非的是，事实证明国际联盟的实际贡献不是遏制侵略者，而是使民主国家陷入混乱状态。在西方，厌战舆论极为盛行，但是这一舆论的发源地这时却允许许多这样的论调存在，即国防力量的存在已无必要，因为国际联盟将会以某种方式防止未来的战争。因此，国际联盟的存在使得内阁和外交大臣们在"旧式"外交和"新式"外交之间摇来摆去，结果通常是哪一种外交的好处也没得到，九一八事变和阿比西尼亚事件充分说明了这一点。

考虑到上述的所有困难和欧洲在凡尔赛和约签订以后仅仅20年就又卷入了另一次大战，人们对历史学家把这一时期看作是"20年的休战"，并把它描述为一个令人沮丧的和破裂的时期，就丝毫不会感到奇怪了。因为这一时期充满着危机、欺诈、暴行和耻辱。但是，由于一些标有"一个破裂的世界"、"失去的和平"和"二十年的危机"这类题目的书籍描述的是整个这20年的历史，所以就存在着这样一个危险，即20世纪20年代和30年代之间的重大差异可能被忽视了。这里有必要重复一下本书前面所作的一个评论，即到20世纪20年代后期，《洛迦诺公约》和《凯洛格-白里安公约》（《巴黎非战公约》）的签订、法德之间许多分歧的解决、国际联盟的多次会议以及繁荣的全面恢复似乎表明，从国际关系的角度说来，第一次世界大战终于过去了。然而，仅仅只过了一两年，毁灭性的金融和工业崩溃就动摇了那种和谐的环境，并开始与日本和德国（及后来的意大利）的民族主义者对现存秩序提出的挑战相互影响。弹指之间，战争的乌云又重新布满了天空。当民主国家在心理上和军事上都缺乏应付战争的准备时，在它们处于1919年和解以来最不协调的状态之时，整个国际体系又从根本上受到了威胁。因此，在那个不幸的20世纪30年代里，不论哪一个特定的"绥靖主义者"的行为是多么错误和愚蠢，我们也应该记住，在那个10年里政治家们必须处理的问题是空前复杂的。

在观察国际危机怎样转移成战争之前，对每一大国的强势和弱点再一次进行考查仍是十分重要的。所有这些大国不仅受到1914~1918年战争冲突的影响，而且也受到两次大战期间经济和军事发展的影响。关于后一方面，前面的表12到表18指明了各大国的生产力量对比的变化情况，这些表内的数字将会被多次引用。在这方面应该就重新武装的经济学写两段序言。首先涉及的是不同的增长率，它在20世纪30年代比从前，比如说，比1914年以前的10年，有更明显的增长。世界经济分裂成各个集团和各自采用不同的方式（四年计划、“新政”和古典的紧缩通货预算）来执行的国家经济政策，意味着产量和财富在一个国家里增加的同时，在另一个国家里却可能戏剧性地衰退。其次，军事技术在两次大战之间的发展使得武装部队更加依赖于其国家的生产力。没有一个欣欣向荣的工业基础，尤其更为重要的是，没有一支大规模的、先进的国家可以动员起来以便与新武器发展保持同步的科技队伍，要在另一场大战中取得胜利简直是不可想象的。如果说未来掌握在大部队手中（斯大林语）的话，那么也可以说，它们反过来也日益依赖于现代技术和大生产。

战争策源地

20世纪30年代的意大利足以说明一个大国经济上的脆弱性，而不论这个国家的领导者是多么积极主动和野心勃勃。乍看起来，墨索里尼的法西斯政权把国家从外交世界中的偏僻之地带到了世人瞩目的中心。同英国一起，意大利是1925年《洛迦诺公约》的外部保证者之一；同英国、法国和德国一起，意大利也是1938年《慕尼黑协定》的签字国。通过进攻科孚（1923年）、大力“平定”利比亚和大举（出动5万意大利军队）干涉西班牙内战，意大利保证了它称霸地中海的要求。1935年到1937年间，墨索里尼敢于蔑视国际联盟的制裁和西方的敌视态度，对阿比西尼亚（今埃塞俄比亚）进行了血腥的征服，从而雪洗了阿杜瓦惨败之辱。而在早些时候，墨索里尼却主张维持现状：1934年他出师布伦纳山口，以遏制希特勒接管奥地利；1935年，在斯特雷扎他又欣然同意签署反德协议。在20世纪20年代，墨索里尼滔滔不绝地抨击布尔什维主义的演说，使他赢得了许多外国人（包括丘吉尔在内）的钦佩，而在下一个10年（即30年代）他又成了各方讨好的对象。以致到了1939年1月，张伯伦的罗马之行还力图阻止意大利完全滑入德国阵营。

但是外交上的声望并不是衡量意大利重新崛起的唯一尺度。由于废除了闹派性的政党政治，在经济方面用"社团主义"计划取代了劳资争端以及关于政府行动所作的承诺，这个法西斯国家似乎为失望的战后欧洲社会提供了一个新的模式。这一模式对于那些惧怕布尔什维克所提供的另一种"模式"的人来说，是具有吸引力的。由于协约国的投资，1915~1918年，意大利的工业化取得了迅速的进展，至少在与武器生产有关的重工业领域里如此。在墨索里尼统治下，这个国家致力于一项雄心勃勃的现代化计划：排除庞廷沼泽的积水，大力发展水力发电，改善铁路系统。同时电气工业、人造丝及其他人造纤维也有发展。汽车产量增加了，航空工业也似乎进入了世界上最富有革新精神的国家之列，它的飞机在速度和高度上创造了一系列新纪录。

军事力量似乎也是意大利崛起的很好标志。虽然20世纪20年代它在武装部队上的花费并不多，但是墨索里尼对于实力和征服的迷信，以及扩张意大利领土的日益强烈的愿望，使他在30年代大幅度地增加国防开支。确实，在30年代中期，国民收入的10%以上和政府收入的1/3都被用于发展武装部队，按军费占财政支出的比重来说，比英国或法国的开支还要多，而比美国的总支出更多得多。时髦的新型战舰正在建造，为的是与法国海军和英国的地中海舰队相抗衡，并使地中海确实成为墨索里尼所宣称的"我们的海"。当意大利参战时，它拥有113艘潜水艇，"这或许是除了苏联以外世界上最庞大的潜水艇部队"。1940年以前，它甚至把更多的钱分配给空军，即皇家空军。这也许是为了与早期法西斯主义强调现代性、科学、速度和刺激性的论调保持一致。无论是在阿比西尼亚还是在西班牙（特别是在后者），意大利人都动用了空军，并使自己以及许多外国观察者确信他们拥有世界上最先进的空军。海军和空军的加强使意大利用于陆军的基金所剩无几，但是在30年代后期，陆军的30个师经过了实质上的改编，新式的坦克和火炮列入了计划。此外，墨索里尼认为，由于大量的法西斯行动队和训练有素的小分队的存在，因而在下一次总体战中，这个国家很可能拥有曾经要求的“800万士兵”。所有这些都是第二罗马帝国诞生的吉兆。

然而，这些不过都是梦想，从强权政治的角度来看，法西斯主义的意大利软弱得惊人。关键问题在于，“从经济上说，甚至到第一次世界大战结束之时，意大利仍只能算是一个半发达的国家”。按人均收入，意大利1920年的水平或许只相当于英国和美国在19世纪初期及法国在19世纪中期所达到的水平。意大利国民收入数据掩盖了这样一个事实，即北部的人均收入高于平均水平20%，而南部的人均收入则低于平均水平30%。这一差距，要是说有什么变动，那就是还在不断地拉大。由于人口源源不断地外流，因而在两次世界大战期间，意大利人口的年增长率只有1%左右。国内生产总值的年增长率为2%，而人均收入的年增长率只有1%。这虽不能说是一种灾难，但也很难说是一种经济奇迹。从根本上说，意大利的软弱就在于它一直依赖于小规模的农业。1920年农业在国民生产总值中所占比重为40%，并吸收了劳动人口总数的50%。甚至直到1938年，意大利一个家庭的过半支出仍用于购买食物，这是经济落后的又一标志。由于过分强调农村生活的优点，法西斯主义不是减少农业的比重，而是采取一系列措施尽力支持农业，其中包括保护关税、大面积地开垦土地和完全控制小麦市场。在法西斯政权的各种考虑中，重要的是尽量减少对外国粮食生产者的依赖，防止农民进一步流入城镇，因为这会导致失业总人数的上升和社会问题的增多。其结果造成了农村极为严重的失业，并产生与此相应的所有特征：低生产率、文盲和地区间的严重不平衡。

既然意大利经济相对落后，国家又宁愿把钱花在军备和维护乡村农业上，那么剩下来用于企业投资的金额就很少，这就不足为奇了。如果说第一次世界大战已经减少了国内资本的积累，那么经济萧条和转向保护主义对于国内资本的积累则是进一步的打击。可以肯定，因有政府的飞机或卡车订货而生意兴隆的公司可以大获盈利，但是总的说来，意大利经济发展不大可能从自给自足的努力中获益。关税仅仅为无效率的生产者提供了保护，而以前曾给意大利工业化以极大推动的国外投资，在这种全面的新重商主义时代却减少了。到1938年，意大利仍然只拥有世界制造业产量的2.8%，钢、生铁、铁矿石和煤产量在世界总产量中所占比重分别为2.1%、1.0%、0.7%和0.1%，它的现代资源的能源消耗率比任何其他大国都低得多。最后，鉴于墨索里尼明显地热衷于同法国打仗，有时还想与英法两国同时作战，指出下面这一点是有意义的：意大利仍然不得不依赖于肥料、煤、石油、废钢铁、橡胶、铜和其他必需原料的进口——其中80%要通过直布罗陀海峡和苏伊士运河，而且不少是由英国船只运载的。意大利政权在这方面最具典型性，即没有制订应付进口物资一旦停止的应急计划。这类战略原料的储存也是谈不上的，因为到30年代后期，意大利甚至没有外汇去支付眼前的需求。这种经常性的通货短缺也有助于解释为什么意大利人无力购买德国机床。这对于生产1935年以后研制出来的更新式的飞机、坦克、大炮和舰艇是至关重要的。

尽管墨索里尼政权把全部精力和资源都用于武装部队的建设，但它们的实际表现和状况却很糟糕，而且每况愈下，这一点也可以从经济落后中找到解释。海军或许可以算作是意大利3个军种中装备最精良的，但是也可能过于软弱而无力把英国皇家海军逐出地中海。意大利海军没有航空母舰（因为墨索里尼禁止建造），因此它被迫转而依赖意大利皇家空军。军种之间缺乏协调，这可以说是一种极为不当的安排。它的巡洋舰只适宜于好天气，而事实证明它的大批潜水艇是一种对过时装备的巨额投资："艇上缺少攻击计算仪器；在遭到深水炸弹攻击时一旦管道破裂，空调系统会放出有毒气体；下潜速度相当缓慢，这在敌机飞临时是很令人头疼的。"类似的落后现象在意大利空军中也可以看到。意大利空军在对阿比西尼亚部落的轰炸（虽然并不总是击中目标）中显示了自己的能力，它在西班牙内战中的表现也给许多观察家留下了深刻的印象。但是到30年代后期，更新式的英国和德国的单翼机完全使菲亚特CR42型双翼机黯然失色，甚至轰炸机部队也苦于只拥有轻型和中型轰炸机，这些飞机的发动机马力很小，炸弹也非常不灵。然而，意大利上述的这两个军种在国防预算中所享有的份额还是日益增加。相比之下，陆军在国防预算中的份额却从1935~1936年度的58.2%，下降到1938~1939年度的44.5%，而这个时期正是陆军迫切需要新式坦克、大炮、卡车和通信系统的时候。当意大利参加第二次世界大战时，意大利陆军的“主战坦克”是重量为3.5吨的菲亚特L-3型坦克，没有无线电设备，视野狭窄，只配备有两挺机枪；而这时最新式的德国和法国坦克设计重量都接近20吨，并装有威力大得多的火器。

鉴于法西斯统治下困扰意大利经济的几乎不可救药的软弱性，那种认为它能在同另一个相当的大国的战争中取胜的看法未免太轻率了。下面这一事实使意大利的前景更加暗淡，即它的武装部队是早期重新武装的牺牲品，因而很快就过时了。由于这在20世纪30年代是一个普遍问题，也几乎在同等程度上影响了法国和俄国，因此，我们在回头具体分析意大利的软弱性之前，稍微详细地探讨一下这个问题是很重要的。

至关重要的因素是，这一时期的科学和技术广泛用于军事发展，它改变着所有兵种的武器系统。例如，战斗机就正在从便于操纵（但武器装备单薄）的双翼机，迅速转变为“装备多挺重机枪和火炮、座舱防弹钢板和自封式燃料箱”的铝合金单翼机，前者飞行时速约为200英里，后者飞行时速可达400英里，并需要更大功率的引擎。轰炸机也在发生变化——在那些有能力实现这一变化的国家里——从双引擎的短程中型轰炸机向代价高昂、四引擎、载弹量很大、活动半径达2 000英里的轰炸机转变。《华盛顿条约》以后的战列舰（如乔治五世号、俾斯麦号和北卡罗来纳号等）比它们的前代航速加快了，防护能力增强了，并装备强大得多的防空火力系统。新式航空母舰是庞然大物，设计也很完善，比20世纪20年代最新式的水上飞机母舰和改装过的战列巡洋舰都有更大的攻击力。坦克设计师正在赶制更重型的、武器装备更好、防护钢板更强的坦克样品，这种坦克需装载比1935年以前的轻型实验原型所拥有的马力大得多的发动机。此外，所有这些武器系统正受到电力通信的变革、导航设备和潜探测设备的改善的影响，也受到早期雷达和改进了的无线电装备的影响。所有这些技术改进，不仅使新式武器变得更加昂贵，而且也使新式武器的采购程序复杂化了。试问，人们有足够的新式机床、计量仪器和焊接平台去适应这些改进型装备的生产吗？武器工厂和电力供应能够满足日益增长的需求吗？他们有足够的备用工厂和训练有素的工程师吗？人们有胆量停止生产经过考验的但可能是过时的旧式型号，而去等待新型号经过试验然后再投入生产吗？最后一个问题，也是至关重要的问题是，这些不顾一切重新武装的努力，怎样与国家经济状况、海内外资源的获得以及国家财政承受能力保持一致？毫无疑问，这一切并不是新出现的难题，但是这一切给30年代的决策者们的压力，要比以往任何时候都沉重得多。

正是在这种技术—经济背景（和外交背景）中，才能够最透彻地理解30年代大国重新武装的不同模式。在这10年中，各国国防开支实际年度总数的统计方式存在着许多差异，但是表27还是可以看作此时发生的事情的一个合理指南。

表27　大国国防开支（1930~1938年）

（以当时百万美元为单位）

	日　本	意大利	德　国	苏　联	英　国	法　国	美　国
1930	218	266	162	722	512	498	699
1933	183	351	452	707	333	524	570
	(356) [4]	(361)	(620)	(303)	(500)	(805)	(792)
	〔387〕						
1934	292	455	709	3 479	540	707	803
	(384)	(427)	(914)	(980)	(558)	(731)	(708)

（续）

	日　本	意大利	德　国	苏　联	英　国	法　国	美　国
	〔427〕						
1935	300	966	1 607	5 517	646	867	806
	（900）	（966）	（2 025）	（1 607）	（671）	（849）	（933）
	〔463〕						
1936	313	1 149	2 332	2 933	892	955	932
	（440）	（1 252）	（3 266）	（2 903）	（911）	（980）	1 119
	〔488〕						
1937	940	1 235	3 298	3 446	1 245	890	1 032
	（1 621）	（1 015）	（4 769）	（3 430）	（1 283）	（862）	（1 079）
	〔1 064〕						
1938	1 740	746	7 415	5 429	1 863	919	1 131
	（2 489）	（818）	（5 807）	（4 527）	（1 915）	（1 014）	（1 131）
	〔1 706〕						

通过这种对比，意大利的问题就更清楚了。尽管到20世纪30年代中期，意大利需要把相当大一部分国民收入用于武装部队（其比重可能超过除苏联以外的任何国家），但是从绝对数字来说，30年代前半期意大利在军备方面并不是一个高消费者。但是，旷日持久的阿比西尼亚战争，加上其间对西班牙的干涉，导致国防开支在1935~1937年大幅度增加。因此，在那几年里，意大利的部分国防开支是用于当时的军事行动，而不是用于三军或军事工业的发展。在阿比西尼亚和西班牙的冒险严重地削弱了意大利，这不仅仅是因为战场上的损失，而且还因为战斗持续得越久，意大利就越需要进口必不可少的战略原料，而这是需要付钱的，从而导致1939年意大利银行储备减少到几乎等于零。由于无力购买使空军和陆军现代化所需要的机床和其他设备，早在1940年之前的两三年，这个国家或许已经变得更弱了，陆军自身的整编也无济于事，因为它把每一个师从3个团减少为两个团，用这个办法把师的数目又增加一倍，其结果

是许多军官得到了晋升，但部队的效率并没有真正提高。空军依靠生产力还不及1915~1918年的工业来支撑（假定这个词是恰当的），它号称拥有8 500多架飞机，进一步的核实将这一数字减少到总共只有454架轰炸机和129架战斗机，其中没有多少在他国空军中堪称第一流的飞机。没有合适的坦克、高射炮、快速战斗机；像样的炸弹、航空母舰、雷达、外汇以及充足的后勤保障，墨索里尼就这样在1940年把它的国家投入了另一场大国战争，其根据就是这场战争已经打赢了这一设想。事实上，只有奇迹，或者说是德国人，才使意大利避免了一场空前的大灾难。

诚然，以上的分析强调的是武器和数字，没有考虑领导能力、人员素质和国民对于战争的态度等因素，然而可悲的事实是，这些因素不但远没有补偿意大利的物质缺陷，反而增加了它的相对软弱。尽管进行了肤浅的法西斯主义灌输，但在1900~1930年，意大利社会和政治文化中没有任何变化能使陆军对于有才能的、雄心勃勃的男性变得更有吸引力。恰恰相反，它集体性的低能、主动性的缺乏和对于个人前途的关心，使它显得丢人——这一切使德国武官和其他军事观察家感到惊愕。陆军并不是墨索里尼的已驯服的工具，它能够并且也确实是经常违反他的意愿，为完不成任务找出各种理由。它的命运就是，通常不经事先商量就被投入冲突，在那里总有些任务必须完成。在谨小慎微、未经充分培训的高级军官的指挥下，加之缺乏有经验的士官作为骨干，这支陆军一旦卷入大国战争，其境况是无望的。意大利海军（除了有魄力的袖珍潜艇之外）的境况也好不了多少。虽说皇家空军的军官团和飞行员受过良好的教育和训练，他们也无法施展才能，因为他们仍然驾驶着过时的飞机，这种飞机的发动机易受沙漠地区沙粒的损伤，炸弹不灵，而火力更是可怜。至于缺乏一个参谋长委员会来协调各军种的计划或者讨论（更不用说安排）防务上的轻重缓急，这一点就更无须赘述了。

最后一点就是墨索里尼本人，他在战略上是头号的不利因素。有人论证说，墨索里尼并不是像希特勒那样无所不能的领袖，可他却使自己显得像那样的领袖。国王维克多·艾曼努埃尔三世努力维护他的君主特权，并成功地使官僚和军官团中的许多人对他保持忠诚。对于许多意大利人来说，罗马教廷也是一个独立的、颇有竞争力的权力中心。到20世纪30年代，大工业家和不驯顺的农民都对墨索里尼政权缺乏热情。而民族法西斯党本身，至少是它那些地区首领们，似乎更关心工作的分配，而不是追求民族的光荣。但是考虑到“领袖”的自我欺骗嗜好，喜欢言过其实和大吵大嚷，出于天性的撒谎，缺乏有效的行动和思考的能力，以及政府的无能等因素，即使墨索里尼的统治是绝对的，意大利的地位也不会更好一些。

1939~1940年，西方盟国经常考虑这样一个问题的利弊得失：让意大利参加德国一边作战，而不要让它保持中立。总的看来，英国三军参谋长们宁愿让意大利置身于战争之外，以便维持地中海和近东的和平，但是也存在着强有力的反对论调，它事后看来似乎是正确的。在人类冲突的历史上，论证出另一个敌人的参战给敌方造成的损害甚于己方，这种情况还是极为罕见的，而墨索里尼的意大利至少在这方面是独一无二的。

日本对现状提出的挑战也是一个极为个别的类型，但是却需要公认的大国非常认真地去对待。20世纪20年代和30年代的世界强烈地带有种族和文化偏见的色彩。在西方，许多人往往把日本人作为“小黄种人”而不予以重视。只有在对珍珠港、马来亚和菲律宾的毁灭性进攻期间，人们才看清，那种把日本人看成是一个缺乏远见、发育不全和不懂机械的民族的陈腐观点完全是一派胡言。为了既能适应白天作战又能适应夜间作战，日本海军训练刻苦，并且收效甚丰；它的驻外武官源源不断地向东京的计划人员和舰船设计师提供情报。陆军航空队和海军航空兵也都训练有素，并储备了大批有能力的飞行员和具有献身精神的空勤人员。至于陆军本身，站在这支富于武士道精神的部队前面的，是意志坚强和极度爱国的军官团。无论是进攻作战还是防御作战，它们都是令人生畏的部队。那种导致行刺被指控为软弱的大臣的狂热情绪，很容易转变成战场上的效率。当其他军队仅仅是谈论战斗到最后一人时，日本士兵不仅是从字面上理解这句话，而且身体力行。

这一时期的日本人如与非洲祖鲁武士相比，其区别在于前者不仅极为勇敢，而且还拥有军事—技术优势。第一次世界大战极大地促进了日本1914年以前的工业化进程，部分是因为协约国的军需品订货和对于日本船舶的迫切需求，部分是因为日本的出口商可以打进亚洲市场，而西方已不再能为亚洲市场提供商品了。在战争期间，日本进出口增加了两倍，钢和水泥产量增加了一倍多，化学工业和电气工业的发展也是突飞猛进。和美国一样，战争期间日本也还清了外债，并转而成为债权国。日本也变成了一个主要造船国，1919年下水吨位为65万吨，而1914年还只有8.5万吨。正如国际联盟的《世界经济概览》所表明的，战争对日本制造业产生的刺激比对美国的还大，而在1919~1938年生产的持续发展，意味着在总体发展速度方面日本仅次于苏联而居于第二位（参见表28）。

表28　制造业生产的年度指数（1913~1938年）

（以1913年=100为比较）

年度	世界	美国	德国	英国	法国	苏联	意大利	日本
1913	100.0	100.0	100.0	100.0	100.0	100.0	100.0	100.0
1920	93.2	122.2	59.0	92.6	70.4	12.8	95.2	176.0
1921	81.1	98.0	74.7	55.1	61.4	23.3	98.4	167.1
1922	99.5	125.8	81.8	73.5	87.8	28.9	108.1	197.9
1923	104.5	141.4	55.4	79.1	95.2	35.4	119.3	206.4
1924	111.0	133.2	81.8	87.8	117.9	47.5	140.7	223.3
1925	120.7	148.0	94.9	86.3	114.3	70.2	156.8	221.8
1926	126.5	156.1	90.9	78.8	129.8	100.3	162.8	264.9
1927	134.5	154.5	122.1	96.0	115.6	114.5	161.2	270.0
1928	141.8	162.8	118.3	95.1	134.4	143.5	175.2	300.2
1929	153.3	180.8	117.3	100.3	142.7	181.4	181.0	324.0

（续）

年度	世界	美国	德国	英国	法国	苏联	意大利	日本
1930	137.5	148.0	101.6	91.3	139.9	235.5	164.0	294.9
1931	122.5	121.6	85.1	82.4	122.6	293.9	145.1	288.1
1932	108.4	93.7	70.2	82.5	105.4	326.1	123.3	309.1
1933	121.7	111.8	79.4	83.3	119.8	363.2	133.2	360.7
1934	136.4	121.6	101.8	100.2	111.4	437.0	134.7	413.5
1935	154.5	140.3	116.7	107.9	109.1	533.7	162.2	457.8
1936	178.1	171.0	127.5	119.1	116.3	693.3	169.2	483.9
1937	195.8	185.8	138.1	127.8	123.8	772.2	194.5	551.0
1938	182.7	143.0	149.3	117.6	114.6	857.3	195.2	552.0

事实上，到1938年，日本在经济上不仅变得比意大利强大，而且在所有制造业和工业生产指数方面也都超过了法国（见表14~表18）。如果日本军事领导人在1937年不发动对中国的战争，如果他们在1941年不发动更具灾难性的太平洋战争，那么，人们可能会得出这样的结论，即日本也许提前许多年就实现了它到20世纪60年代中期才实现的超过英国产量这一目标。

这并不是说日本轻而易举地克服了它所有的经济困难，而只是说它引人注目地日益强大起来。由于其原始的银行体系，日本在第一次世界大战期间发现要适应一个债权国的地位也并非易事，而对于货币供应量的处理又导致严重的通货膨胀，更不用说1919年的“米骚动”了。当欧洲恢复了和平时期的纺织品、商船和其他商品的生产时，日本重又感到了竞争的压力；在这一时期，日本的制造业产品成本从总体上说仍然比西方高。另外，日本人口的绝大多数仍然停留在小规模农业经营上，这些农民不仅受到因从中国台湾和朝鲜进口的谷物日益增加的损害，而且也受到极其重要的丝织品出口贸易崩溃的损害，因为1930年以后美国对这方面的需求消失了。对于忧心忡忡的或是野心勃勃的日本政治家来说，寻求通过帝国主义扩张以减轻这些苦难一直具有诱惑力，例如，对中国东北的征服不仅意味着军事上的得手，而且也意味着经济上的获益。另一方面，20世纪30年代，当日本的工业和商业部分通过重新武装，部分通过对被控制的东亚市场进行剥削而得到恢复以后，它对于进口原料的依赖也加深了（至少在这方面，日本与意大利有相似之处）。随着钢铁工业的发展，日本对中国和马来亚生铁和矿石的需求量也增加了。煤和铜的国内供应也不能满足工业的需要，但是与全国几乎完全依赖于各种石油燃料的进口相比，这些问题还不算是至关紧要的。日本对于“经济安全”的要求（在狂热的民族主义者和军国主义统治者的眼中，这是一种不言而喻的利益）驱使它永远向前，但是结果却并不尽如人意。

尽管有这些经济问题，而且在某些方面无疑正是由于这些经济问题的存在，使20世纪30年代早期高桥是清领导下的大藏省想不顾一切地借债，以便给军队分配更多的资金，导致军费在政府支出中的份额由1931~1932年度的31%，增加到1936~1937年度的47%。最后当高桥是清对经济后果感到惊恐并力图限制军费的进一步增加时，军国主义者立刻刺杀了他，而军费支出则螺旋式上升。第二年，武装部队支出在政府开支中的比重高达70%，就绝对数来说，日本的军费开支超过了所有比它远为富裕的民主国家。这样，到30年代末，日本军队的处境相比意大利军队要好得多，相比法英两国军队，也可能好得多。根据《华盛顿条约》，日本帝国海军规模在法律上被限制在英国或美国海军的一半稍多一点儿，但事实上它比两国海军要强大得多。在20年代和30年代早期这一段时间里，当英美两个主要的海军国家节约它们的海军开支时，日本的海军建设就达到了条约限制的规模，进而不声不响地远远突破了那些限制。例如，它的重巡洋舰的排水量接近1.4万吨，比条约规定的多0.8万吨。日本的所有主要战列舰的航速都很快．而且配有威力强大的武器。它的旧式战列舰实现了现代化。到30年代后期，日本正在建造“大和”级巨型战列舰，其吨位之大为世界之最。在所有因素中，最为重要的因素是（尽管日本的战列舰将领们还没有充分地认识到这一点）日本强大而有效的海军航空力量，它拥有3 000架飞机和3 500名飞行员，主要集中于海军的10艘航空母舰上，但也包括陆地上效率极高的轰炸机和鱼雷机中队。日本的鱼雷在威力和质量上都是无敌的。最后，这个国家还拥有居世界第三位的庞大商船队，但海军本身却令人难以理解地忽视了反潜战。

由于实行征兵制，日本陆军随时可以获得人力补充，并能使新兵完全遵循绝对服从和群体竭尽全力的传统。它原先保持着早些年所规定的陆军规模，后来执行扩军计划，从1937年的24个师、54个飞行中队，扩大到1941年的51个现役师、133个飞行中队。另外，还有10个兵站师（用于培训）及大批的独立旅和卫戍部队，大约相当于30个师。因此，到战争前夕，日本陆军已超过100万人，并得到将近200万训练有素的预备队的支持。坦克部队不够强大，因为东亚许多地区的地形和木桥不适于使用坦克，但是它装备着优良的机动火炮，经受过丛林作业、强渡江河和两栖登陆的良好训练。陆军有2 000架可供作战的飞机（和海军的一样），包括令人生畏的零式战斗机，在速度和机动性能方面，它可以同当时欧洲生产的任何飞机相媲美。

因此，日本的军事效力是非常高的，但是并非没有弱点。由于各派之间的倾轧而不团结，文武不和以及动辄就实行暗杀，使得30年代日本政府的决策缺乏稳定性，有时没有章法。此外，陆军和海军之间也缺乏适当的协调。当然这绝不是日本特有的现象，但是由于日本陆海军心目中各有一个完全不同的敌人和作战区域，因而这个问题对于日本就变得更加危险了。当海军预期在未来的战争中与英国或是美国交战时，陆军的眼睛却死盯着亚洲大陆和苏联对日本利益构成的威胁。由于陆军在日本政治中更有势力，而且还控制着帝国最高统帅部，因此一般来说它的观点是占上风的。在1937年日本蓄意制造卢沟桥事变以后，陆军坚持要对中国采取进一步的行动，这一决定并没有遭到海军和外务省的有效反对，虽然两者对这一决定的支持显得勉强。尽管日本从中国东北向华北发动了大规模进攻，并在中国沿海采取了登陆行动，但日本陆军仍发现它不可能取得决定性胜利。蒋介石政府虽然丧失了大批军队，但仍在坚持斗争，并且在日本突击纵队和飞机的追击下，向更纵深的内地转移。对于日本帝国最高统帅部来说，问题不是这次战争所遭受的损失（陆军伤亡大概只有7万人），而是这种没完没了、旷日持久战争的巨额开支。到1937年底，在中国的日本军队已超过70万人，而且这一数字还在不断增加（威尔莫特说到1938年有150万，这一数字似乎是太高了），但仍无法迫使中国人投降。“支那事变”——东京是这样称呼这场战争的——每天的费用是500万美元，从而导致军费更大幅度增长。1938年日本实行了配给制，连同一整套其他政令，实际上把日本推上了“总体战”动员的道路。随着日本政府越来越多地依靠借款来支付巨额军费，国债以惊人的速度螺旋上升。

使这一战略变得更加难以维持的是日本外汇和原料贮存的日益减少，以及它对于持非难态度的美国、英国和荷兰进口的依赖性日益增长。当它的空军在中国战场上中耗尽了大量燃料以后，日本就“命令工厂、船只和机动车辆各减少它们燃料的37%、15%和65%”。日本人认为，蒋介石的军队之所以能够连续抵抗，是因为通过缅甸公路、法属印度支那和其他路线得到了西方源源不断的物资供应，这种情况更令日本人不能忍受。日本必须南进以孤立中国并牢固控制东南亚、荷属东印度和婆罗洲的石油及其他原料，这一信念合乎逻辑地、不可抗拒地增强着。当然，这是日本海军历来赞成的方针，然而即使是优先考虑苏联和在中国进一步作战的陆军，也被迫逐渐承认南进对于保障日本经济安全的重要性。

这就导致了所有问题中最严重的问题。日本人在20世纪30年代后期建立起来的武装部队，可以轻而易举地把法国人赶出印度支那，把荷兰人赶出东印度。正如白厅的战略计划人员在30年代末秘密承认的那样，甚至英帝国也会发现，要顶住日本人的进攻是极为困难的；而且战争既已在欧洲爆发，英国要在远东全力以赴也是不可能的。然而，对于日本人来说，同苏联或是同美国交战则完全是另一回事了。例如，1939年5月到7月间在诺门罕周围与苏联红军的持续而血腥的冲突中，苏联在大炮、飞机、重型坦克的火力等方面的明显优势震惊了日本最高统帅部。日本关东军所拥有的师，不及苏联人部署在蒙古和西伯利亚的师的一半，大批军队在中国日益陷入困境。在这种情况下，甚至那些更为极端主义的陆军军官们也承认，必须避免同苏联作战，至少是在国际形势变得对日本更加有利之前应当如此。

但是，如果说战争北进将会暴露日本的局限性，那么战争南进如果冒着把美国卷入的危险，不是也会暴露日本的局限性吗？面对东京擅自夺取荷属东印度和马来亚，难道对于日本在中国的行动强烈不满的罗斯福政府会袖手旁观，从而使日本摆脱美国的经济压力吗？1938年6月实施的航空物资出口的“道义禁运”，第二年《美日商务条约》的废除，以及最重要的，即1941年7月日本夺取印度支那以后，英、荷、美三国联合实施的石油和铁矿禁运，所有这些都表明，日本只有不惜与美国开战，才能换取日本的“经济安全”。但是美国人口近乎日本人口的两倍，每年的国民收入是日本的17倍，钢产量是日本的5倍，煤产量是日本的7倍，机动车产量是日本的80倍。即使在像1938年这样不景气的年份里，美国工业潜力也比日本大7倍，而在其他年份则可能大9倍或10倍。即使考虑到日本人狂热的爱国主义热情和对远为庞大之敌的两次辉煌胜利（1895年对中国、1905年对俄国）的记忆，其当时筹划的战争也是不可思议的，甚至是荒谬的。事实上，对于像山本五十六将军这样清醒的战略家来说，进攻像美国这样强大的国家似乎是愚蠢的，特别是当大多数日本军队将留在中国这一点已经显而易见之时更是如此。然而1941年7月以后，日本如果不与美国决一雌雄，就会让日本暴露在西方经济胁迫之下，而这也是令其不能容忍的想法。欲罢不能，日本的军事领导者们准备铤而走险了。

20世纪20年代，德国显得异常虚弱。由于几个大国不满足于战后的领土和经济安排，德国因此而饱尝苦果：由于受到《凡尔赛和约》中军事条款的束缚，德国背着必须赔偿战争损失的沉重包袱；在战略上，由于把边界地区移交给法国和波兰而受到钳制；在国内，面临着通货膨胀、尖锐的阶级矛盾、选民和各党派的相应不稳定以及混乱的冲击；在外交事务上，德国一点儿享受不到意大利和日本所享有的行动自由。20年代后期，由于普遍繁荣的出现，同时由于施特雷泽曼在外交上成功地提高了德国的地位，各方面的情况得到了很大改善。但尽管如此，德国仍然是一个政治上处于困境的“半自由”大国，而此时，1929~1933年的金融和商业危机，沉重打击了它那不稳定的经济和令人厌恶的魏玛民主。

如果说希特勒在上台后的几年里改变了德国在欧洲的地位，那么在此回顾一下前面曾提到的几点是很重要的。实际上，每个德国人都是“修正主义者”，只是程度不同而已；许多早期纳粹外交政策计划，体现了过去德国民族主义者的野心和受到压制的武装部队要一展雄心的延续性；1919~1922年中欧东部边界协定在许多民族和种族群体看来是不能令人满意的，早在纳粹分子掌权之前，他们就迫切要求改变现状，并且愿意同柏林结盟以期修订那些协定；尽管德国领土缩小，人口和原材料减少，但德国仍然保持着成为欧洲第一强国的工业潜能；抑制德国扩张的复苏是维持国际间平衡的需要，但这种平衡同1914年以前相比显得更加不伦不类且极不协调；毫无疑问，希特勒不久后就在他改善德国外交和军事地位的计划方面取得了惊人的成功；但同样明显的是，许多条件对他无情地利用这些机会也是有利的。

就本书所要论述的主题而言，希特勒的“独特之处”表现在两个方面。第一个方面是，希特勒矢志要创建的民族社会主义德国的极端强烈和狂热的本质：这是一个通过灭绝犹太人、吉卜赛人和其他被怀疑为非条顿族的人种，来达到种族“纯洁化”的社会；一个将全心全意、毫无疑义地支持这个政权的民族，这个政权将取代阶级、教会、地区和家庭等古老的忠诚观念；一种不论何时何地，只要领袖认为需要，就能以推广德意志精神为目标而动员组织起来的、能与多数大国相抗衡的经济；一种充满了暴力、斗争和仇恨，以粉碎敌人为快乐和蔑视妥协的意识形态。设想一下20世纪德国社会的规模和复杂性，可以说几乎无须评论这是一种不现实的幻想了：希特勒在全国的“权力是有限的”。的确，1932~1933年，甚至1938~1939年以前曾支持他的个人与利益集团的热情在不断下降；毫无疑问，除了所有那些公开反对这个政权的人外，还有许多思想深处发生变化、产生了反抗情绪的人。尽管有这些例外的情况存在，但毋庸置疑的是，民族社会主义受到了广泛欢迎，甚至更为重要的是，它对自然资源的支配绝不会受到挑战。由于德国政治文化的重心集中在战争和征服上，以至于其政治经济扭曲到这样一种程度：1938年政府开支的52%和国民生产总值的17%都倾注在扩充军备上，因此，德国走上了一条不同于其他西欧国家的道路。《慕尼黑协定》签订的那一年，德国的军费开支实际比英国、法国和美国三国加在一起的总数还多。在国家机器所能影响的范围内，整个德国所有的力量都被动员起来准备参加新的战争。

第二个方面是，德国在扩充军备过程中，国民经济由于受到激发而处于惊恐的不稳定状态。正如前面所指出的，30年代后期，意大利和日本的经济也出现了相类似的问题，当法国和英国寻求对付那种令人难以置信的军备扩充步伐时，也遇到了同样的问题。但是，没有一个国家的武装部队增长的速度能像德国那样快。1933年1月，按合法规定，德国陆军人数大约不超过10万。在希特勒上台之前，军方即已在秘密筹划把7个师的部队扩充到21个师，与此同时，还暗中准备重建空军部队、坦克部队以及《凡尔赛和约》所禁止的其他兵种。1933年2月，希特勒给冯·弗里奇的总指示是“创建一支力量可能最强大的军队”。这一指示立即被扩军计划的制订者当作前进的号令，从而把以前制订的计划付诸实施，并最终摆脱了财政和人力上的限制。1935年，德国宣布征兵，军队的最大数量上升到36个师。1938年，德国接收了奥地利部队，接管了莱茵兰的宪兵部队，建立了一些装甲师，并改组了战时后备军，使军队总数又上升到新的高度。1938年末的危机时期里，现役部队达到42个师，预备役部队8个师，战时后备军21个师；次年夏季，战争开始时，德国野战部队战斗序列已达103个师，一年内猛增了32个师。德国空军的扩充更是迅猛异常。1932年，德国年产飞机仅为36架，1934年和1936年分别上升到1 938架和5 112架；据1933年7月的指令称，全军种共有飞行中队26个，但到战争爆发时，已上升到302个中队，并在前线配有可供作战的飞机4 000架。如果海军在规模上给人的印象不那么深刻的话，那在很大程度上是由于这样一个事实（提尔皮茨早已注意到这一事实）：建立一支强大的舰队至少要花一二十年的时间。不过，到1939年，海军上将雷德尔指挥一群快速的现代化战舰时，海军人员数量已比1932年增加了4倍，比希特勒上台前扩大了11倍。德国在海、陆、空方面的重整军备计划旨在尽快改变力量对比。

表面上，所有这一切都给人以深刻的印象，但德国内部却发生了严重动摇。《凡尔赛和约》的领土划分对德国经济的打击，1923年严重的通货膨胀，战争赔偿以及难以重新进入1914年以前的国际市场等，这一切都意味着到1927~1928年，德国的总产量才达到第一次世界大战前的水平。但是，这次复苏很快又为随后几年的严重经济危机所破坏，那次危机使德国遭到了比其他国家更为沉重的打击。到1932年，其工业产量只占1928年的58%，进出口额只有1928年的一半多，国民生产总值从890亿帝国马克下降到570亿帝国马克，失业人数从140万增加到560万。希特勒早期所享有的声望主要是由于这样的事实，即在征兵解决一部分失业人口之前，大规模修路、电气化和工业投资计划极大地降低了失业人口的总数。然而，到1936年，经济复苏不断受到庞大的军备开支的影响。在短期里，这样的开支类似凯恩斯的由政府来促进资本投资和工业增长的办法；而在中期（暂且先不提长期），其经济上的各种后果是令人惊恐的。或许只有美国经济才不会有很大困难来承受这种军备开支水平所产生的压力，而德国经济当然是承受不住的。

那时，外国观察家并未察觉到的首要的严重问题是，国家社会主义的决策机构处于极度混乱之中，其中某些事情似乎得到了希特勒的鼓励，以便保持最高权威。四年计划虽然公布了，但缺乏一个全国协调一致的方案，把扩充军备同德国经济的容量和三军建设项目的轻重缓急密切联系起来。戈林名义上负责这项计划，但实际做事只是个无能为力的行政官员。相反，每一个分支部门都在追求极端危险的自我扩展，制定新的（常常是荒谬的）目标，争夺资本投资尤其是原材料的必要分配。可以肯定，如果政府对劳动力不实行严格控制，不强迫私营工业将其利润再投资到国家批准的制造业中，不征收高税和赤字举债，不控制工资和个人消费，不把适当数量的国民生产品作为军事工业的资本投资的话，那么，形势就会变得更加混乱。1938年，甚至当政府开支上升到国民生产总值的33%时（在国家的要求下，而且大部分的“私人”投资当时确实尽了力），也没有足够的资源来满足军事部门重叠的有时是狂妄自大的要求。有关重建德国海军的“Z计划”需要600万吨燃油（等于1938年德国的总消耗量），空军计划到1942年要拥有1.9万架前线战斗机和备用飞机，此计划需要“当时世界原油产量的85%”！同时，每个军种都争先恐后地争夺大批训练有素的人员、钢材、滚珠轴承、石油和其他重要战略物资。

最后，大规模扩充军备与德国严重依赖进口原材料的情况大相径庭。这个帝国煤矿还算丰富，但却大量需要铁矿石、铜、铝、镍、石油、橡胶和其他物资，这些物资是现代工业——和现代武器系统——赖以生存的基础。相反，美国、英国和苏联的这些资源则十分丰富。1914年前，德国通过制造业产品的出口来支付上述物资的进口，但在30年代，这样做已经不再可能，因为德国工业都已转向为德国军队生产坦克、枪炮和飞机了。此外，第一次世界大战的开支、后来的战争赔偿以及传统出口行业的崩溃，实际已把德国所有的外汇储备消耗殆尽。1938年，德国仅占世界黄金和金融储备的1%，而美国却占了54%，法国和英国各占11%。因此，帝国各机构实行严格控制国家外汇的制度，进行以货易货以及其他特殊“交易”，以此来支付重要物资的进口，而不用黄金和外汇。在四年计划里，德国明确决定要通过生产合成代用品（石油、化肥等）来摆脱对那些急需物资的依赖。当然，每一种手段都是有效的，但没有一个手段，或即使所有的手段都加在一起，也不能满足扩充军备的需要。由于国家储备的原材料已经枯竭，为了支付新鲜的补给品，资金也使用殆尽，这就是德国军事工业反复发生危机的原因。1937年，雷德尔警告说，除非能够获得更多的原料，否则整个海军建设将不得不停止。1939年1月，希特勒亲自下命令，大量削减配给德国国防军的钢、铜、橡胶和其他物资，因为经济上正在打一场“出口仗”，以提高外汇储备。

上述情况对德国的国力和政策产生了三个相互关联的后果。第一个后果是，德国在军事上并不像希特勒在1938~1939年吹嘘的、使西方民主国家感到恐惧的那样强大。在战争开始时，野战陆军部队声称有275万人，但只有少量装备精良的机动师，为数众多的是装备低劣的预备役师，而且急需大批经验丰富的军官和士官来训练众多的新兵。军需品的储备少得可怜，甚至在与英国和法国发生敌对行动时，著名的德国坦克部队拥有的坦克数也比英法两国的坦克总数少。计划于40年代中期参战的海军自述说，“要同英国打大仗，装备根本不够格”——即使把潜水艇加进来弥补这一差距。就水面舰只来说，这也是一个公正的结论。至于空军，其力量是强大的，主要是因为它的敌人长期衰弱，但它也受尽了后备力量和后勤保障部队不足的折磨。在30年代末的国际危机中，德国绝没有其对手想象的那么强大——其航空工业和空勤人员要适应“第二代”飞机非常困难，例如，“能够熟练操作的”空勤人员人数远远不能满足慕尼黑危机时“前线”所规定的人数——把伦敦炸成一片灰烬的想法是荒唐的。

完全赞同最近修正主义者的著作中关于1939年德国对战争毫无准备的说法是不明智的。归根到底，军事效力只是相对的。在武装部队中，很少有（即使有的话）部队会声称他们所有的需要都得到了满足。衡量德国的弱点必须同其敌人的弱点进行比较。经过比较之后，情况对柏林似乎非常有利，特别是由于其武装部队的效率一直处于这样一种作战思想指导之下——陆军准备集中坦克部队，并让其在战场上作为先导，通过无线电保持联系；空军尽管偏重于执行“战略”任务，但也接受了援助陆军突击的训练；潜艇部队尽管规模较小，但在战术上却是灵活多变的。所有这些，都是对橡胶储备不足（比如说）的重要补充。

这给我们带来了第二个后果：德国武装部队重新装备的速度太快，因而严重损伤了经济。对于希特勒来说，向他国诉诸武力以解决经济困境有极大的吸引力。他很清楚地知道，夺取奥地利不仅能给德国增加5个师的兵力，一些铁矿和油田，相当规模的金属工业，而且还能得到价值两亿美元的黄金和外汇储备。苏台德地区并无多大经济价值（尽管那里煤矿丰富），到1939年初，第三帝国的外汇形势岌岌可危，希特勒把贪婪的目光盯在捷克斯洛伐克的其余部分。1939年3月，德军冲向布拉格，一旦占领，马上开始清点战利品，所有这一切丝毫不会令人奇怪。德国人除了夺得捷克国家银行存有的黄金和外汇资产外，还夺得了大量的矿石和金属，这些东西很快就被用来帮助德国工业。同时，规模庞大和利润丰盈的捷克军事工业的产品，可以卖给巴尔干半岛的顾客来为德国赚取外汇（或交换其他物品）。捷克军队的飞机、坦克和武器也为德国人接收，一部分用来装备新建的德国师，另一部分被变卖以赚取外汇。所有这一切，再加上捷克斯洛伐克的工业生产，都极大地增强了德国在欧洲的力量，使希特勒狂热的（虽然多少有些勉强维持的）扩军计划得以继续进行下去，直到再次出现危机时为止。正如蒂姆·梅森所指出的："公开解决这个由于独裁和重整军备而造成体制上紧张和危机的政权所面临的困难，其唯一的'办法'就是加强独裁和重整军备……一场为夺取劳动力和原材料的战争，深深扎根于国家社会主义领导下的德国经济发展的恐怖逻辑中。"

第三个后果和问题是：德国如不进行过分的扩张，它的征服和掠夺政策能维持多久？一旦德国重整军备的计划开始实行，其武装部队装备了现代化武器，那么攻克弱小邻国，攫取新的土地、原材料和外汇等似乎都会顺理成章地实现。1939年4至5月，波兰显然成为德国占领的下一个目标。但是，即使波兰能够很快被征服，德国能够对付得了法国和英国吗？就是说，同英法作战，对于仍然严重依赖进口原材料的德国的经济来说将是一个更大的挑战，它能承担得了吗？有证据表明，希特勒在1939年甘冒同西方民主国家开战的风险时，他希望这些国家能够再次让步，允许他再发动一次有限的掠夺战争，只对付波兰一国，这将有助于德国经济做好准备，以便德国于40年代中期在某一地区进行第一次大国战争。假定法国和英国的经济和战略力量虚弱，在1939年时这两个国家的政治领导人还在踌躇不定，那么德国冒险同这两国提前交战似乎是值得一试的——即使军事行动僵持在1914~1918年战争的战线上，但德国在现代军备上原有的领先地位可能会衰弱得慢一些。然而，如果美国给予盟国以援助，那么，元首及其政权的胜利将很难有望；或者，如果把军事行动扩展到苏联，那么，苏联广袤的国土意味着要打一场漫长的、胜负难分的并给经济带来沉重负担的战争。

另一方面，由于纳粹政权靠征服为主，希特勒得陇望蜀，被一个接一个的虏获物驱使着，怎么可能会止步，何地是止境？他狂妄自大的逻辑意味着，在欧洲——可能的话，在整个世界上，任何国家都不该向德国挑战。只有靠这些手段，他的敌人才会被粉碎，“犹太人问题”解决了，千年帝国才会建立在坚实的基础上。尽管传统有延续性，但这位德国元首在他那荒唐怪诞的夺取世界霸权的计划以及极端无视实现这一计划所遇到的障碍等方面，同他的腓特烈式和俾斯麦式的祖先非常不同。在这种长期而疯狂的野心以及需要避免短期危机的愿望推动下，希特勒就像日本人一样，专心致志于尽可能及早地改变国际秩序。

法国与英国

法国和英国面临着一场即将来临的风暴，两国处境变得日趋险恶和艰难。尽管两国之间在许多方面存在着严重分歧，但两国都是自由的资本主义民主国家，在第一次世界大战中都饱受创伤，它们都未能（尽管他们已尽了最大努力）持续不断地恢复它们记忆中美好的爱德华时代的政治经济状况。两国都感到国内工人运动的沉重和日益增长的压力，公众舆论迫切要求避免另一次冲突，它们全力关心的是内政、“社会”问题，而不是外交事务。这绝不是说伦敦和巴黎的外交政策是一致的。由于两国所处的地理战略位置不同，双方政府所受的压力是不同的，这两个民主国家在如何处理“德国问题”上常常出现分歧。不过，尽管它们在处理手段上争论不休，但最终目的还是一致的。在1919年后的动乱年代中，法国和英国无疑是两个维持现状的强国。

20世纪30年代初，法国似乎更强、更有影响一些，至少在非常重要的欧洲舞台上如此。在那些岁月里，在大国中，法国拥有一支第二大的陆军（仅次于苏联），空军也占第二位（同样，苏联的飞机总数多一些）。从外交上看，法国具有巨大的影响，尤其在日内瓦和东欧。在1919年以后的几年里，法国经受了严重的经济动荡，被迫重新调整法郎以适应下述严峻的现实：法国不能再依赖英美的援助，德国的战争赔款远远少于所期望的数量。但是，1926年普恩加莱[5]所实行的稳定货币的政策，使法国工业走上了腾飞的道路：生铁产量从1920年的340万吨猛增到1929年的1 030万吨，钢产量从300万吨增加到970万吨，汽车从4万辆上升到25.4万辆；化工、染料和电器产品都打破了战前德国的垄断局面。法郎的有效稳定帮助了法国的贸易，法兰西银行中大量的黄金储备使法国的影响遍及整个中欧和东欧。甚至当“大萧条”发生时，法国受到的影响似乎最小——这一方面是由于法国手里握有大量的黄金，同时有效地调整了货币；另一方面是法国经济不像其他国家（如英国）那样严重依赖国际市场。

然而，1933年后，法国经济开始发生逐步的、系统的、可怕的崩溃。当其他主要贸易国“抛售”黄金时，法国试图避免法郎的贬值是徒劳无益的。这就意味着法国的出口产品越来越没有竞争能力，外贸崩溃了：“进口额下降了60%，出口额下降了70%。”经过几年的瘫痪之后，1935年紧缩通货的决定又给奄奄一息的法国工业部门以沉重的一击；1936年人民阵线政府强迫执行一周40小时工作制和增加工资的决定，又进一步打击了工业部门。这一情况连同1936年10月法郎的严重贬值，加速了已开始的黄金大量外流，严重损害了法国的国际信贷。在农业部门，法国还有一半人口从事农业，而其产量在西欧仍然是最低的。过剩的生产使价格下跌，因而又进一步恶化了已经较低的人均收入，失业的工业人口流回农村也加速了这种趋势的发展，回乡种地的唯一好处（非常令人怀疑的好处），就是掩盖了失业的真实人数，像在意大利发生的一样；建筑业急剧衰落；新兴工业，如汽车制造业，在别的国家正在复苏，而在法国却处于停滞状态。1938年，法郎的价值只是1928年的36%，法国工业生产只是10年前的83%，钢产量和建筑面积仅为10年前的64%和61%。考虑到法国作为一个“大国”的含义，也许最令人生畏的数字是，在签订《慕尼黑协定》的那一年，法国国民收入比1929年下降了18%，而这种情况是在德国变得越来越危险的时刻发生的，大规模扩充军备是生命攸关的。

所以，单从经济上来解释20世纪30年代法国军事力量崩溃的原因是非常容易的。20年代末，法国得益于相对的繁荣，并由于担心德国暗中重整军备，因而在1929~1930年和1930~1931年两个财政年度里，急剧地增加了国防开支（特别是增加了陆军的开支）。可悲的是，法国对日内瓦裁军谈判还抱有不切实际的幻想，随后又受到经济萧条的影响，这些都使法国付出了惨重的代价。1934年，法国国防开支仍占国民收入的4.3%，与1930~1931年相同，但因为经济衰落迅猛异常，绝对数减少了400多万法郎。尽管莱昂·勃鲁姆[6]的人民阵线政府试图扭转军费开支下降的局面，但直到1937年才突破了1930年的国防预算，增加的军费大部分用来弥补陆军野战部队的明显缺额以及进一步构筑工事。而在这些危机的年月里，德国在经济和军事上都向前迈进了一大步：

> 在汽车生产上，法国落后于英国和德国；在飞机制造上，法国在不到10年的时间里，从第一位迅速下降到第四位；其钢产量在1932~1937年只可怜地增加了30%，而德国的工业生产却增长了300%；法国煤的生产在这5年内更是严重下降，而德国的煤炭生产却是持续增长的，大多数人认为其原因是由于1935年初萨尔煤田还给了德国。

由于经济迅速衰落，债务负担和1914~1918年战争抚恤金又占了公共开支总额的一半，因此，当1937年和1938年法国把预算的30%用于国防上时，它已经不可能令人满意地重新装备三军部队了。具有讽刺意味的是，没有太大贡献的海军的装备大概是最好的，到1939年，它已拥有一支均衡发展的现代化的舰队。但它在对付德国的陆上打击时却无济于事。在各军种中，受影响最严重的是法国空军，其资金一直匮乏，靠一个规模小而分散的航空工业勉强维持，在1933~1937年每月只能生产50到70架飞机，这大约是德国每月飞机总产量的1/10。例如，1937年德国生产了5 606架飞机，而法国却只生产了370架（资料来源不同，也有说是743架）。只是在1938年，法国政府才开始把资金倾注到航空工业上，由于突如其来的膨胀，故不可避免地引起各个环节上的堵塞，更不用说由于要换装新型、高性能的飞机而引起的设计和试飞的困难。例如，1940年1~4月，法国空军只收到原先定购的520架“德瓦蒂纳”式战斗机中的首批80架飞机，而当法国飞行员刚刚开始练习试飞时，德军的“闪电战”就开始了。

许多历史学家承认，在这些经济和生产困难后面，还隐藏着更深刻的社会和政治问题。由于法国在第一次世界大战中遭到令人震惊的惨重损失，又为不断的经济打击而感到沮丧，政治家未能成功地战胜货币贬值、通货紧缩、每周40小时工作制、高税收和扩充军备等问题，这使得各个阶级和各种意识形态之间的相互关系更加紧张，到了30年代后期，法国社会在公共道义和团结方面发生了严重的崩溃。结果，法西斯主义在欧洲的崛起，至少到西班牙内战爆发时，非但在法国远未产生神圣的联合，而且还造成了法国舆论进一步的分裂：极右派宁愿要希特勒，而不要勃鲁姆（如他们在街上高喊的那样），而左派中的许多人既不支持军费开支的增长，也不支持取消每周40小时工作制的提议。这些意识形态的冲突使党派变化无常，使两次大战之间的法国政府处于长期的不稳定状态中（1930~1940年政府更换了24次），因此所造成的印象是，法国社会有时已濒临内战的边缘。无论如何，法国已没有能力承受希特勒的鲁莽行动和墨索里尼的精神错乱。

同以前法国政治中常出现的情况一样，所有这一切都影响了军民关系以及军队在社会上的地位。但是，除了法国领导人不得不在其中工作的那种怀疑和沮丧的普遍气氛之外，还存在着以下一些具体弱点：没有一个像英国的帝国国防委员会或参谋长小组委员会那样有效的机构，来把政府中的军事部门和非军事部门联系在一起，以便系统地制订战略计划，或者协调军种之间的相互竞争。军队领导人物，如甘末林、乔治、魏刚和（在幕后的）贝当，年龄大都在六七十岁，都主张防御，个个谨小慎微，对战术革新毫无兴趣。他们不但拒绝了戴高乐关于建立一支小规模现代化坦克部队的建议，而且他们自己也不肯尽力去抓在战争中采用新式武器和新的作战方法等问题。合成兵种政策未付诸实施，作战控制和通信（例如无线电通信）中存在的问题被忽略了，飞机的作用下降了。尽管法国情报部门提供了很多关于“德国人正在考虑什么”的情报，但这些情报都被忽视了；人们对运用大规模装甲部队（如德国人在军事演习中所做的那样）的有效性表示公开怀疑；德军将领古德里安著的《小心，坦克》的多种译本都送到了法国各驻军的图书馆里，但却无人阅读。这说明，当法国工业受到刺激而生产出数目可观的坦克（很多坦克质量都是上乘的，如索米亚–35型坦克）时，却还没有与之相适应的作战理论来指导坦克的使用。一旦再发生一场大战，那么，法国军队想弥补社会政治的弊端和经济的衰退将是极其困难的。

同1914年以前的情形一样，法国在外交上的成功和一个有利的联盟战略都不能克服这些弱点。相反，随着30年代序幕的拉开，法国对外政策中的矛盾变得更加公开化。当然，第一个矛盾是，《洛迦诺条约》签订后，法国在马其诺防线后采取的战略防御，同按照条约要求法国阻止德国向东欧扩张，必要时出国援助其大陆盟国这样一种愿望，形成尖锐对立。1935年德国收复了萨尔区，重新占领了莱茵兰非军事区。这使法国向国外进攻的可能性更小了，即使法军领导者愿意采取进攻作战的话。但是，这些同1936年法国在外交和战略地位上遭到的接连不断的打击相比，简直算不了什么，这些打击包括：同意大利在阿比西尼亚危机问题上发生的争吵，这使意大利从反对德国的潜在盟国变成了潜在的敌人；西班牙内战的爆发，预示着在法国后方又建立了一个法西斯政权；比利时出于战略上的考虑，退居中立。在这不幸的一年年底，法国再也不能把注意力仅仅集中在东北边界上了，闯入莱茵兰去帮助一个东方盟国的想法已变得脱离实际了。因此，在慕尼黑危机时期，许多法国领导人对于他们要对捷克斯洛伐克履行义务的前景感到惊恐万分。最后，一旦《慕尼黑协定》签订了，巴黎发现，苏联对于同西方合作怀有更深的敌意，不再愿意认真履行1935

年签订的《法苏条约》了。

在外交、军事和经济这样不景气的情况下，法国的战略实际上是希望在未来同德国的战争中全面依赖英国的支持，这不足为奇，其中显然有很多经济上的原因。法国严重依赖进口煤（30%）、铜（100%）、石油（99%）、橡胶（100%）和其他重要原材料，其中大部分原料来自大英帝国，并且靠英国商船队运输。如果“总体战”发生，疲软的法郎又将需要英格兰银行的资助才能在世界上勉强维持。的确，到1936~1937年，法国已经严重依赖于英国和美国的财政支持了。反过来说，法国只有在英国皇家海军的援助下，才能再次切断德国来自海外的供应。到30年代末，法国也要求英国皇家空军提供援助，而援助法国也成了英国新远征军的任务。从各个方面来说，一般认为，法国的战略被动主义政策有其长期的逻辑性，假设德国对西方的任何攻击能像1914年那样被阻止，那么，英法帝国拥有的优势资源最终将占上风，而且毫无疑问，会使捷克和波兰在东部暂时失去的领土得到恢复。

法国“等待英国”的战略很难说是一件好事。显然，这是把主动权拱手让给希特勒。1934年后，希特勒不断显示出他懂得如何争取主动。此外，这一战略也束缚了法国的手脚（尽管有许多证据表明，像博内和甘末林这样的人宁愿被这样束缚住）。自1919年以来，英国一直敦促法国对德国采取一种较温和的调和的政策；希特勒上台后的几年里，英国政府及其民众对法国安全上出现的困境不以为然，英国人尤其强烈反对法国对东欧“继承人国家”所承担的义务；当英法合作不可避免时，英国人向巴黎施加压力，让法国放弃它所承担的义务。甚至在捷克危机之前，英国就已经搅乱并暗中破坏法国对柏林一直推行的旧的强硬路线政策——然而，英国却没有为法国提供任何有实质内容的政策来加以代替。只是到了1939年春天，两国才真正走到一起，形成一个正式的军事同盟，即使在那时，双方之间的政治怀疑也没有消除。如我们下面将要看到的，英国虽然目光短浅，心里打着如意算盘，为一连串内政和殖民地问题所困扰，但“背信弃义”的行为并没有那么严重，这种看法似乎较为公正。但这仅仅肯定了这样的事实：即使德国的扩张主义得到遏制，英国也不过是法国政策所依靠的一根细弱的摇摆不定的墙头草。

对法国来说，也许最大的失算是他们以为在30年代末期，英国还能够像1914年那样来帮助法国制止德国的挑战。当然，英国仍然是一个具有相当实力的大国，享有许多战略优势，在制造业的产量和工业潜力上是法国的两倍。但英国本身的地位同20年前相比，已经不大稳固了，而且有点自身难保。第一次世界大战给英国国民的心理带来了巨大的创伤，他们对随后而来的、毫无成果的“迦太基式”和平（就平民大众所能看到的）不再抱有幻想。英国公众厌恶军国主义，讨厌英国卷入欧洲大陆事务，不再关心大国间的力量对比问题，这些倾向同议会民主以崭新的面貌出现（通过1918~1928年公民权的扩大）以及工党的崛起完全合拍。也许，英国这几十年的政治同法国相比似乎更多的是围绕着“社会”问题——其中一个事实是用于武装部队的开支在1933年只占公共开支的很小一部分（10.5%），而社会服务却占了46.6%。鲍尔温[7]和张伯伦[8]经常向他们的内阁同僚提醒说，通过干涉中欧东部国家的一些难以处理的问题来获得选票，这不是一种好风气（在白厅看来），这些国家的边界并不是神圣不可侵犯的。

即使对那些关心外交事务甚于关心社会问题或选举活动的政治集团和战略计划制订者来说，1919年以后的国际舞台也意味着小心翼翼和不负责任。战争一结束，那些自治领就迫切要求重新确立自己的地位。当这一要求根据1926年的《贝尔福宣言》和1931年的《威斯敏斯特法》得到实施时，这些自治领实际上已成为独立国家，（如果它们愿意的话）还可以享有自己独立的外交政策。没有一个自治领热衷于为欧洲的争端而战，某些自治领，如爱尔兰、南非甚至加拿大，不情愿为任何问题而战。如果英国希望维持帝国大一统的形象，那么它只能在可以获得自治领支持的争端上参战；即使在由于来自德国、意大利和日本的威胁与日俱增，从而促使英国的这种孤立主义有所缓和时，伦敦仍然意识到这一重要的欧洲附属部分在其所有外交决策中的分量。从严格的军事意义来说，更为重要的是英国陆军以及皇家空军在印度、伊拉克、埃及、巴勒斯坦和其他地区的"帝国警察"行动。事实上，在两次世界大战之间的大部分年头里，英国陆军又回复到维多利亚时代所起的作用：视苏联对印度的威胁为严重的战略威胁（尽管这种威胁比较抽象），日常的军事活动是使当地居民保持安定。最后，英国大战略中的这一思想，由于皇家海军力主派遣一支"主力舰队到新加坡"和白厅对保护它距离遥远且容易受到日本攻击的殖民地表示合乎情理的关注而得到加强。

的确，英国在战略上的这种两面性有着几百年的历史。但总的说来，让人更为惶恐的是，它现在不得不在极其虚弱的工业基础上来推行这种战略。20世纪20年代，英国的制造业已陷于萧条，原因之一是英镑恢复金本位的比率太高。尽管1929年后世界范围的大萧条使英国所遭受的灾难不如德国和美国的那样巨大，但毕竟动摇了英国衰弱的经济根基。仍占英国出口40%的纺织品生产削减了2/3；占出口10%的煤下降了1/5；造船业遭到的打击最为惨重，到1933年时，其生产下降到战前的7%；钢铁生产在1929~1932年的3年里下降了45%，生铁产量下降了53%。由于国际贸易停滞并为货币集团所取代，因此，英国在全球贸易中所占份额继续呈下降趋势，从1913年的14.15%，下降到1929年的10.75%，继而下降到1937年的9.8%。此外，过去一个世纪中靠从航运、保险和海外投资所获得的无形利润来弥补相当可观的明显贸易逆差的办法，已经行不通了。到20世纪30年代初，英国只能靠其资本来维持局面。1931年危机的创伤导致了英国工党政府垮台，并使政府做出抛售黄金的决定，这使政治家们意识到国家经济的脆弱性。

某种程度上，这些领导人的忧虑也许被夸大了。1934年时，经济开始慢慢回升。当北方原有工业失去活力时，新兴工业——飞机、汽车、石油化工和电器产品正在兴起。"英镑集团"内的贸易给予英国出口商以一定的支持。食品和原材料价格的下降帮助了英国消费者。但是这些表面现象对财政部来说是不够的，它担心英国在海外脆弱的信誉以及挤兑英镑的情况进一步发生。在他们看来，使国家在世界上不负任何债务应是头等大事，这意味着平衡政府收支，把税收降低到最低限度，并控制国家开支。甚至当中国东北危机在1932年打破了著名的“十年规定”[9]时，英国财政部仍迫不及待地声言：“决不能将此举理解为可以不顾当前严峻的财政和经济形势而增加国防开支。”

国内政治和经济压力交织在一起，促使英国同法国一样，在20世纪30年代初期削减了国防开支，而就在这时，独裁国家则开始增加它们的国防开支。随后，英国用了好几年时间痛苦地研究自己的“防务不足”，同时又受到希特勒公开重整军备以及阿比西尼亚危机的震动，才在1936年对军费开支首次作了实质性的增加，但那一年的军费开支还是少于意大利，仅是德国的1/3或1/4。甚至在这个阶段，由于财政部的控制和政治家们对国内舆论的担心，全面扩充军备仍然受到阻挠，直到1938年那个危机年才真正开始实施。不过，在这之前，军方早就发出警告说，他们已不可能保卫“我们的贸易、领土和重要利益，使之同时免遭德国、意大利和日本的侵犯”，并敦促政府减少“潜在的敌人，争取潜在盟国的支持”。换句话说，需要外交——绥靖外交来保卫这个经济上虚弱、战略上铺得太宽的帝国免遭来自远东、地中海以及欧洲本身的威胁。三军参谋长们认为，无论在哪个海外战区，英国都不够强大。即使这样一个阴暗的事实，也被德国空军惊人的飞速发展所掩盖了，后者使这个岛国的居民破天荒第一次直接暴露于敌人的军事打击之下。

还有迹象表明，如同其他所有国家的职业军人一样，英国的三军参谋长们对自己国家的前景也是忧心忡忡。第一次世界大战使他们变得谨小慎微、悲观失望。毫无疑问，1936~1937年，在空中力量方面英国已经落后于德国；它那支微不足道的长期服役的陆军部队在欧洲大陆上起不了多大作用；同时，它的海军将不可能控制欧洲海域并把一支主力舰队派往新加坡。使英国决策者们更为不安的，也许是要找到参谋长们所企求的“潜在盟国”是极其困难的。英国为对付拿破仑而细心组成的多次联盟，1900年以后多年内达成的卓有成效的协约国和建立的友好关系，已不复存在。日本已从盟国变成了敌人，意大利也是这样。苏联，这个传统上一直同英国站在一起反对大陆霸权的“侧翼”大国（用德希奥的话说），如今在外交上陷于孤立，并且深深怀疑西方民主国家。美国，至少对受到挫折的白厅来说，其政策在20世纪30年代初期到中期变得简直不可思议、难以预料：它避免承担一切外交和军事义务，至今仍不愿意加入国际联盟，强烈反对英国为收买修正主义国家而做的各种努力（如承认日本在远东的特殊地位，向德国提供特别付款和互相交换的安排）。它通过1937年的中立法，使英国曾在1914~1917年为支持战争而采取的向美国市场借贷的方式不再适用。这样，美国固执地干扰着英国的大战略，也许是无意的，其方式如同英国干扰法国的东欧战略一样。于是，潜在的盟国只剩下法国一家和英帝国的其他自治领。然而，法国在外交上需要英国在中欧承担义务，而这是自治领所强烈反对的，也是整个“帝国防御”体系所不能承担的。另一方面，英帝国在欧洲之外的利害关系也分散了用来遏制德国威胁的注意力和资源。结果，在20世纪30年代，英国人陷入了全球外交和战略上的困境，找不到任何满意的对策。

这并不是否认鲍尔温、张伯伦及其同僚们本可以有更多的建树，也不是说英国执行绥靖政策的决定性因素使丘吉尔和其他批评家所建议的别的政策方案都行不通。尽管有许多反证，但在英国政府中确实长期存在着一种对纳粹政权采取“合理的”亲近方式的意愿。对共产主义如此厌恶，使得作为反法西斯联盟潜在成员的苏联总是被忽视或贬低。脆弱的东欧国家，如捷克斯洛伐克和波兰，常常被视为讨厌的东西。对法国缺乏同情心则显示出灵魂非常卑鄙。根据不充足的证据，对德国和意大利的力量总是估计过高，而英国所有防御上的弱点都被用来作为不采取任何行动的理由。白厅关于欧洲大国均势的看法是利己的，只顾及眼前利益的。绥靖政策的批评家，如丘吉尔，受到有计划的审查和压制，而此时政府却宣称它只能顺应公众舆论（不是去引导公众舆论）。所以，在英国政府竭力避免同独裁国家发生冲突的背后，所有那些貌似有理、客观、正确的理由，在很大程度上在于英国政府长期以来看起来暧昧的狭隘心胸和短浅目光。

另一方面，通过对经济和战略现实的调查研究，也应当承认，到20世纪30年代末，影响英国大战略的主要问题仅仅靠改变态度甚至更换首相是不能解决的。张伯伦越是被迫放弃绥靖政策——由于希特勒的侵略行动得寸进尺，加上英国舆论的愤慨——根本矛盾也就显得越清楚。尽管英国三军参谋长们坚持要求大规模增加国防开支，但财政部认为这样的开支将导致经济崩溃。早在1937年，英国同法国一样，用于防务上的开支超过它们在1914年前危机时期的防务开支，但安全仍没有任何实质性的改善，原因很简单：利令智昏、头脑狂热的德国所花的军费还要比这高得多。但随着英国防务开支扶摇直上——从1937年占国民生产总值的5.5%上升到1938年的8.5%，到1939年的12.5%，其脆弱的经济也开始蒙受损失。甚至当政府花钱增加武器生产时，由于工厂不足和严重缺乏熟练工程师，而使期待已久的飞机、坦克和军舰的生产速度被迫放慢。这种情况反过来又迫使军方向中立国家，如瑞典和美国订购越来越多的武器、钢板、滚珠轴承以及其他物资，而这些订货又进一步耗费了外汇储备，使收支平衡受到威胁。由于国家黄金和美元储备减少，因此国际信誉变得更为不可靠。英国财政部对1939年4月新的军备扩充议案冷静地指出："如果我们以为自己能够像1914年那样打一场持久战，那么我们无异于把头埋在沙子里。"对于英国这样一个大国来说（它的战略制定者设想他们没有可能赢得一场速决战，而只期望在一场持久战中取胜），这不是一个令人感到欣慰的预言。

战争前夕，军事方面也暴露出同样严重的矛盾。1939年英国决定再次对法国正式承担"大陆义务"，同时还决定海军部署的重点在地中海，而不是新加坡，从而解决了一些长期存在的战略问题。但这样一来，英国在远东的利益就完全暴露在日本下一个侵略行动的威胁之下。同样自相矛盾的是，1939年春，英国迅速对波兰做出保证，接着又先后对希腊、罗马尼亚和土耳其做出保证，表明白厅在大国的大陆均势中再次发现了东欧和巴尔干半岛的重要意义，但事实上，一旦这些地区遭到德国人坚决的进攻，英国武装部队是无能为力的。

总之，无论是1939年3月后张伯伦对德国所执行的较为强硬的政策，还是

1940年5月丘吉尔取而代之，都没有"解决"英国在战略和经济上的困境，他们所做的一切不过是重新确定问题。对于一个处于其历史最后阶段的、摊子铺得过大的全球性帝国来说（这个帝国仍然控制着地球表面的1/4，但制造能力和"战争潜能"却只占世界的9%到10%），绥靖政策和反绥靖政策都有不利的后果，只能两害相权取其轻。1939年所做的决定，即抵抗希特勒的进一步侵略行动，无疑是正确的。但到那时，为反对英国在欧洲的利益，尤其是在远东的利益而结盟的力量对英国如此不利，以致没有中立大国的干预，就很难预料怎样才能确保战胜法西斯。而争取中立大国的干预，也有不少问题。

幕后超级大国

如前所述，当英国和法国的决策者们全力对付20世纪30年代外交和战略上的挑战时，他们所面临的一个最大困难是拿不准那两个像巨人一般但有些孤立的大国——苏联和美国所持的立场。是否值得做进一步的努力去说服这两个大国加入到反法西斯国家的联盟中来，甚至不惜对莫斯科和华盛顿的要求做出实质性的让步，并在国内遭到批评？应该更热情地从哪些方面拉拢哪一个大国？比如说，对苏联采取一些公开行动，会不会反而挑起而不是遏制德国或日本的回击？以柏林和东京的观点（先不提罗马）来看，苏联和美国所持的态度同等重要。当希特勒重新安排中欧的边界时，这两个大国将会漠然视之吗？对于日本在中国的进一步扩张，以及对老牌欧洲帝国在东南亚属地采取的军事行动，它们会做出何种反应呢？美国会像1914年至1917年时那样，至少为西方民主国家提供经济援助吗？可以用经济和领土交易收买苏联吗？最后，这两个诡秘多变、讳莫如深的大国确实那么至关重要吗？它们到底有多强大呢？在这个变化着的国际秩序中能发挥多大作用呢？

就苏联这样一个"封闭"的社会来说，试图回答这些问题是很困难的。然而，这一时期苏联经济增长和军事力量的大致轮廓还是清楚的。最为明显的一点是，苏联的力量由于第一次世界大战，以及随后的革命和内战而严重削弱，其程度超过其他任何大国。苏联人口从1914年的1.71亿骤然下降至1921年的1.32亿。由于丧失波兰、芬兰和波罗的海沿岸国家，它丢掉了许多工厂、铁路和农场，余下的部分也大都遭到长期战争的破坏。制造业下降惊人，1920年下降到1913年的13%——掩盖了某些主要商品甚至更为严重的崩溃："铁矿石产量仅为战前的1.6%，生铁为2.4%，钢为4%，棉花为5%。"外贸全部中止，粮食总产量还不及战前的一半，人均国民收入下降了60%，达到一种着实令人震惊的地步。然而，由于这些极端严重的下降主要是由1917~1921年的社会和政治动荡造成的，因此可以说，苏维埃政权（实际上无论何种统治）的建立肯定有助于各种生产的恢复。战前和战时发展起来的沙俄工业给布尔什维克留下了一大批工厂、铁路和钢厂。铁路、公路和电报线路已初具规模。内战一结束，产业工人就可以返回工厂；农业生产已有固定模式和向城市出售粮食的传统，一旦列宁决定（根据1921年新经济政策）放弃农民"共产化"的徒劳无益的努力，转而允许建立私人农场，农业就可以恢复。因此，到1926年时，农业产量回升到战前的水平；两年后，工业产量也达到了战前水平。战争和革命使俄国的经济发展延误了长达30年的时间，但其经济已做好了恢复上涨的准备。

但当苏联在虚弱的传统经济下迈着沉重的脚步时，"上涨"不可能立竿见影——当然，不是因为斯大林专制的加强。由于没有外国投资，所以不得不靠国内筹集资金，以支持庞大工业的发展，同时在充满敌意的世界中建立一支庞大的军队。既然消灭了资产阶级，既然78%的俄国人口（1926年）仍然从事占国民经济大头的农业生产，而农业的绝大部分又掌握在私人手里，那么在斯大林看来，为国家集资以及加速实现农业向工业转化，唯一的出路就是实行农业集体化，强迫农民加入公社，消灭富农，控制农产品产量，规定农场工人的工资和转卖粮食的价格（后者比前者高得多）。国家置身于农村生产者和城市消费者之间，采取令人惊愕的严酷方法从两方面拼命积累资金。人为的价格飞涨，各类的捐税，人们迫于各种压力通过购买国债券来表现自己的忠诚，这一切促使国内局势更为紧张。宏观经济的粗略统计表明，总的结果是，苏联用于个人消费的支出占国民生产总值的51%或52%（这一水平低得令人难以置信），而其他国家除去进行工业化所需份额外，剩下用于个人消费的份额大约是80%。

苏联在社会主义计划经济中所做的极端性努力产生了两个相反的但可以预见的经济后果。第一个后果是，由于富农反对强制的集体化，随后遭到灭顶之灾，因而苏联的农业生产出现灾难性的崩溃。农场牲口过早地遭到惊人的屠宰——马匹从1928年的3 350万匹减少到1935年的1 660万匹；牛从7 050万头减少到3 840万头，因而造成了肉和粮食产量的锐减，使本来极端贫困的生活水平急速下降，直到赫鲁晓夫时期才得到恢复。有人曾试图对国民收入中后来以拖拉机或电气化形式偿还给农业的那一部分，与通过集体化以及价格控制所刮取的那一部分进行秘密计算，但对我们的目的来说，这只是一种神秘的运用，因为（比如说）拖拉机工厂建立以后，可以用来生产轻型坦克。当然，农民在阻止德军进攻方面是不起多大作用的。毋庸置疑的是，苏联的农业生产这时土崩瓦解了。特别是1933年的饥荒，夺走了几百万人的生命。20世纪30年代末，农业生产得以恢复，这是投入几十万台拖拉机、大批农业科学家和严格控制的集体农民大军迅速努力的结果。但是，就人力来说，代价是无法估量的。

第二个后果更清楚一些，至少从苏联的经济军事力量来看是这样。由于个人消费在国民生产总值中所占份额被压低到也许是现代史上最低的水平——肯定比纳粹分子曾期望在德国达到的低得多，苏联得以把国民生产总值的大约25%用于工业投资，同时还拥有一大笔资金用于教育、科学和军队。大批俄国人的工作岗位以惊人的速度发生了转化，在1928~1940年的12年间，农业人口从71%急剧下降到51%，这部分人口也以一种前所未有的速度接受着教育。这点在两个层次上都非常重要，因为同德国或美国相比，苏联的工业劳动力缺乏训练，文化不高，同时仅有很少一批为制造部门进行高级指导和稳步经营所必需的工程师、科学家和管理人员，这就使俄国经常大吃苦头。现在，几百万工人在工厂的学校或技术学校里接受培训，稍后，大学数量又猛增，因而国家最终获得了维持经济增长所需要的受过培训的骨干。例如，在“国民经济”部门中，毕业的工程师数量从1928年的4.7万名上升到1941年的28.99万名。这一时期，苏联宣传人员所吹嘘的数字无疑是被夸大了，并且掩盖了各种薄弱环节，但在资源分配上有意识地保证经济增长是毋庸置疑的。同样，在乌拉尔山脉以东建立大规模的新发电厂、钢厂和其他工厂（这些工厂不会受到西方和日本的打击），也是毋庸置疑的。

由此导致的苏联制造业产量和国民收入的增长——即使按照较为保守的估计，在工业化的历史上也可说是史无前例的。在最初几年里（如1913年，更不要说1920年），由于产量的实际数和价值都相当低，因此百分比的变化几乎毫无意义，尽管表28有助于说明大萧条时期苏联制造业生产是如何扩大的。不过，如果考察一下两个五年计划（1928 ~1937）就会发现，俄国的国民收入从244亿卢布提高到963亿卢布，煤产量从3 540万吨提高到1.28亿吨，钢产量从400万吨增至1 770万吨，电力增长7倍，机床增产20倍以上，拖拉机产量几乎增加40倍。事实上，到30年代末，俄国的工业总产量不仅超过了法国、日本和意大利，而且可能超过了英国。

然而，在这些给人以深刻印象的数字背后，仍然潜伏着许多不足之处。尽管农业总产量在30年代中期已开始缓慢增长，但俄国的农业比起以前来更没有能力供养整个国家，也谈不上生产剩余粮食用来出口，每英亩的产量仍然少得可怜。尽管对铁路增加了投资，但交通系统仍然很落后，不能满足国家经济发展的需要。很多工业严重依赖外国公司和技术，特别是美国的公司和技术。由于工厂和整个生产程序规模“巨型化”，因此很难迅速调整产品结构和引进新设计。某些工业有计划的扩充与原材料或技术力量的储备脱节，因而不可避免地造成卡壳现象。1937年以后，苏联经济转向大规模备战，这使工业的连续性受到影响，并且打乱了原先的计划。最重要的是大清洗运动——斯大林向如此众多的自己人发动了疯狂进攻，无论他有什么理由，给经济带来的后果都是严重的。“政府官员、管理人员、技术员、统计员甚至一般的工长”都被清扫进集中营，这使俄国严重缺乏技术人员的形势变得更为严峻。恐怖无疑驱使许多人对现制度表示斯达汉诺夫式的忠诚，但同时也严重压抑了创新、实验、公开讨论和建设性的批评。“最省事的做法就是逃避责任，事无大小都寻求上司的批准，不顾实际情况而机械地服从上级命令。”这样做倒是可以苟且偷生，但对发展综合经济却无任何帮助。

由于受过战争的洗礼，苏联对来自波兰、日本和英国这些潜在敌人的威胁特别敏感。因此，苏联在20世纪20年代里把国家预算的大部分（12%~16%）用于国防开支。在第一个五年计划的最初几年里，国防开支所占的份额缩小了，当时苏联的正规军下降到60万人左右，以两倍于正规军的庞大但效率低的民兵力量作为后盾。中国东北危机的爆发和希特勒的上台，促使苏联部队数量飞速增长，到1934年时达到94万人，1935年达到了130万人。随着几个五年计划的实施，工业总产量和国民收入增加，大批坦克和飞机制造出来。在图哈切夫斯基周围有一批富有革新精神的军官，他们愿意研究（如果说不是完全接受的话）杜黑、富勒、利德尔·哈特、古德里安以及其他西方军事理论家的思想。到30年代初，苏联不仅拥有一支坦克部队，还有一支庞大的伞兵部队。20年代末，虽然苏联海军力量仍然弱小，缺乏战斗力，但创建了规模巨大的航空工业，它每年所生产的飞机一度超过其他大国生产的总和（见表29）。

表29　1932~1939年各大国飞机产量

	1932年	1933年	1934年	1935年	1936年	1937年	1938年	1939年
法　国	(600)	(600)	(600)	785	890	743	1 382	3 163
德　国	36	368	1 968	3 183	5 112	5 606	5 235	8 295
意大利	(500)	(500)	(750)	(1 000)	(1 000)	(1 500)	1 850	(2 000)
日　本	691	766	688	952	1 181	1 511	3 201	4 467
英　国	445	633	740	1 140	1 877	2 153	2 827	7 940
美　国	593	466	437	459	1 141	949	1 800	2 195
苏　联	2 595	2 595	2 595	3 578	3 578	3 578	7 500	10 328

但是，这些数字也掩盖了许多令人吃惊的弱点。苏联“巨型化”的必然后果是过分强调数量。由于计划经济的特点，20世纪30年代初期苏联生产了大批飞机和坦克。例如，1932年，苏联生产了3 000多辆坦克和2 500多架飞机——比世界上任何一个国家都多。然而由于1934年后正规部队的急剧膨胀，要获得足够的受过高级训练的军官和士官来管理坦克营和航空兵中队，是极其困难的。在这个农民过剩、熟练工人严重缺乏的国家里，要装备一支现代化部队和空军就更困难了。尽管有宏大的教育计划，但30年代这个国家的主要弱点仍然在于大批工人和士兵训练不足。尤其是，苏联跟法国一样，它是对30年代初期的各种飞机和坦克型号进行巨大投资的牺牲者。当西班牙内战暴露出第一代此类武器在速度、机动性、航程和耐强度方面的局限性时，各国加快了制造速度更快、威力更大的飞机和坦克的竞赛。但苏联的军事工业就像大海中的一艘巨轮，不能立即改变自己的航向；而且在试制新型飞机、坦克的同时，停止生产已有的各种型号似乎是愚蠢的（关于这点，非常有趣的是，1941年6月，在2.4万辆服役的坦克中，同德国坦克具有同等水平或超过德国水平的新式坦克只有967辆）。此外，还有大清洗运动。苏联红军军官被大批革职——90%的将军和80%的校级军官遭到斯大林所发动的疯狂运动的迫害——这不仅关系到杀害许多受过训练的军官所造成的普遍影响，而且对军队造成了严重的特殊后果。通过清除图哈切夫斯基和“现代战争”的热心者，消灭那些研究德国作战方法和英国军事理论的人，一些政治上可靠但智力迟钝的人，如伏罗希洛夫和库鲁克掌握了军队。早期的一个结果是解散了7个机械化军。做出这一决定的理由是西班牙内战显示出坦克编队在战场上不能发挥独立的进攻作用，这种武器应该分配给步兵营，以加强步兵的战斗力。出于同样的推理方式，他们认为TB-3重型轰炸机对苏联来说没有什么用处。

由于大批空军已经落后，装甲部队被解散，各军种出于对清洗的恐惧而对上级盲目服从，因此，苏联在30年代末期比5年前甚至10年前虚弱得多，而在同时，德国和日本却已大大地提高了武器生产量，变得更富有挑衅性。1937

年后，苏联的五年计划明显涉及到大量的军备建设，其数量与德国相等，而在很多领域里，如飞机生产，其数量则超过德国。因为斯大林感到苏联正在通过“一个危险的区域”，至少同1919~1922年期间所受到的威胁一样，到这时，苏联的投资才转到建立一支规模庞大、装备优良的部队上来。这些外在的情况有助于说明20世纪30年代苏联外交政策的各种变化。斯大林对日本在中国东北的侵入感到忧虑，但更担心希特勒统治下的德国，因为他面临着在两个相距几千英里的战场上同时作战的前景（确切地说，这也是英国决策者感到束手无策的战略困境）。斯大林仍然把其外交政策的重点放在欧洲，这包括1934年苏联加入国际联盟，1935年分别与法国或捷克斯洛伐克签订条约，但这一切并没有使斯大林所期望的共同安全得到加强。实际上没有波兰的同意，苏联很难援助法国或捷克斯洛伐克；反过来，法国或捷克要是没有波兰的同意，同样也不能援助苏联。英国人对这些为建立一个反对德国的外交“统一战线”所做的努力表示不满，这也从一个方面说明了为何斯大林在西班牙内战期间表现得小心谨慎。莫斯科害怕，如果一个社会主义共和国在西班牙诞生，就有可能迫使英国和法国“向右转”，同时，苏联也将卷入同佛朗哥的支持者——意大利和德国的公开冲突中。

1938年至1939年，在斯大林眼里，外部局势变得更加危险（这使他的清洗也变得更加愚蠢，更加不可思议）。《慕尼黑协定》不仅证实了希特勒对中欧东部所怀有的野心，而且更令人不安的是，它还表明了西方不准备反对这样的野心，并且确实愿意把德国的力量转移到东面更远的地方去。由于1938~1939年苏联和日本在远东发生了严重的边界冲突（苏联有必要大力增强西伯利亚部队的力量），因此，斯大林也决定对柏林实行绥靖政策，即使这意味着同他的意识形态上的敌人坐下来谈判，也是不足为怪的。如果苏联对东欧存有政治野心，如果它认为自己在那里能获得丰盈的份额，那么莫斯科对瓜分这一地区的独立国家不会有很多保留意见。当西方正由于希特勒进攻波兰而与德国处于交战状态时，1939年8月，苏联与德国签订了举世震惊的《苏德互不侵犯条约》，这一条约至少为苏联在西部边界上提供了一个缓冲地带，并为苏联扩军备战赢得了更多时间。用丘吉尔的话说，以美食喂鳄鱼比葬身鳄鱼之腹好得多。

这一切都使得要衡量30年代末期苏联的力量极其困难，特别是“相对的战争潜能”的统计既没有反映出内部的士气，也没有反映出武装部队的质量以及地理位置。显然，苏联红军不再是“武器装备精良，战斗人员顽强，令人望而生畏，而且具有强大打击力的现代化部队”（“战斗人员顽强”这方面还没有变）。这是麦金托什在描述1936年部队的情况时说的。但苏军的基础在多大程度上受到削弱这一点仍不太清楚。1939~1940年苏联同芬兰发生的“冬战”证实，苏军的力量是急剧下降了，然而，1939年苏联在同日本于诺门罕发生的多次不太引人注目的冲突中，却展现了苏军是一支在战斗中指挥机智的现代化部队。斯大林为1940年德国以毁灭性的“闪电战”取得的胜利感到惊骇，因而更加迫切希望避免激怒希特勒发动战争，这点也是显而易见的。斯大林深为不安的另一个忧虑是，东京决定在远东的什么地方发动攻击——尽管日本并不是个不共戴天的敌人，但按照逻辑推理，西伯利亚虚弱的防务会进一步削弱苏联抵御德国威胁的能力。与日本签订了东部边界的停战协定后，朱可夫的装甲部队立即被召回，以参加1939年9月入侵波兰的行动，这是一个危险的战略性欺骗的例证。另一方面，到这时，苏联红军所遭受的损失已得到迅速弥补，部队人数增加了（1941年时已达到432万人）。苏联的整个经济正在为战争的到来进行调整，苏联中部正在建造大批新工厂，经过改装的飞机和坦克（包括难以对付的T-34型坦克）正在试验之中。1937年，苏联国防开支占财政预算的16.5%，1940年猛增到32.6%。同所有其他大国一样，苏联此时正在与时间赛跑。斯大林比1931年时更迫切地敦促他的人民缩小与西方在生产力方面的差距。“放慢速度即意味着落后，落后就要挨打……”，沙皇时期的俄国“一直处于挨打的局面”，原因就在于其生产和军事力量落后于西方。苏联政权在更为独裁和无情的领导人的领导下决定迎头赶上。希特勒是否会让苏联如愿以偿还是很难说的。

令人奇怪的是，在两次世界大战之间，美国在国际事务中的相对力量与苏联和德国成反比。也就是说，美国在20世纪20年代的力量异常强大，但在30年代的萧条时期里，美国也比其他任何大国衰弱得更快，直到30年代末期才开始复苏（而且是部分地）。美国在过去几十年里处于突出地位的原因前面已做了清晰的论述。除日本外，美国是唯一从第一次世界大战中捞到好处的大国。美国除了已成为世界上最大的制造业和粮食生产国外，还是世界上最大的金融和债权国家，拥有世界上最丰富的黄金储备，有着超级公司以及销售者可以进行各种经济活动的广阔的国内市场，特别是在新兴的汽车工业中。美国的高生活水平和迅速有效的资本投资都以互惠的方式进一步刺激了对制造业的大量投资，因为消费者实际上能够接受所有的产品，这使现有生产力得到提高。例如，1929年，美国生产了450万辆汽车，而法国生产了21.1万辆，英国生产了18.2万辆，德国生产了11.7万辆。毫不奇怪，美国为了满足蒸蒸日上的制造业对橡胶、锡、石油和其他原料的需要而大幅度提高了进口额。但在整个20世纪20年代，出口商品，特别是汽车、农业机械、办公设备这一类走俏商品的出口也扩大了。美国向海外投资的迅速增长帮了整个出口贸易的大忙。尽管这一切都是众所周知的，但注意到如下事实仍会令人惊讶不已：在这一时期，美国的“生产量比其他六大国加在一起还要多”；“美国制造业的人均生产总值几乎比英国或德国的高一倍，是苏联或意大利的10~11倍。这就更进一步显示出美国占压倒优势的强大生产力”。

但正如以上引语的作者立即指出的那样，美国在世界上的政治影响无论从哪一方面讲都与它强大的工业能力不相称，这可能在20世纪20年代并不十分重要。首先，美国人坚决拒绝在世界政治中扮演领袖角色，这种态度不可避免地也体现在一切外交和军事事务中。如果美国商业利益并未受到其他国家行为的有害影响，那么就不会有任何理由卷入到外交事务中去——特别是发生在东欧或非洲之角的事件中。其次，美国进出口的绝对增长额，在国民经济中的地位并不重要，原因很简单，美国自给自足的能力很强。事实上，“美国制造业产品的出口量，与制造业的总产量之间的比，从1914年的近10%下降到1929

年的近8%”，国外直接投资的账面价值在国民生产总值中的份额保持不变。这有助于解释为什么美国人在原则上普遍接受了国际市场这一观念，却在其经济政策的制定中仍主要针对国内需求。除了某些原材料外，外部世界对美国的繁荣并不重要。最后，1919年后的10年里，国际事务中不存在对美国利益的直接威胁：欧洲仍争吵不休，但同20世纪20年代初期相比，争吵则少多了；苏联处于孤立地位；日本处于静止状态；海军竞赛由于《华盛顿条约》的签订而受到限制。在这种情况下，尽管美国允许建立一支规模适中的现代化空军，也允许海军发展自己的航空母舰和重型巡洋舰计划，但美国把其部队减少到很小的数目（正规军约14万人）。当陆海军将领们对国会拨给的军费不足，以及对某些危害国家安全的措施（如1929年的史汀生决定停止破译密码，理由是君子不看他人信）发出有预见性的抱怨时，美国在这10年中仍然是经济巨人，但军事力量却处于中等水平。美国仍然没有一个考虑战略问题的高级文武官员联合机构，如英国的帝国国防委员会以及美国自己后来的国家安全委员会，也许这正说明了那一段时间的平静。当美国人坚决地拒绝战争观念时，这样的机构有什么必要呢？

在1929年的金融崩溃中，美国首当其冲，这在前面已经作了描述。从国家力量的衡量和比较来看，更为重要的是，连续不断的萧条和关税战使美国遭受的损害比其他任何一个经济先进的国家都更为严重。这一方面是由于美国资本主义的相对失控和变化无常的本质，另一方面，美国也因采用了1930年通过的《斯姆特–霍利关税法》这一贸易保护主义的毁灭性政策而深受其害。尽管美国农场主和某些工业院外活动集团对不公平的国外竞争怨声载道，但美国的工业和农业生产力（贸易顺差的情况很明显）表明，打破公开的国际贸易秩序将使出口商受到更大的损害。“美国的国民生产总值1929年为984亿美元，3年后骤然下降，仅为1929年的一半，1933年，制造业产品的价值不到1929年的1/4。近1 500万工人失业并且无任何生活来源……同期，美国出口品的价值从52.4亿美元下降到16.1亿美元，下降了69%。”由于其他国家迅即加入贸易保护集团，因此那些严重依赖于出口的行业遭到了严重打击。“10年前，小麦出口的价值为2亿美元，而1932年猛降到500万美元，汽车出口从1929年的5.41亿美元下跌为1932年的0.76亿美元。”世界贸易发生了全面崩溃，但美国的外贸额却缩减得更快，从1929年的13.8%，缩减到1932年的不足10%。而当其他主要大国从20世纪30年代中期至末期逐渐稳步地开始恢复时，美国却在1937年又一次遭到了更为严重的经济震动，这大大削弱了前5年所打下的经济根基。但由于“世界经济大脱节”（即向贸易集团靠拢）这一情况与20年代相比更加突出，因此，美国的第二次萧条对其他国家危害并不严重。总的结果是，在慕尼黑危机期间，美国在世界制造业总产量中所占份额要低于1910年以来的任何时期（见表30）。

表30　1929~1938年各国在世界制造业总产量中所占份额

（百分比）

	1929年	1932年	1937年	1938年
美　国	43.3	31.8	35.1	28.7
苏　联	5.0	11.5	14.1	17.6
德　国	11.1	10.6	11.4	13.2
英　国	9.4	10.9	9.4	9.2
法　国	6.6	6.9	4.5	4.5
日　本	2.5	3.5	3.5	3.8
意大利	3.3	3.1	2.7	2.9

由于萧条所产生的严重后果以及外贸额在国民生产总值中的下降，在胡佛特别是罗斯福领导下，美国的政策是对过去进行反思。从孤立主义的力量和罗斯福所面临的一系列迫切的内政问题来看，几乎很难指望他把注意力集中到国际事务上，而科德尔·赫尔和国务院却希望罗斯福这么做。然而，由于美国在世界经济中继续占据着关键性地位，人们对下列现象仍然提出一些实质性批评：“只忙于国内经济复苏，急于求成，希望行动与结果能即刻出现；美国制定政策的习惯是，对于美国计划可能对别国产生的影响不作连续性的考虑。”

1934年，美国发出对不履行战争债务的所有外国政府停止贷款的禁令，1935年决定在战争状态下实行武器禁运，以及稍后发布的禁止向任何交战国提供贷款的法令，都使英法两国对抵抗法西斯国家的行为更加小心谨慎。1935年，随着对意大利的谴责，美国政府却向墨索里尼政权提供更多的石油，这使英国海军部感到惊恐万分。对德国和日本实行的贸易限制，一方面是对它们的侵略行径所做出的反应，另一方面“也起到了反作用，它没有向侵略国家的对手提供有意义的援助，富兰克林 · 罗斯福的经济外交政策树立了很多敌人，却没有赢得朋友或支持未来的盟国”。也许最严重的后果是，尽管这一责任需共同承担，但在独裁国家向白厅和华盛顿进行挑战这一关键时刻，白厅和华盛顿之间却在互相猜疑。

不过，到1937和1938年，罗斯福对法西斯的威胁似乎更为担忧了。尽管美国舆论和经济困境制止了他发挥主导作用，但他给柏林和东京发出的信息已变得较为强硬了，他对英国和法国的鼓励已变得有几分热情了（尽管在短期内对这两个民主国家几乎没什么帮助）。1938年，英美两国海军就对付日本和德国的双重挑战问题举行了秘密会谈。美国总统的“隔离演说”是一个最初的信号，表明他将对独裁国家采取经济制裁。此外，罗斯福迫切要求大规模增加国防开支。如表26所显示的数字，1938年，美国用于军备的费用不及英国或日本，仅是德国和苏联的很少一部分，不过飞机生产在1937年到1938年实际上翻了一番。1938年，美国国会通过了海军优先法案，允许舰队大规模扩充。此时，B-17轰炸机样机正在试制中，美国海军陆战队正在完善两栖作战的理论，陆军（尽管还没有像样的坦克）正在解决装甲部队作战所带来的困难，并计划组建一支庞大的部队。当战争在欧洲爆发时，美国各军种都未做好准备，但它们就现代战争的要求来说，则比1914年时所处的状态相对要好些。

这些扩军备战措施对美国的经济实力几乎没有影响。20世纪30年代末，美国经济的关键问题在于其经济潜力未得到充分利用。1939年时，虽然失业人数大约为1 000万，但由于对传送带、电动机（代替了蒸汽机）进行了广泛投资，对管理技术进行了改善，因而使个人每小时的劳动生产率得到了极大的提高（尽管由于工人的工作时间大大减少，而使生产率的提高在绝对生产量的数字中没有显示出来）。由于需求下降，而1937~1938年的衰退也未能促使需求回升，因此各种新政计划想要刺激经济和利用未充分挖掘的生产力，但这方面做得也是不够的。比如，1938年，美国生产了2 640万吨钢，大大领先于德国的2 070万吨、苏联的1 650万吨和日本的600万吨，但后3个国家的钢铁工业是在满负荷的情况下进行生产的，而美国则有2/3的钢厂闲置未用。只是后来大规模的扩军计划才迅速改变了这种设备利用不足的局面。1940年美国海军战舰增加1倍，陆军航空兵计划建立84个大队并拥有7 800架可供作战的飞机，通过选征兵役制和训练法，建立一支有近百万人的陆军。这些计划都得到当局批准，所有这一切都对经济产生了影响。美国经济由于大萧条而未得到充分利用，不像意大利、法国和英国经济那样，由于体制问题而遭到严重损害。严格地说，因为其他国家的经济都已紧张过度，而美国经济却仍有着巨大的剩余能力，所以，也许用来理解未来战争结局的最重要的数据不是1938年的钢或工业总产量的统计数字，而是那些能衡量国民收入（见表31）以及不太精确的“相对战争潜力”的数字（见表32），因为在这两种情况下，这些数字提醒我们，虽说美国在大萧条时期受到了比例失调的打击，但是，用日本海军大将山本五十六的话说，它仍然是个沉睡的巨人。

表31　1937年各大国国民收入与国防开支的比例

	国民收入（以亿美元计）	国防开支所占比例（%）
美　国	680	1.5
英　国	220	5.7
法　国	100	9.1
德　国	170	23.5
意大利	60	14.5
苏　联	190	26.4
日　本	40	28.2

表32　1937年各大国的相对战争潜力

国　家	相对战争潜力
美　国	41.7%
德　国	14.4%
苏　联	14%
英　国	10.2%
法　国	4.2%
日　本	3.5%
意大利	2.5%
	（7大国共占90.5%）

1938年后，特别是1940年后，这个巨人苏醒了，并最后证实了当时军备竞赛的时间选择这一关键问题，以及那一时期的战略预测。像不久前的英国和苏联一样，美国现在试图弥合与法西斯国家在军备上的差距，它是由这些法西斯国家优先的、巨大的国防开支所造成的。如果国内有这种政治意愿，美国的国防开支可以超过任何国家，下面的统计数字清楚地表明了这一点：甚至直到1939年，美国防务开支仅为预算总支出的11.7%，占国民生产总值的1.6%，这个百分比远远低于其他任何大国。美国国民生产总值中国防开支比例增加后，同法西斯国家用于军备的开支比例基本接近，这自然而然就使美国成为世界上最强大的军事国家。另外，有许多迹象表明，柏林和东京认识到，美国的这种发展速度将使它们进一步扩张的机会受到限制。就希特勒来说，他鄙视美国是一个堕落和种族混杂的国家，认为这会使问题复杂化，但他也意识到，不能等到20世纪40年代中期再进行征服，因为到那时，军事优势肯定会转向英法美阵营。就日本来说，它对待美国的态度更为认真，因此考虑问题也就更为精细。日本海军的战舰力量在1941年末为美国的70%，“1942年将下降为65%，1943年下降为50%，而到1944年就会下降到灾难性的30%。”日本作为一个中等力量的国家，它想摆脱超级大国与日俱增的威胁，因此跟德国一样，它也有一种

在战略上立即采取行动的强大动力。

无法避免的危机（1931~1942）

在全面考察每一个大国的相对实力和薄弱环节，并同当时的经济和军事技术动力结合起来看之后，就更容易理解20世纪30年代世界外交的进程了。这并不是说各种危机的地区性根源——无论是沈阳、埃塞俄比亚，还是苏台德区——毫不相关，也不是说如果大国都协调一致的话，就不会出现国际问题了。很清楚，当地区性危机发生时，各主要国家的领导人都不得不根据更广阔的外交舞台，特别是根据迫切的内政问题来考虑这些危机。1931年中国东北九一八事变与英镑危机和第二届工党政府倒台产生相互影响后，英国首相麦克唐纳就此对他的幕僚鲍尔温作了精辟评论：

> 我们都为日常的杂事而分心过多，因为我们从来没有机会对全面的形势进行调查，并制定出相应的政策，但是我们不得不经受着一个又一个焦虑的折磨。

这是对政治家的一个很好的提示，他们关心问题的方式常常是从迫切而实际的方面出发，而不是从长远和战略的角度出发。当英国政府喘过气来后，没有迹象表明它想过要改变它对日本征服中国东北行动的小心翼翼的政策。除了需要不断对付经济问题外，还要考虑到公众极其厌恶卷入远东事务之中，英国领导人还认识到自治领要求和平的压力，也意识到在日本享有战略优势的地区里，帝国防务所处的劣势地位。总之，有许多英国人赞成东京对付令人不愉快的中国民族主义者这一决定，并且有更多的人希望同日本保持良好的关系，甚至在这种情绪有所减弱时，在日本发动进一步侵略行动后，白厅仍可能被迫采取的较为强硬的唯一办法，是与国际联盟或其他大国站在一起。

尽管国际联盟所倡导的原则受到广泛的赞赏，但是除了动用它的几个主要成员国的军队外，它没有任何能够有效地制止日本对中国东北进行侵略的手段。因而，它求助于调查委员会（李顿调查团）来制止日本侵略，但这只是让大国在日本继续征服中国时找到延缓行动的借口。在几个大国中，意大利在远东没有真正的利益。德国尽管一直在华享有贸易和军事利益，但还是愿意袖手旁观，想看看日本对《凡尔赛和约》的"修正主义"能否为欧洲提供一个有用的先例。苏联对日本的侵略感到担忧，但其他大国不可能邀请它一同合作，它也不想被单独推上第一线，与日本大拼一场。可以预言的是，法国人陷入了进退维谷的境地：他们不希望看到别人开一个先例，改变现行边界和藐视国际联盟的决议；另一方面，由于他们越来越担忧德国秘密重整军备和维持欧洲现状所出现的困境，因此他们一想到在远东出现的混乱就十分吃惊，害怕这会转移对德国问题的注意力和可能的军事行动。巴黎一方面在公开场合坚决地维护国际联盟的原则，另一方面它私下让东京知道，它理解日本在中国碰到的问题。相比之下，美国政府——至少是由国务卿史汀生所代表的——一点儿也不宽恕日本在中国的所作所为。美国直截了当地认为，日本的行动从理论上讲是对美国生活方式所依赖的门户开放世界的威胁。但是史汀生的有高度道义原则的谴责，既没有引起胡佛的重视，因为他害怕这会连累美国，也没有吸引住英国政府，因为它宁愿见风使舵。最后的结果是，史汀生和胡佛在他们各自的回忆录中互相指责。更为重要的是，华盛顿和伦敦之间留下了互不信任的后遗症。所有这一切，都为一位学者提出的"对外政策的局限性"观点提供了令人沮丧而又令人信服的例证。

日本军队在1931年是否没有让日本政府知道就侵入了中国东北，这点相对来说并不重要，重要的是，在西方国家没有能够采取实际行动的情况下，日军的侵略接连不断，并进一步扩大。更严重的后果是，事实证明，国际联盟不能有效制止侵略，西方3个民主大国不能采取联合行动。这点在日内瓦同时进行的有关削减陆军和空军的讨论中[10]，也显得很突出。美国没有参加这个讨论，但英法在如何对待德国提出的"平等"要求问题上的分歧，以及英国仍继续避免做出保证以减轻法国的恐惧，意味着希特勒新政权可以退出会谈，并废除当时存在的条约而不必害怕受到任何惩罚。

本来在1933年时，在世界经济会议破产之后，英、法、美3个主要民主国家便动手建立自己的货币和贸易集团。这时，德国威胁的重新抬头，为英—法—美外交合作设置了更大障碍。尽管法国更直接地受到德国的威胁，但是英国感到它的行动自由已受到实质性的侵犯。到1934年时，英国内阁和防务需求委员会都认为，日本的危险较直接，但从长远来看，德国是更大的威胁。由于英国不能同时强硬地对抗两国，因此，在欧亚这两个地区中，在一个地区达成妥协是很重要的。有些英国人士主张与日本改善关系；以便更好地抗衡德国。但外交部争辩说，英日在远东达成谅解，会损害英国与美国之间的微妙关系；另一方面，对那些要求优先加强英国在东方防务的英帝国和海军部门的人应当指出，对于法国对德国修正主义的忧虑，不加理睬是不可能的，而且（在1935年后）忽视来自德国空军的不断增长的威胁，也将是致命的错误。在20世纪30年代余下的岁月里，白厅的决策者们一直想逃脱这个要同时抗衡地球两端潜在敌人的战略上的两难困境。

在1934年和1935年，这个困境令人困扰，但并不尖锐。虽然希特勒政权明显令人不悦，但他出人意料地表示愿意与波兰谈判，签订条约，不管怎么说，在军事上德国仍然比法国和苏联弱得多。而且，在1934年奥地利总理陶尔斐斯被暗杀后，德国试图出兵奥地利，使得墨索里尼陈兵于布伦纳山口，以示警告。意大利有可能与维持现状的国家站在一起，这特别令法国感到宽慰。法国在1935年的“斯特雷扎阵线”中，力图组成一个反德联盟。几乎同时，斯大林暗示，他也愿意与“爱好和平”的国家联合在一起。到1935年，苏联不仅加入了国际联盟，而且还与巴黎和布拉格订立了安全条约。尽管希特勒公开地大力反对“东方洛迦诺公约”，但看起来，德国在各方面都被严密遏制住了。在远东，日本显得很平静。

然而，到了1935年下半年，不需希特勒动一个指头，这一令人鼓舞的局面便迅速四分五裂了。英法对“安全问题”的不同看法，在两件事上反映出来。一是英国对法国与苏联恢复关系感到不安，二是法国对1935年6月的《英德海军协定》感到震惊。两国单方面采取这两个措施，以取得更多的安全。法国想把苏联拉入欧洲均势，英国急于满足它在欧洲海域和远东方面对海军的需要。但是，对英法这两个邻国的每一方来说，对方的行动都像是给了柏林一个错误的信号。尽管如此，如果不是在阿比西尼亚出现一系列地区性冲突后，墨索里尼决定入侵该地，并开始他建立新罗马帝国的徒劳无功的努力的话，上述矛盾虽具有破坏性的影响，但还不是灾难性的。这又是一个地区冲突带来极大影响的绝妙例子。法国害怕把一个新的、潜在的反德盟国变成势不两立的敌人，因此对于法国人来说，整个阿比西尼亚事件是一场十足的灾难！听任国际联盟的原则遭受公然的践踏，只能带来混乱，任凭墨索里尼舒展筋骨也只能带来不幸（他下一步会在哪儿下手呢？）；另一方面，法国人也觉得，从严格的现实政治意义上说，把意大利赶到德国一边，也是极不可取的，这样做简直是愚蠢——但后一个考虑不太可能左右富于理想主义的英国人的立场。然而，由于白厅不仅要对付意大利断然破坏国际联盟原则所引起的国内公众的更大不满，而且要考虑，如果西方介入地中海的纠葛，日本将会在远东如何动作，因此，白厅所处的两难困境，至少与以前一样严重。法国害怕与意大利争吵会诱使希特勒出兵莱茵区，而英国则担忧，特别是在日本宣布海军条约无效，并着手无限制地制造军舰时，与意大利吵闹会鼓动日本进一步向亚洲扩张。从更广泛的意义上说，英法两家的想法都是正确的，像以往一样，它们面临的困难是，如何在眼前的问题与具有长远意义的问题之间取得协调。

法国的担心首先被证明是正确的。1935年，英法应允在东北非作对意大利有利的领土调整（《霍尔-赖伐尔协定》），引起了尤其是英国公众的义愤爆发。伦敦和巴黎政府在两件事上疲于奔命。一方面，它们要忙于应付公众愤怒的情绪；另一方面，它们在私下又得面对他们之所以不同意大利交战的听起来似乎有理的战略和经济原因。而就在此时，希特勒做出了选择，命令德军重新占领非军事化的莱茵区（1936年3月）。从严格的军事意义上讲，这对英法并不是什么打击。在这时，法国不大可能对德国发动反攻。但这就进一步削弱了《凡尔赛和约》并意味着《洛迦诺公约》的完全废弃。这就提出了一个普遍性问题：哪种方式是国际社会能接受的改变现状的方式，哪种不是？由于国际联盟的主要会员国未能制止1935 ~1936年墨索里尼的侵略行为，此时的国际联盟几乎是威信扫地。例如，不管是在西班牙内战期间，还是在1937年日本对华的公开进犯期间，国际联盟所起的作用甚微，或根本不起作用。因此，只有当主要的"维持现状"国家采取果断行动，反对"修改现状"国家的时候，才能制止或至少是控制住对当时边界秩序的进一步更改。

然而，没有一个"维持现状"的大国认为，以武力相威胁是切实可行的。实际上，正当法西斯国家走到一起时（在墨索里尼宣布罗马—柏林轴心形成不久，1937年11月，德国和日本签订了《反共产国际协定》），它们潜在的对手变得更加专注于国内事务及不和。尽管美国对日本侵华和轰炸美国船"佩奈"号表示不满，尽管罗斯福想采取行动，但1937年却不是罗斯福在海外事务上采取决定性步骤的好年份：新的经济萧条打击了经济，国会通过了更为严格的中立法案。由于罗斯福所能提供的只有谴责的词句而不是行动，他的政策只能"增加英法对美国可靠性的怀疑"。斯大林也专注于国内事务，只是方式大不相同而已。在这时，他的清洗活动和公开审判活动达到了高潮。尽管他谨慎地向内战中的西班牙共和国提供帮助，但他明白，西方许多人厌恶"红衫队"[11]甚于厌恶"黑衫队"[12]，而且，苏联被推上第一线与轴心国公开作战是十分危险的。日本在远东的行动、《反共产国际协定》的签订，也使苏联变得更加谨慎。

然而，1936~1937年，在各大国中，受打击最大的莫过于法国。不但它的经济萎缩了，它政治上的分裂也到了如此程度，以致有些观察家认为它已接近内战边缘，而且，在一连串粉碎性打击中，它自己在欧洲精心缔造的安全体系，几乎被完全摧毁。德国对莱茵兰的重新占领，消除了以前存在的法军可采取进攻来对柏林施加压力的所有可能性；正因为法国空军变得越来越落后，法国此时极易受到德国空军的攻击；阿比西尼亚事件和罗马—轴心的形成，使意大利从一个潜在的盟友，变成了一个不可预料并且具有威胁性的敌手；比利时返回孤立状态，打乱了法国当时北部边界的防御计划，马其诺防线无法扩展（由于费用问题）来填补这段防线上的缺口；西班牙内战造成了一种可怕前景，即在法国后方，一个法西斯的亲轴心国的国家正在形成；在东欧，南斯拉夫调过头来向意大利靠拢，小协约国看来行将就木。

在这种暗淡无光、接近瘫痪的情况下，在张伯伦取代鲍尔温成为首相（1937年5月）后，英国充当了一个关键性的重要角色。张伯伦关心英国经济和战略上的脆弱性，他本人对战争的前景感到惊恐，因而决心通过做出“积极的”奉献，来平息独裁主义者的委屈情绪，从而防止欧洲将来发生任何危机。由于他对苏联持有戒心，对罗斯福的“冗词”抱蔑视态度，他感到法国外交充满着不妥协性和被动、混乱，因而表示不耐烦。他把国际联盟看成完全无效的机构，因此，这位首相便着手实施他自己的以绥靖求得持久和平的个人战略。然而，即便在他之前，伦敦就对柏林大声鼓噪，要在贸易和殖民地问题上做出让步。张伯伦的“贡献”是，愿意考虑欧洲本身的领土变更，以加速对德让步的步伐。与此同时，正因为他从德国身上看到了最大的危险，这位首相才急于与意大利改善关系，以图把意大利从轴心国中分离出来。所有这一切注定是要引起争论的——特别是它导致张伯伦的外交大臣（艾登）于1938年初辞职，引起了国内虽为数尚少但不断增多的反绥靖者的批评，还增加了华盛顿和莫斯科的猜疑。但另一方面，人们可以有力地争辩说，在以往的外交史上，许许多多的大胆举动也都是有争议的。一些欧洲人（但不是大多数）认识到，张伯伦战略的真正缺陷是，希特勒根本不是绥靖主义可以对付得了的，他决意要建立一个新的领土秩序，小范围的领土调整永远不能满足他的要求。

虽然，到1939年这个结论开始变得清楚了，而到1940~1941年，这一结论变得更清楚，但在1938年的危机时期，不管是对英国政府还是对法国政府来说，这个结论都还显得不清楚。1938年春天德国对奥地利的占领，令人不快地证明了，希特勒喜欢不加宣布便采取行动。但是，人们会真正反对把德国人与德国人统一起来的原则吗？如果有人反对的话，它只会加深张伯伦的信念，即在危机把大国逼到战争边缘和进行战争之前，捷克斯洛伐克讲德语的少数民族问题必须得到解决。大家承认，苏台德区问题是要引起争论的——同样，捷克斯洛伐克有权维护已得到国际保证的主权，西方大国想满足希特勒的欲望，在这时看来，更多的是为消极、自私的恐惧所驱使，而不是为积极的理想而驱动——但事实是，此时"元首"才是唯一准备打仗的领袖。当武装摧毁捷克的前景已为他在慕尼黑会议上所赢得的英法的让步而一扫而空时，他的确十分烦恼。当时的形势是，要打一场大国战争，必须有两个大国参战；但在1938年，没有一个国家愿意反对希特勒。

值得指出的是，尽管当时欧洲的军事力量对比并不像形形色色的绥靖政策辩护者所声称的那样对德国有利，但是，由于西方的政治家和公众都不愿打仗，因此，我们在这里加入旷日持久的辩论，争论假如英法与捷克一道对德作战的话情况将会怎样，这样的争论意义并不大。然而，显而易见的是，在慕尼黑会议后，力量对比变得对希特勒更有利。虽然对伦敦和巴黎有利的因素正在增长，如英国的武器产量明显增长，英法军事合作更加密切，英国和英帝国自治领的舆论转向支持抗击希特勒，但是，1939年3月捷克斯洛伐克作为一个重要的欧洲中等国家的消亡，德国获得捷克的军备、工厂和原料，连同斯大林对西方国家猜疑的加剧，这一切不利因素超过了上述对英法两国有利的因素。与此同时，纵然墨索里尼出于自己的迫切需要，不会立即与他的独裁伙伴一道介入反西方国家的大国战争中去，但张伯伦想把意大利从轴心国中分离出来，防止它侵略巴尔干国家的努力却失败了（1939年1月）。

因而，当1939年暮春希特勒开始向波兰施加压力时，与过去几年相比，避免冲突的可能性更小了，而且，一旦战争爆发，英法取胜的希望大大减少。1939年3月，德国并吞捷克斯洛伐克"余下"的国土，以及一个月后意大利出兵阿尔巴尼亚这些举动，激起了民主国家要求"制止希特勒"的强烈的舆论。

在这种形势与压力之下，民主国家政府不得不向波兰、希腊、罗马尼亚和土耳其提供安全保证。这样就把东欧与西欧的命运系在一起，二者密切联系的程度至少是英国从未料到的。但在此时，法国军队实行战略防御，英国人则把很大一部分资源用于改进国内的空中防御，因此，波兰不可能得到西方国家的直接援助，而且任何间接援助也都将是小规模的。波兰可以得到的唯一援助只能来自东方，而且，如果张伯伦政府对与莫斯科订立协议不热心的话，那么，对于波兰人来说，他们就会坚决反对苏联红军进入他们的国家。由于斯大林最关心的是争取时间和避免战争，而希特勒所需要的则是迫使西方国家放弃波兰，这样一来，不管二人在意识形态上的分歧是如何之大，两个独裁者都对牺牲华沙、达成“交易”抱有长远的兴趣。轰动一时的莫洛托夫—里宾特洛甫协定的公布（1939年8月23日），不仅加强了德国的战略地位，而且还使对波兰的战争不可避免。纵然从当时经济和军事情况看（或许比前几年更明显）应防止大国冲突，但这一回伦敦和巴黎却不再选择“绥靖”政策了。

第二次世界大战的爆发促使英法两国联合一致，反对德国。而且，与1914年的情形相似，一方面英法两国海军对德国实行海上封锁，另一方面，英国派遣一支远征军，渡过英吉利海峡与法军并肩战斗。然而，在其他许多方面，这场战争的战略轮廓与上一次世界大战大不相同，而且对同盟国不利。在这场世界大战中，不仅没有东方战线，而且，柏林和莫斯科达成的瓜分波兰的协议还带来了两国间的贸易协议。结果，按照两国间的贸易安排，苏联对德国输出的原料不断增加，这就逐渐消除了对德封锁本来可以给德国经济带来的各种消极影响。的确，在大战的第一年里，德国的石油相比其他原料的贮存仍少得可怜，但代用品生产、瑞典的铁矿石和来自俄国的不断增加的原料供应，帮了德国的大忙。此外，同盟国在西线消极应战，意味着它们对德国石油和军火的控制施加不了多大压力。最后一点是，在1914~1918年的世界大战中，德国要支持奥匈帝国这个累赘，而这一回，德国却无须支持一个碍手碍脚的盟国。如果意大利在1939年9月也加入战争的话，由于意大利经济有严重问题，这会给第三帝国极有限的资源贮存带来额外的负担，而且，可以大胆地说明，如果那样，还将破坏1940年德国向西进攻的机会。诚然，如果意大利真的参战，则可能使英法在地中海的处境变得复杂起来，但也许不会变得特别复杂。假如意大利保持中立，则可为德国的对外贸易提供有用的渠道，这就是柏林许多决策者认为墨索里尼应在局外旁观，而不应加入战争的原因。

“模拟战争”并不能考验出德国经济的脆弱性，但它使德国能完善其军队那高出一筹的国家战略中的一些要素——作战原则、兵种协同、战术空军力量和多线进攻战。特别是波兰战役，它证明了“闪电战”的有效性，也暴露了一些缺陷（当时即可以克服），并加强了德国人通过快速及出其不意的攻击和空中、装甲部队的适当集中，便可打败敌人的信心。挪威的地理环境不利于德国的装甲师进攻，也使挪威易受英国海军的控制。因此，在德国空军占有绝对优势前，在一段时间内，挪威战役还只是处在一触即发状态，尽管如此，在丹麦和荷兰的溃败中，德国人的信念又轻而易举地得到了验证。在1940年5~6月的法国战役中，德国军事学和战役战术能力方面的优势得到了最充分的证明。在这场战役中，盟国出动了数量更大但组织欠佳的步兵和装甲部队。盟国军队被德国古德里安的坦克群和摩托化步兵撕成两半。在所有这些遭遇战中，进攻者占有很大的空中优势。在1914~1916年的多次战役中，双方在对付新的战争时，都拿不出多少本领。但是1940年的这些战役，却显示出德国的种种优势。它们似乎可以消除德国在长期对抗中经济上的脆弱性。

而且，德国的战争机器在1939~1940年取得了决定性胜利后，大大扩展了它的石油和原材料来源。德国不仅可以（而且确实）对战败的敌国大肆掠夺，而且，一旦法国灭亡，英国将明显无力发动一场重大的战役，这些也意味着盟国不能通过大规模的战役来严重消耗德军的物资贮备。这时，到西班牙运原料的陆路交通线已经建成，瑞典的矿石来源也不再受盟国远征的威胁，而且，苏联由于对希特勒顷刻取得的胜利暗中感到震惊，也增加了对德的原料供应。前面提到，假如意大利在1939年9月参战，它的经济将给轴心国带来困难。在目前这种情形下，意大利在法国崩溃时参战却不会带来经济上的困难——而且，尽管意大利在战斗中无能透顶，反映出它在20世纪30年代太自吹自擂了，但它的确迫使英国放弃了在欧洲的原材料供应地，到近东去寻找原材料。

如果战争只是在英、德、意这3个交战国之间进行，这场战争会持续多久，那就很难说了。在丘吉尔的领导下，英帝国决心继续斗争，并动员大批人员，调动大批库存军火。例如，在1940年，英国的飞机和坦克产量都超过了德国。当英国自己拥有的黄金和美元不够支付美国的供应物资时，罗斯福千方百计地要取消带破坏性的中立法案，并劝国会说，维护英国的生存是为了美国本身的安全利益，具体办法是通过租借法案、“驱逐舰换基地”的交易、护航等。这样做总的结果是，两个主要交战国谁也不能给对方以决定性的打击。如果说，不列颠战役使德国横渡海峡的入侵流产的话，两国陆军兵力对比的不平衡，则使英国出兵欧洲大陆成为不可能。英国皇家空军轰炸机对德国的多次空袭，有利于提高英国人的士气，但在这个阶段对德国造成的实际破坏是不大的。尽管德国水面舰艇不时进犯北大西洋，但却不能对付英国的皇家海军；另一方面，由于德军的邓尼茨采取了更新的战术、增加了潜艇编制，潜艇战像以往一样具有威胁性。在北非索马里和阿比西尼亚，英帝国军队发现，要夺取意大利人控制的阵地并不困难，但要应付德国隆美尔的非洲军团和在希腊的德国侵略军惯用的爆炸型打法，却异常困难。因此，在被称为“最后一次欧洲战争”的第二个年头，其特征是防御战的胜利和小规模的成功，而不是大规模的遭遇战和征服。

然而，希特勒在1941年6月入侵苏联的重大决定，不可避免地从各方面改变了这场战争的进程。从战略上说，这意味着德国此时要在几条战线上同时作战，这就使它又回复到1914~1917年的困境中——这对把飞行中队稀疏地配置在西面、东面和地中海的德国空军来说，是个特别沉重的负担。可以肯定，英帝国在中东的地位仍会像本土岛屿一样存在下去，作为未来反攻的跳板——尽管希特勒只派遣执行“巴巴罗萨计划”的1/4的陆军和空军就会横行于中东。然而，最为重要的是，要深入苏联几百英里这样广袤的地理范围里进行作战，其后勤供给削弱了德军的最大优势，即在有限区域内发动突然袭击，在自己供给短缺及战争机器放慢速度之前就战胜敌人。1941年6月，德国及其盟军在前线集中了强大兵力，相反，后备部队和补充物资却相当不足，尤其是交通条件极差；由于原计划3个月内便结束战斗，因此对冬季作战没有丝毫准备；1941年德国的飞机产量远不如英国和苏联，更不用说美国了；德军拥有的坦克比苏联少得多；燃料和弹药在大范围的作战中也消耗得很快。甚至当德军在战场上取得辉煌胜利时——斯大林在迎面压来的敌人面前错误地部署红军战斗序列，使德军在头4个月中打死和俘虏300万俄国人——这本身也并没有解决问题。苏联可以承受惊人的人员和装备的损失，可以让出百万平方英里的领土，但它仍没有被打败。即使占领莫斯科，甚至俘获斯大林本人，也不一定能迫使苏联投降，因为苏联有异常大量的后备军。总之，这是一场无限的战争，第三帝国纵然有辉煌的成功和指挥天才，但却打不赢这场战争。

苏联假如面对莫斯科城下的德军以及同时（1941年12月）进攻西伯利亚的日军的双重攻击，它能否生存就是另外一回事了。这个问题很有趣，却无法回答。日本继在1940年9月与德、意签订了三国条约，其后又在1941年4月与苏联签署了中立协定。日本希望在集中进行南下扩张时稳住苏联。但东京许多人听到德国逼近莫斯科的消息又禁不住想对苏联宣战。如果日军真的去进攻它在亚洲的宿敌，而不是执行其南下方案的话，那么罗斯福要劝说美国人民完全参与这场战争将很困难。英国在远东能够给苏联提供的援助（如果丘吉尔参与了这场战争的话）将会很少。幸运的是斯大林并没有陷入两线作战的可怕境地，而是能在1941年下半年把西伯利亚训练有素、不怕严寒的部队抽调过来抵抗德军进攻，并进行反击。从东京的角度来看，南下扩张的决定是合乎情理的。1941年7月（在日本侵占了法属印度支那以后），西方对日本的贸易封锁和资产冻结，使日本陆军、海军都清楚地意识到，如果他们不屈从于美国的政治要求，就得夺取东南亚的石油和原材料，否则他们在几个月之内就会发生经济崩溃。因此，从1941年7月起，北上与苏联交战已不可能，而南下行动是势在必行了。但因为日军占领婆罗洲、马来亚以及荷属东印度群岛时，美军不会袖手旁观，所以日本必须摧毁美国在西太平洋的军事设施以及其在珍珠港的舰队基地。仅仅为了保持他们的“支那事件”的势头，日本将军们发现日本必须支撑起一个几千英里之外的大规模军事行动，去对付他们很少听说过的目标。

1941年12月是这场已变为全球性大战的战争的第二个大转折点。苏联人在莫斯科周围的反攻证明，至少在这里“闪击战”是失败了。而且，虽说日本在太平洋战争中头6个月的胜利对同盟国是很大的打击，但是从大的战略观点来看，沦陷的领土（甚至新加坡和菲律宾）都不是致命的，重要的是日本的行动和希特勒无故对美宣战，使世界最强大的国家最终参加了这场战争。当然，仅仅有工业生产力并不能保证军事效力——德国的指挥才能意味着单纯的人力财力的较量是愚蠢的——但伟大的同盟国，正像丘吉尔喜欢称呼的那样，在物质方面远远胜过轴心国，它的生产基地远离德军和日军，使德日军队鞭长莫及，它有资源和机会迅速建立起具有压倒优势的军事力量，这种力量是法西斯侵略者任何一个早期对手所不可能拥有的。两年之内，德·托克维尔在1835年关于形成两极世界的预见，终于到了实现的时候。

注：

1. 这就是说，如果不发生战争，如果1913年以前的生产速度能够保持下去，那么欧洲的经济早在1921年就可能达到1929年的水平。
2. 澳大拉西亚，西方国家在16、17世纪开始使用的地理名称，原指亚洲以南可能存在的全部陆地，其后专指澳大利亚、新西兰、巴布亚新几内亚及邻近岛屿。广义说法与大洋洲范围一致。——审校者注
3. 指1923年。——译者注
4. 由于资料来源不一，统计数字差异较大，()、[]数字为不同来源的统计。（此项代表两个注释。）
5. 普恩加莱（1860~1934年），亦译彭加勒，法国著名政治家，曾任总统（1913~1920

年），两度任总理（1922~1924年，1926~1929年）。——审校者注

6. 勃鲁姆（1872~1950年），法国政治家、社会党人。曾几次出任总理（1936~1937年，1938年，1946~1947年）。

7. 鲍尔温（1867~1947年），英国保守党领袖，三次任首相（1923~1924年，1924~1929年，1935~1937年）。——审校者注

8. 张伯伦（1869~1940年），从1922年起历任英国邮政大臣、卫生大臣、财政大臣。1937~1940年任首相，以对德国奉行绥靖政策著称。——审校者注

9. 这是1919年颁布的一条指令，即要求军队按照在下一个10年里不参加大的战争这一设想做出自己的预算。

10. 指1932年初开幕的日内瓦国际裁军会议。——审校者注

11. 指共产党军队。——译者注

12. 指意大利法西斯军队。——译者注

第三篇

当代和未来

THE RISE AND FALL OF
THE GREAT POWERS

第七章　两极世界的稳定与变革（1943~1980）

从军事上看，美国和苏联从20世纪60年代至80年代始终是一流强国，然而世界生产能力对比的变化比以前任何时期都快。撇开所有的小国不算，只从经济指数上看，多极世界已经再次变为现实。

温斯顿·丘吉尔得知美国参战的消息后，毫不掩饰地表示欣慰（他有充足的理由这样做）。这是因为正如他后来所说的："希特勒注定完了。墨索里尼注定完了。至于日本人，他们将被碾为齑粉。剩下要做的仅是正确使用占压倒优势的力量而已。"然而，在1942~1943年上半年，在同盟国方面更为谨慎的人们来看，如此坚定的信念似乎是无稽之谈。珍珠港事件以后的6个月内，日本军队横扫太平洋和东南亚，征服了欧洲列强在那里的殖民地，从南面包围了中国，并威胁着印度、澳大利亚和夏威夷。在苏德战场上，1941~1942年冬季一过，德军便重新发起残酷无情的攻势，向高加索挺进。几乎与此同时，在北非兵力少得多的德军在隆美尔的指挥下，推进到距亚历山大港不到55英里的地方。德军潜艇对同盟国护航舰队的袭击比任何时候都凶猛，使同盟国商船在1943年春季蒙受了极为惨重的损失；而英美通过战略轰炸对德国经济进行的"反封锁"，却没有收到预期效果，并使空勤人员遭受了巨大伤亡。如果说1941年12月后轴心国注定要失败的话，却没有任何迹象表明那时它们自己也认识到了这一点。

“超级力量的正确使用”

尽管如此，丘吉尔的这一重要推测却是正确的。这场冲突从一场欧洲战争变成一场名副其实的世界大战，这一情况使英国必须采取更为复杂的战略欺诈行动。许多历史学家指出，新加坡之所以沦陷，是因为英国把飞机和训练有素的陆军师集中到地中海战区去了。然而，新的交战国进行的适当动员，彻底改变了总体力量的对比。在一段时间内，虽然德国和日本的战争机器还可以继续征服新地区，但他们的手伸得越长，对付同盟国军队反攻的能力就越差，而盟军正在稳步地进行反攻准备。

这种反攻首先发生在太平洋。在那里，尼米兹的舰载航空飞机挫败了日军向珊瑚海（1942年5月）和中途岛（1942年6月）的进攻，并显示了在浩瀚无垠的太平洋作战，海军航空力量是何等重要。在1942年年底[1]，日军已经被逐出瓜达尔卡纳尔岛，美澳联军推进到新几内亚。1943年年底在中太平洋海域实施反攻时，两支掩护进攻吉尔伯特群岛的强大的美国作战舰队本身还有4支快速航母特混编队（12艘航母）掩护。这些航母使美军掌握了绝对制空权。在兵力对比上占更大优势的英军于1942年10月突破了德军在阿拉曼的防线，把隆美尔的部队赶回突尼斯。当蒙哥马利下达进攻命令时，他拥有6倍于敌的坦克，3倍于敌的部队，以及绝对制空权。在以后的几个月里，艾森豪威尔指挥的10万英美联军在法属北非登陆，从西面向德意联军发动“钳形攻势”，于1943年5月最终使大批敌军投降。这时，邓尼茨也不得不从北大西洋撤回他的潜艇部队。由于此时的盟国船队受到了B-24超远程轰炸机、护航航母，以及装有最新式雷达和深水炸弹的反潜护卫舰群的保护，并从破译出的“超级”密码电报中掌握了德军潜艇的活动规律，致使德军潜艇损失惨重。盟军取得制海权之后，要夺取欧洲上空的制空权则需要更长时间，但这一问题由于有了P-51远程战斗机而迅速得到解决。该机于1943年12月首次为美国空军的轰炸机群护航，没过几个月就把德国空军保护下的第三帝国士兵、工厂及居民的能力削弱到无法恢复的地步。

对德军最高统帅部来说，东线优势的丧失更加使之担忧。早在1941年8月，许多观察家就认为，苏联作为一个大国将不复存在。但此时，哈尔德将军却忧心忡忡地在作战日记中写道：

> 我们曾估计敌人大约有200个师。现在已经查明仅有番号的就有360个师……它们的武器和装备不如我们，战术指挥也很差。但是……如果我们消灭十几个师，苏联人就会又投入十几个师……时间……对他们有利，他们靠近自己的资源，而我们却一步步远离自己的资源。

在这场大规模、疯狂、残酷的苏德战争中，伤亡数字之大使得第一次世界大战的伤亡总数都相形见绌。在战争的头5个月里，德国人宣称打死、打伤及俘获的苏军超过了300万人。然而，就在那时，斯大林和最高统帅部却计划在莫斯科附近实施首次反攻，苏联红军仍有420万作战部队，并在坦克和飞机的数量上胜敌一筹。当然不管是在地面还是空中战场，苏军都无法同训练有素的德军抗衡。甚至到1944年，苏军还要以牺牲5~6个人为代价消灭1个敌兵。因此，当1941~1942年可怕的冬季过去后，希特勒的战争机器仍能再次发动进攻，这次进攻的目标是斯大林格勒，但却遭到惨败。斯大林格勒战役之后，德军于1943年夏天重整旗鼓，集结了17个装甲师，用于包围库尔斯克。在第二次世界大战中，这次是规模最大的坦克大会战，苏联红军投入了34个装甲师，以4 000辆坦克对付德军的2 700辆坦克。虽然苏军的坦克在一周内损失过半，但他们也歼灭了希特勒装甲部队的大部，并开始准备向柏林方向实施坚定不移的大反攻。就在这时，盟军在意大利登陆的消息给了希特勒一个借口，以便使他的装甲部队从这场不折不扣的灾难中脱身，用于加强对正在被第三帝国的敌人收紧的包围圈的防守。

难道所有这一切仅仅是“正确地使用占压倒优势兵力”的结果吗？显而易见，经济力量从来不是影响军队战斗力的唯一因素，即使在1939 ~1945年完全机械化的战争中也是如此。经济力量与战争的关系，按照克劳塞维茨的说法，就像铸剑师的手艺与击剑技巧的关系一样。德国和日本领导人在1941年以后犯了许多严重的政治和战略错误，并为这些错误付出了高昂的代价。就德国来说，它既做过一些错误不大的决定，如1943年初把增援部队投入北非，结果都当了俘虏，也犯过一些蠢得惊人的错误，如对乌克兰人和其他非俄罗斯少数民族滥施暴力，他们原来很乐于摆脱斯大林的统治，但纳粹的残暴给了他们当头一棒。这些错误还包括坚信恩尼格玛密码绝不会被破译，以及不肯雇用德国妇女进军工厂干活这种思想偏见，而所有同德国作战的国家都乐于利用这一尚未利用的劳动大军。德军高层领导的明争暗斗，使得他们无法有效地抵制希特勒发动力不从心的攻势，如斯大林格勒和库尔斯克进攻战役。此外，学者们所说的相互倾轧的部门及小独立王国（陆军、党卫队、地方长官、经济部门）所造成的"大混乱"，也使德国无法统一估算资源需求和进行统一的资源分配，更不用说像其他国家一样制定出"大战略"了。这根本不是认真严肃的打仗。

日本的战略错误虽然不是那么骇人听闻和后果严重，却也够引人注目了。因为日本奉行的是由陆军左右的"大陆战略"，它在太平洋和东南亚投入的作战部队很少，仅仅11个师。相比之下，它在中国东北则有13个师，在中国内地驻有22个师。即使美国在中太平洋开始反攻之后，日军向该地区增派去的部队和飞机也很晚才到达，且数量少得可怜。相比之下，日本1943~1944年在中国实施大规模进攻时却投入了大量资源。具有讽刺意味的是，1945年初，就在尼米兹挥师逼近日本，日本城市遭到美国飞机的狂轰滥炸时，仍有100万日军滞留在中国内地，还有约78万日军驻在中国东北。因美国潜艇的有效封锁，这些日军已无法撤退。

日本帝国海军也有不可推卸的责任。在中途岛海战等重大战役中，日军的作战指挥错误百出。在航母已被证明在太平洋海战中极其重要之后，许多日本海军将领在山本五十六死后竟偏爱起战列舰来，仍想寻找机会打第二次对马海战。1944年莱特湾海战和更具象征性的大和号战列舰的自杀性出航，都暴露出这种弱点。日本潜艇配有威力强大的鱼雷，却被十分错误地用于为作战舰队担任警戒或向被围困的岛屿运送补给，而不是用于切断敌方的海上交通线。虽然日本比英国更加依赖原料进口，其海军却不去保护本国的商船队。在护航技术、反潜技术、护航航母和反潜舰群的发展方面也相当落后。在1941~1943年，由于过分迷恋战列舰，日本海军把资源用于建造“大和”级巨型战列舰，却没有建造一艘护航驱逐舰。在此期间，美国则建造了331艘。日本在情报搜集、密码技术及破译技术等方面也不如敌国。所有这一切对维持“大东亚共荣圈”所起的作用，就像德国人所犯的错误对维持“千年帝国”所起的作用一样。

显而易见，人们还无法找出这些失误的原因，因此也就无法分析如轴心国不犯那些错误会产生什么结果。但是，除非同盟国也犯下同样严重的战略与政治错误，否则，从长远看它们靠生产能力上的优势就能取胜。毫无疑问，假如1941年12月德军成功地占领莫斯科，这对苏军的作战能力（和斯大林政权）肯定会造成严重损害。但是，当苏联人民得知他们唯一的前途是被处死时，在东方数千英里的地方仍有强大的生产与军事后备力量的情况下，他们还会投降吗？巴巴罗萨行动使苏联经济损失巨大（煤产量下降57%，生铁产量下降68%）。但是还应看到，苏联1941年生产的飞机比德国多4 000架，1942年多1万架。并且苏联是在一条战线作战，而德国是三线作战。凭借兵力、坦克、火炮、飞机日益增大的数量优势，从战争的第二年起，苏联红军事实上就能承受5：1~6：1的损失（尽管己方部队伤亡很大），并击退兵力日衰的德军。到1945年初，仅在白俄罗斯和乌克兰战线，“苏军的力量就已占压倒优势，在兵力上5倍于敌，装甲车辆5倍于敌，火炮和飞机方面分别是7倍多和17倍”。

一个令人吃惊的事实是，在法国的英美联军几个月前就占“很大优势（坦克为20：1，飞机为25：1）的情况下”，德军竟打了很多漂亮仗，并坚持了很长时间。甚至到1944年底（就像在1918年9月一样），德军仍然占领着比本国疆土在战争爆发时大得多的地区。对于这一问题，军事史学家的回答几乎如出一辙：德军的作战理论强调在战场上灵活机动和分散决策，这比英军谨小慎微、墨守成规的战术，苏军不计伤亡、全线出击的进攻，以及美军热情有余而谋略不足的推进，要高明得多；德军诸兵种协同作战的经验比任何敌手都丰富；德军参谋人员和军士的技能与训练素质非常高，即使到战争的最后一年也是如此。

但是，对德军作战表现的赞扬（关于这种赞扬的书似乎比比皆是），不应掩盖这样一个明显的事实：柏林和东京一样，将自己的手伸得过长。1943年11月，约德尔将军估计，在东线有390万德军（和少得可怜的28.3万轴心国友军）在同550万苏军作战，另有17.7万德军驻在芬兰，48.6万驻在挪威和丹麦，在法国和比利时的占领军有137万。“还有61.2万被牵制在巴尔干，41.2万在意大利……希特勒的军队遍布整个欧洲，但每一条战线在人员和装备数量方面都处于劣势。”这些话也可用来描述日军，它稀疏地分布在从缅甸到阿留申群岛的广大远东地区。

即使在那些看上去“改变了战争进程”的战役中是轴心国而不是同盟国获胜，人们也很难看到这些胜利除了推迟大战最终结局的到来以外，还有什么别的作用。假如尼米兹在1942年中途岛海战中损失1艘以上的航空母舰，他在同一年即可得到3艘新型的大型航母、3艘轻型舰队航母和15艘护航航母；1943年可得到5艘大型航母、6艘轻型的大型航母、25艘护航航母；1944年还可得到9艘大型航母和35艘护航航母。同样，在几年紧张的大西洋之战中，同盟国在1942年和1943年分别损失了总计为830万吨和400万吨的船只，但这一巨大损失却分别得到了同盟国新下水的700万吨和900万吨新商船的补偿。这主要归功于以惊人的速度增长的美国造船能力。到1942年中期，美国新下水的船只吨位已经超过德军潜艇击沉的船只吨位。据此，一位著名权威人士的结论是：“在第二次世界大战中，德国的潜艇战只能推迟但不能改变战争的结局。”在地面作战中，情况也是如此。第二次世界大战在欧洲主要是敌对双方炮手与坦克乘员之间的战争，但德国的牵引火炮、自行火炮和坦克的产量大大少于苏联，更不用说与所有同盟国加在一起的数量相比了（见表33）。

表 33　1944 年各大国坦克产量

国　家	坦克产量（辆）
德　国	17 800
苏　联	29 000
英　国	5 000
美　国	17 500（1943 年为 29 500）

但是最能说明问题的数字是飞机产量（见表34）。这是因为人人皆知，没有制空权，陆、海军就无法有效地作战；有了制空权，不仅可以取得作战的胜利，还可给敌方的战时经济以严重破坏。

表 34　各大国飞机产量（1939~1945 年）

	1939年	1940年	1941年	1942年	1943年	1944年	1945年
美　国	5 856	12 804	26 277	47 836	85 898	96 318	49 761
苏　联	10 382	10 565	15 735	25 436	34 900	40 300	20 900
英　国	7 940	15 049	20 094	23 672	26 263	26 461	12 070
各英联邦成员国	250	1 100	2 600	4 575	4 700	4 575	2 075
同盟国总计	24 178	39 518	64 706	101 519	151 761	167 654	84 806
德　国	8 295	10 247	11 776	15 409	24 807	39 807	7 540
日　本	4 467	4 768	5 088	8 861	16 693	28 180	11 066
意大利	1 800	1 800	2 400	2 400	1 600		
轴心国总计	14 562	16 815	19 264	26 670	43 100	67 987	18 606

而且，这些统计数字无法说明这一事实，即英美飞机中有很大一部分是四引擎重型轰炸机。所以，就引擎量及飞机重量来看，同盟国比轴心国的优势更大。这就从根本上回答了，为什么尽管德军为保持制空权做出了极大的努力，他们的城市、工厂和铁路线还是受到了越来越多的狂轰滥炸。在日本情况更严重，整个日本本土几乎没有空中保护。另外，这也解释了为什么邓尼茨的潜艇

不敢露出水面，为什么斯利姆将军在缅甸的部队得以增援英帕尔平原，为什么美军航母能在整个西太平洋对日军基地发起频繁攻击，以及为什么当盟军士兵遭到德军顽强抵抗时总能召来飞机消灭敌军，继续向前推进。同样值得一提的是，在D日（1944年6月6日），德军在西线只能纠集319架飞机，去对付盟军的12 837架飞机。借用克劳塞维茨的话说，击剑（就像战争）固然需要技巧与经验，但如果一名剑手没剑了，那么技巧与经验将于事无补。在“铸剑”之战中，同盟国显然取得了胜利。

人所共知的事实是，即使在德、日帝国扩张之后，交战双方的经济和生产能力的不平衡，也远甚于第一次世界大战时双方的力量对比。据我们所掌握的情况粗略估计，1938年“大德意志”在世界工业产量和“相对战争潜力”方面所占的比重，大致等于英法的总和。在资源总量和战争潜力方面，德国也许低于英法两个帝国的总和。但战争爆发时，英法两国的动员和战备水平不如德国。而且，如前所述，在关键性的作战专业技能方面，同盟国不如敌手。德国在1939年和（特别是）1940年征服的土地，使它在实力上大大超过了丘吉尔领导的被封锁且受到一定打击的英国。法国的垮台和意大利的参战，使大英帝国面前出现了一支强大的联合军事力量，它的战争潜力可能比英国大1倍。从军事上看，柏林—罗马轴心有所向披靡的地面部队，海上力量仍然不足，空中力量与英国大体持平。所以，英国选择在北非而不是欧洲作战。如果只看到红军遭受的严重伤亡，以及苏联的领土和工厂被占领、那么德国对苏联的进攻初期似乎并没有改变这种力量对比。

然而，1941年12月发生的重大事件却从根本上改变了这种力量对比——苏军在莫斯科的反攻说明它不会败在德军的闪电战下。日本和美国卷入这场战火已遍燃全球的战争，使一个具有巨大工业生产能力的“大同盟”得以形成。它还不足以立即影响战争的进程，因为这时德军仍然十分强大，能在1942年夏天对苏军发动新攻势；日本也正陶醉于战争头6个月对准备不足的美国、荷兰和大英帝国作战时轻而易举地取得的胜利中。但这一切并不能掩盖这一事实，即纵然把法国算在德国一边，同盟国也具有两倍于轴心国的生产能力（根据1938年不十分确切的数字，但这些数字肯定低估了美国的生产能力），3倍的“战争潜力”，3倍的国民收入。到1942年和1943年，同盟国的战争潜力就已转化为飞机、大炮、坦克和军舰等武器装备。事实上，到1943~1944年，仅美国一国就已能每天建好1艘军舰，每5分钟生产1架飞机！此外，同盟国还生产了许多新式武器（如B-29轰炸机、P-51式战斗机、轻型舰队航母等），而轴心国只能生产少量先进武器（如喷气式战斗机、德国U-23型潜艇）。

瓦根菲尔统计的主要参战国军火产量数字，很好地说明了双方武器产量对比的巨大变化（见表35）。

表35　各大国军火生产1940~1943年

［单位：10亿美元（1944年币值）］

	1940年	1941年	1943年
英　国	3.5	6.5	11.1
苏　联	(5.0)	8.5	13.9
美　国	(1.5)	4.5	37.5
同盟国总计	3.5	19.5	62.5
德　国	6.0	6.0	13.8
日　本	(1.0)	2.0	4.5
意大利	0.75	1.0	—
轴心国总计	6.75	9.0	18.3

由此可见，1940年英国的军火生产虽然大大落后于德国，但增长速度很快，到下一年——德国经济自由发展的最后一年——竟已略占优势。斯大林格勒保卫战和北非战役中两次失利的震撼，以及施佩尔执掌经济部，使1943年的德国军火生产急剧增长；日本的军火生产也翻了一番多。尽管如此，英苏在这两年中增加的武器生产费用仍与轴心国基本相等（1941~1943财政年度英苏增长100亿美元，轴心国增长98亿美元），并在军火总产量方面遥遥领先。但是，

美国的变化最惊人。1941~1943年，美国的军火产量增长了8倍以上。这就是说，1943年同盟国的军火总产量已是敌方的3倍。于是，人们终于认识到，从战争一开始，双方的“战争潜力”和国民收入就很不平衡。不管德军在东线和西线的反攻中运用了多么巧妙的战术，一直坚持到战争的最后几个月，最终都将被占绝对优势的盟军的火力所压倒。到1945年，数千架英美轰炸机每天都去轰炸德国，苏联红军的几百个师已做好进攻柏林和维也纳的准备。这一切从不同角度说明了这样一个不容置疑的事实：在一场旷日持久的大规模联盟战争中，财力最雄厚的国家将获得最后胜利。

日本在太平洋战争中失败的原因也是如此。现在人们都很清楚，1945年原子弹的使用标志着世界军事史上一个新阶段的开始，意味着大国间使用原子武器的战争一旦爆发，人类能否继续生存下去将成为问题。但在1945年的作战中，这只是美国用于迫使日本投降的一系列军事手段之一。美国成功的潜艇战使日本受到了饥饿的威胁，蜂拥而至的B-29轰炸机将无数日本城镇夷为平地（1945年3月9日对东京的“火攻”大约造成了18.5万人的伤亡，摧毁了26.7万座建筑物），美国及其盟国还计划大规模入侵日本本土。尽管有某些不同意见，美国政府最终还是做出了投放原子弹的决定。其动机是多种多样的，其中包括希望减少盟军士兵的伤亡，向斯大林发出警告，以及证明实施耗资巨大的原子弹工程是正确的。这些理由是否成立，直到今天仍有争议。不过，这里要说明的问题是，当时只有美国拥有如此强大的生产能力和技术手段，能在打两场大规模常规战争的同时，还投入大量科学家、原料和资金（约20亿美元），去发展一种效能未卜的新武器。广岛遭受劫难与柏林落于苏联红军之手，不仅象征着又一场战争的结束，而且还标志着世界事务中一种新秩序的开始。

新的战略态势

早在战争还在激烈进行时，美国的军事计划人员就已经勾画出了新秩序的轮廓。一份政策性的文件这样写道：

> 与我们目前敌人的战争胜利结束后，我们会发现，各个国家的军事力量的消长将发生意义极为深远的变化。其意义之深远，在罗马陷落后的1 500年中，没有什么可与之相比。击败日本后，只有美国和苏联堪称第一军事强国；其原因均归结于它们的地理位置、辽阔的幅员和巨大的军火生产潜力。

历史学家们可能会吹毛求疵地对“在过去1 500年中没有任何事件具有可与之相比较的性质”一说提出异议，但情况已日趋明朗：战后的世界力量对比将完全不同于战前。法国和意大利这两个昔日的大国，已黯然失色；德国、日本称霸欧洲和远东太平洋的企图正在烟消云散；英国尽管有丘吉尔，但也正在衰落。19世纪末、20世纪初，许多人经常预测的两极世界终于到来了。至于国际秩序，用德·波特的话说，现在已从“一个体系过渡到另一个体系”。只有美国和苏联与其外表一致，可谓世界的两极；而在这两个“超级大国”中，美国则享有巨大的优势。

世界绝大部分地区被第二次世界大战搞得精疲力竭，或仍为“不发达的民地”，而1945年美国实力之强，犹如1815年的英国，只能用“非同一般”来形容。此外，其实力从绝对意义上说，也是史无前例的。由于战争开支的巨大刺激，美国的国民生产总值若以1938年的美元不变价格计算，从1939年的886亿美元增至1945年的1 350亿美元；若以目前的美元价格计算，则增至2 200亿美元。“新政”也未能消灭的“经济萧条”，在战争中被彻底根除；未能充分使用的资源和人力都得到了适当的利用。“在战争期间，美国工厂的规模扩大了近50%；产品产量增长了50%以上。”1940~1944年，美国工业以更快的速度增长，每年增长率超过了15%。这是空前绝后的。虽然这一增长在很大程度上是由战时军用物资生产所引起的（军用物资在工业总产量中的比重从1939年的2%，剧增至1943年的40%），但非军用品的生产也增加了。因此，美国并未像其他交战国那样压缩国民经济中的民用部门的生产。美国的生活水平、人均产值都高于其他国家。在世界大国中，美国是唯一因战争而大发其财，而不是因战争变得穷困潦倒的国家。在战争结束时，华盛顿的黄金储备为200亿美元，几乎占世界总量330亿美元的2/3。此外，“世界一半以上的制造业生产量是由美国承担的，美国生产的各种产品占世界总量的1/3”。这使得美国在战争结束时成为世界最大的出口国；就是在数年后，美国产品仍占世界出口总量的1/3。由于美国造船业的急剧膨胀，其船舶总吨位占世界的一半。从经济上说，美国可不受限制地在世界上为所欲为。

美国的经济实力也表现在其军事实力上。在战争结束时，美国有1 250万名现役军人，其中750万人驻在海外。虽然其兵力总数在平时自然要减少（到1948年，美国陆军的人数只有4年前的1/9），但这仅是政治抉择的反映，并不反映美国真实的军事潜力。由于美国在战后初期设想自己在海外的作用将是有限的，它认为用其现代化武器来显示自己的力量是更好的选择。当时美国海军雄踞全球，“独一无二”。其舰队拥有1 200艘大型军舰（以数十艘航空母舰而不是战列舰为核心组成作战舰队），实力远远超过英国皇家海军，没有任何国家的海军可与之匹敌。美国航空母舰特混编队和海军陆战队，已充分显示了美国通过海洋向世界各地投送兵力的能力。美国的“制空权”则更为壮观：它的2 000多架重型轰炸机曾把希特勒的欧洲炸得稀烂；它的1 000架超远程B-29型轰炸机曾使许多日本城市化为灰烬。现在它又有了像B-36型轰炸机那样更为强大的喷气式战略轰炸机。最重要的是，美国垄断着原子弹，可对任何未来的敌人实施像广岛和长崎那样可怕的毁灭性打击。然而，正像后来的分析所指出的那样，美国的军事力量其实没有像人们想象的那样强大（美国只储备有几枚原子弹，而且要顾及使用原子弹会引起很大的政治后果），美国也难以运用其军事力量来影响像苏联这样相距遥远、充满怀疑、像谜一样的国家的行为。但是，在朝鲜战争前，美国的这种飘飘然的自我优势感并没有被触动；由于那么多的国家请求美国提供贷款、武器和军事援助，它的这种感觉还有所加强。

鉴于美国所处的非常有利的经济和战略地位，美国的势力在1945年后便向外迅猛发展。这对于熟悉国家政治史的人来说，是不足为奇的。随着传统大国的衰败，美国稳步地填补了它们撤走后所留下的真空。在变成了头号强国后，美国就不会再把自己局限在自己的疆界内，或者自己所处的半球内。毋庸赘述，战争本身是美国势力和影响向外扩张的主要根源。例如，1945年，美国在欧洲驻有69个师，在亚洲太平洋地区驻有26个师，而在美国本土却一个师也没有。美国因负有重建日本、德国（以及奥地利）的政治义务，所以它就“待在那里”；美国军队在太平洋上是越岛作战，并进入北非、意大利和西欧战斗过，因此便在这些地区留驻军队。但是，许多美国人（特别是军人），希望在战争结束后能很快回国，将美国武装力量的部署恢复到1941年以前的状况。这种想法虽使丘吉尔大吃一惊，并引起了奉行孤立主义的共和党人的注意，但要使时钟倒转是不可能的。犹如1815年后的英国人那样，这次轮到美国人发现他们在各地的非正式影响已发展成为无法摆脱的更加正式的影响了。像英国人一样，每当美国人想画一条安全界线时，他们就会发现“不安全的新边疆”。“美国统治下的和平时代”已经到来了。

这种新秩序的经济情况至少是人们可以预料到的。在大战中，国际法学家们（如科德尔·赫尔）就曾正确地指出，20世纪30年代的全球性危机在很大程度上是由国际经济机能失调引起的。具体地说，是保护主义关税、不公平经济竞争、获得原材料的途径有限、政府闭关自守的政策引起的。这种18世纪启蒙运动的“不受阻碍的贸易意味着和平”的信念，受到了出口型工业的有力冲击。出口工业界担心，如果不开辟新的海外市场来吸收产量激增的美国产品，随着战后美国政府开支的减少，出口工业就会衰退。此外，美国军方坚决（甚至过分地）主张，美国应控制（或可以不受限制地获得）关键性的战略原材料，如石油、橡胶、金属矿藏等。所有这些因素加起来，便使美国致力于建立某种有利于满足西方资本主义需要（尤其有利于西方资本主义国家最大限度繁荣起来）的国际新秩序。这一新秩序从长远看，符合亚当·斯密的保证：“不受阻碍的贸易越能提高资源分配的效率，全面提高生产率，进而增强所有人的购买力就越有可能。"这样，在1942~1946年，世界上便出现了一系列国际经济组织——国际货币基金组织、国际复兴开发银行，后来还缔结了"关税与贸易总协定"。在这一新的经济制度下，希望能保证获得复兴与开发资金的国家，发现自己不得不屈从美国的要求，同意自由兑换货币和开展自由竞争（就像英国人那样，尽管他们还努力保持帝国特惠制）；否则就须像苏联人所做的那样，发现这一制度与其社会主义控制制度水火不容时，完全避开这一制度。

这些安排在实践中是有缺陷的。第一个缺陷是所提供的资金根本不足以医治6年总体战造成的巨大创伤。第二个缺陷是，放任自流的体制必定只对竞争能力最强的国家有利，也就是说，只对未受战争破坏、生产力膨胀的美国有利；而对那些因受战争破坏、设备差、竞争力弱的国家，如边界已变动、难民成群、房屋被炸、机器破旧、债务深重、失去市场的国家，则非常有害。直到美国察觉欧洲普遍不满与苏联的影响日益扩大的危险同时出现时，它才被迫制订了"马歇尔计划"，答应为大规模恢复"自由世界"的工业提供巨额资金。但是，到这时已出现了美国的经济扩张与美国在世界各地建立军事基地、订立安全条约齐头并进的局面。这与英国在1815年后四处建立基地、订立条约的情况有许多相似之处。可是，最明显的不同之处是，总的来说，英国能避免与其他主权国家过多地建立固定的和含混的联盟关系，而美国现在则承担这种义务。确实，随着"冷战"的展开，美国的这些义务几乎都是"对事件做出的一种反应"。但是，无论承担这些义务是否有正当的理由，其结果都是使美国一反自己早期的历史，而过多地卷入了国际纠纷。

1945年时的美国决策人看来对此并不感到有什么不安；相反，许多人还认为，这不仅是"显示天意"，而且还认为他们现在已有了宝贵良机，由美国来理顺被原先的大国搞得乱七八糟的关系。亨利·卢斯在《生活》杂志上狂喜地写道："美国的经验是通向未来的关键……美国在全人类的国际大家庭中必须是老大哥。"美国还鼓励后来被称为"第三世界"的所有国家效法美国人的自助、企业家精神、自由贸易和民主等原则，对中国尤其寄予厚望。赫尔写道："这些原则和政策对增强各地自由人民的正义感、权利意识和福利意识大有裨益，整个国际机制在几年之内就能运转得令人相当满意。"美国人人乐观，既然方向正确，根本不考虑用"胡萝卜加大棒"是否能说服英、荷老牌帝国主义者，欧洲左倾政党和冷面孔的莫洛托夫。一位美国官员甚至说："现在轮到我们在亚洲击球了。"其实他还可以再加上一句：几乎在世界各地击球了。

美国势力最难渗透进去的地区是苏联控制的地区。苏联自1945年以来，一直自称是打败法西斯的主要国家。根据苏联红军的统计，苏联共歼灭了德军506个师；德军在第二次世界大战中伤亡和被俘的1 360万人中，有1 000万人是在东线损失的。甚至在第三帝国崩溃之前，斯大林还向远东调去了几十个师，准备一旦时机成熟就向在中国东北的已大大削弱的日本关东军开战。因此，在美国向广岛投掷原子弹三天后苏联的对日宣战，就不令人惊奇了。西线的长期战事不仅完全改变了苏联在欧洲的地位，扭转了其1917年后地位暴跌的局面，而且还使苏联几乎恢复了它在1814~1848年间在欧洲的地位（当时它庞大的军队充当着东欧、中欧的宪兵角色）。苏联扩展了它的疆域：在北方割取了芬兰的部分领土；在中部掠取了波兰的一些领土；在南方则吞并了罗马尼亚的比萨拉比亚；爱沙尼亚、拉脱维亚和立陶宛三个波罗的海沿岸国家被重新并入苏联；它还深谋远虑地将东普鲁士的一部分、捷克斯洛伐克东部的一小片地区划归己有（路塞尼亚或次喀尔巴阡乌克兰），从而获得了直接进入匈牙利的通道。在其西面和西南面，势力壮大的苏联建立了由波兰、民主德国、捷克斯洛伐克、匈牙利、罗马尼亚、保加利亚及（挣脱约束前的）南斯拉夫和阿尔巴尼亚组成的新卫星国"防疫线"。在它们与西方之间就是众所周知的"铁幕"。在"铁幕"后面，苏联共产党的官员和秘密警察决心使这一整个地区以完全不同于科德尔·赫尔所希望奉行的原则行事。远东的情况也同样如此。苏联对中国东北、朝鲜北部和萨哈林岛（库页岛）的迅速占领，不仅报了1904~1905年日俄战争的一箭之仇，而且还与中国共产党人联结在一起，而后者也是不可能接受奉行自由放任主义的资本主义制度的。

苏联势力影响的增长虽使人难以忘怀、不容忽视，但其经济基础受到了严重的破坏，与美国受惠于战争的繁荣经济相比，大为逊色。苏联人口损失骇人听闻：军队损失750万人，600万~800万平民被德国人杀害；再加上因粮食减少、强制劳动和大量增加工作时间而造成的“间接”战争损失，“在1941~1945年共有2 000万~2 500万苏联人过早地死去”。由于伤亡者主要是男子，两性的不平衡使国家的人口结构遭到了严重的破坏，人口出生率急剧下降。在德国占领的俄罗斯欧洲部分、乌克兰和白俄罗斯，物质损失之大，超出人们的想象：

> 在被占领地区的1 160万匹马中，被宰杀和掠走的达700万匹，2 300万头猪中被抢走2 000万头，13.7万台拖拉机、4.9万台谷物联合收割机和大量的牛棚、农场等其他建筑物被毁。运输网遭到的破坏是：6.5万公里长的铁路线被毁，损失了15 800台机车、42.8万节车皮、4 280艘内河船舶和被占领区内一半的铁路桥。这一地区近50%的城市居住面积、120万幢房屋被毁，农村地区房屋被毁达350万幢。
>
> 许多城镇变为废墟。成千上万个村庄被夷平。人们都居住在地下的洞穴中。

因此，苏联人一进入其德国占领区便大肆搜刮，把工厂设备、铁轨等一切可搬走的东西都弄走，并要求其他东欧国家赔偿（罗马尼亚用石油、芬兰用木材、波兰用煤）。对此，人们没有必要感到奇怪。

确实，苏联在军工生产和前线作战方面都战胜了德国。但是，苏联的胜利靠的是大幅度减少其他部门——消费品、零售贸易和农产品供应（虽然粮食产量的减少主要是由德国人掠夺造成的）的生产和活动，集中力量进行军工生产获得的。总之，1945年的苏联在军事上是一个巨人，但在经济上已沦为一个丧失了生活必需品、穷困潦倒的穷汉。随着租借物资供应的中断和苏联因美国附加的政治条件而拒绝接受美国的金钱，苏联又恢复使用它在1928年后利用本国资源提高经济增长速度的老办法：继续强调生产资料（重工业、煤炭、电力、水泥）的生产和发展运输业，从而给消费品工业和农业生产带来损害，并且自然地将军事开支从战时水平削减下来。结果，苏联在克服了最初遇到的困难后，在重工业方面创造了一个“小小的经济奇迹”，其重工业产量在1945~1950年增长了近1倍。为了重建国家实力源泉，达到这一冷酷的目标，斯大林政权不遗余力，甚至不惜把大多数苏联人的生活标准降低到革命前的水平上。值得注意的是，这时苏联工业的发展犹如其1922年以后的情况，工业生产的增长在很大程度上是“恢复”战前的产量。例如，乌克兰冶金业和电力工业的产量在1950年前后才达到或刚刚超过1940年的水平。由于战争的影响，俄国的经济发展再次停滞了大约10年的时间；更为严重的是，从长远看，至关重要的农业部门继续受到忽视。由于停止执行战时强制性应急措施和投资不足，（和瞎指挥）农业生产进一步萎缩，产量暴跌。斯大林到死也不同意农民拥有自留地。这样，苏联农业长期存在的生产水平低、效率低的问题便继续存在着。

与此相对照的是，斯大林显然决心在战后保持一支高水平的军事力量。由于恢复经济的需要，规模庞大的苏联红军在1945年以后减少了2/3，但它仍很庞大，拥有175个师、2.5万辆一线坦克和1.9万架飞机，因而仍是世界上最庞大的一支军队。在苏联人眼里，要遏制未来的侵略者，更加自如地保持对东欧卫星国及对远东征服地区的控制，拥有这样一支军队是必要的。虽然苏联红军是一支庞大的军队，但它的许多师仅仅是“架子师”或主要担任守备的部队。此外，苏联红军还遇到了可能被军事技术进步甩在后面的危险。1815年的俄国庞大的军队在数十年后也曾遇到过这一危险。要克服这一危险不仅要对其军队的师团进行大规模的改编和现代化，而且还需投入国家的经济和科学力量来研制新武器系统。1947~1948年，令人望而生畏的米格-15型喷气战斗机开始服役；苏联还效法美国人和英国人，建立起一支远程战略空军。苏联还使用虏获的德国科学家和技术人员来研制各种导弹。甚至还在战争时期，苏联就抽调力量研制原子弹。在对德战争中仅充当助手的苏联海军也发生了变化，添置了新式重型巡洋舰和远洋潜艇。它的许多武器是仿制的，用西方的标准来衡量也不算先进。但不容置疑的是，苏联决心不甘落后。

维系苏联实力的第三个重要原因，是斯大林重新强调内部纪律和20世纪30年代末期的那种绝对一致。斯大林这样做是出于他日趋严重的偏执狂症，还是出于他想通过一系列计划周密的行动来加强自己的专权地位，或两者兼而有之，我们还难以断定。但是，发生的事件本身说明了其原因。任何与外国有联系的人都被怀疑；遣返的战俘被枪毙了；以色列国家诞生后，犹太人可以选择自己的效忠对象，结果导致苏联国内重新采取反犹措施；军队将领的地位被削弱，德高望重的朱可夫元帅于1946年被解除苏联地面部队总司令的职务；苏联共产党的内部纪律和入党条件更加严格；1948年，列宁格勒全部苏联共产党的领导人（斯大林总是不喜欢他们）被清洗。苏联加强了检查制度，检查范围不仅涉及到文学和艺术领域，而且还扩大到自然科学、生物学和语言学领域。苏联制度内部的紧张化当然是与重新实行农业集体化和“冷战”紧张局势的出现相呼应的。自然，苏联统治下的东欧诸国也出现了类似的思想僵化和极权统治，在那里，消灭反对党、举行公开审判、否定个人权利和私人财产成了家常便饭。所有这些事件，尤其是波兰和（1948年）捷克斯洛伐克民主制度的颠覆，导致西方对苏联制度所持有的热情态度大为减弱。西方搞不清楚的是苏联的这些措施是周密策划的（完全合乎逻辑的是苏联领导集团热切希望，使其卫星国和卫星国的人民脱离西方的思想和富庶的影响），还是斯大林末日来临前偏执狂病加重的反映。无论其原因何在，世界上还是出现了一大片丝毫不受“美国统治下的和平”影响的地区，在人们前面形成了另一种发展局面。

苏联的壮大似乎证实了麦金德等地缘政治学家们的预言：欧亚大陆的“心脏地带”的资源将被一个庞大的军事强国控制；海洋强国若想保持全球力量均势，须抗击该国向大陆边缘地带的进一步扩张。几年后，朝鲜战争爆发了。美国政府大为震动，完全放弃了原先“一个世界”的想法，而代之以超级大国在国际舞台上展开殊死搏斗的格局。可是，在很大程度上，这种格局在1945年的局势中就隐约出现了，像德·托克维尔所预言的那样，美国和苏联正在成为能决定半个地球命运的两个国家，世界上只有这两个国家具有这种能力；但与此同时，两国也自然沦为“全球性思维”的牺牲品。1946年莫洛托夫宣称：“苏联现在是世界上最强大的国家之一，没有苏联参加，任何国家都不可能解决任何重大的国际关系问题……”这其实是美国对丘吉尔和斯大林莫斯科会晤（两人可能就东欧问题私下达成协议）所发表的声明的翻版。美国的声明这样说：“在这场全球性战争中，没有美国不关心的问题——无论是政治方面的，还是军事方面的。”利益的严重冲突终于不可避免了。

昔日的大国现已成为中等国家，它们的崩溃是超级大国崛起的另一种衬托。那么这些国家的情况如何呢？需要立即说明的是，德、意、日法西斯战败国的情况，不同于1945年后的英国和法国。战火刚刚平息，盟国就着手实施自己的计划，以确保德、日不再成为对国际秩序的威胁。这些计划不仅包括对两国实行长期的军事占领，而且还把德国分为4个占领区（后来合并成两个德国）。日本像1943年的意大利那样，被剥夺了海外领地；德国丧失了它在欧洲所取得的一切利益和东部古老的领土（西里西亚和东普鲁士等）。战略轰炸、运输系统使用过度、住房条件的下降、许多原料不足和出口市场的缩小，已经给两国造成了巨大的灾难，而盟国对其工业的控制、（在德国的）拆迁工厂，又如雪上加霜。1946年德国的国民收入和国民生产总值竟不到1938年的1/3，真是可怕的倒退。日本经济也出现了类似的倒退情况。它在1946年的实际国民收入只相当于1934~1936年的57%；制造业的实际工资也只相当于这一时期的30%；对外贸易量微乎其微，甚至两年后的出口量才只有1934~1936年的8%，进口量则为18%。日本的海上航运在战争中被破坏殆尽；纱锭数量从1 220万支减少到200万支；煤的产量减少了一半，如此等等。德、日作为强国的日子，无论从经济角度看，还是从军事角度看，似乎都结束了。

意大利虽然在1943年就改变了立场加入了盟国，但其经济情况也一样暗淡。盟军在意大利作战、轰炸持续时间达两年之久，横扫了意大利半岛，极大地加剧了墨索里尼战略冒险所造成的破坏。“在1945年……意大利的国民生产总值倒退到1911年的水平；与1938年相比，实际下降了40%。尽管战争给人口造成了损失，但由于意大利在殖民地的移民被遣返回国，向外移民停止，意大利的人口激增，致使生活水平降低到惊人的地步。如果没有国际援助，尤其是美国的援助，许多意大利人就被饿死了。”到1945年，意大利的实际工资下降到1913年的26.7%。这些国家在这个时期对美国的依赖程度骇人听闻，犹如美国的经济卫星国。

在经济方面，法国与德国的情况相差无几。法国被德国洗劫了4年后，其国土又遭受了1944年几个月大规模战斗的蹂躏，结果“绝大部分水道和港口被堵塞，绝大部分桥梁被摧毁，铁路系统的很大一部分暂时不能使用”。福仑的法国进出口贸易指数表明，到1944~1945年，法国的进出口实际上等于零，法国的国民收入那时只相当于1938年（法国最灰暗的年月）时的一半。法国的外汇储备已经枯竭；法郎在外汇兑换中已不被使用。法郎与美元的汇率在1944年被定为50∶1，但这个汇率完全是凭空制定的，1年内就降到119∶1。到1949年，当情况比较稳定时，法郎与美元的汇率仍高达420∶1。这些诸如重建、国有化和通货膨胀一类的纯经济问题，明显地影响了法国各政党，特别是共产党的作用。

另一方面，“自由法国”曾是反法西斯“伟大联盟”的一员，参加过许多重大战役，在西非、地中海东部和阿尔及利亚反对亲维希的“内战”中取得了胜利。在战争中，德国占领了法国，法国人民的忠诚发生了分裂，在这种情况下，戴高乐不得不严重依赖英国和美国的援助。但是，戴高乐即使在要求给予更多的援助时，对后者也不满。由于英国迫切希望法国重新成为欧洲的军事大国，以接替正在垮台的德国去同苏联相抗衡，所以法国获得了许多大国的待遇和地位，如在德国有占领区，在联合国安理会担任常任理事国等。法国虽未能恢复它在叙利亚和黎巴嫩的委任统治，但它重新确定了自己在印度支那、突尼斯和摩洛哥的保护国地位。随着政府海外部的建立和海外领地的获得，法国仍是世界上第二大殖民帝国，并决心保持其殖民帝国的地位。在许多外国观察家（特别是美国人）看来，法国在经济上如此虚弱不堪并严重依靠美国财政援助过活时，还想跻身于世界上第一流大国之列，纯属“伟大的疯狂”。事实也确实如此。第二次世界大战极大地改变了全球的战略环境，但法国却仍想趾高气扬，结果它至少还需多年才能从旧梦中清醒过来。

虽然在1945年大部分英国人理应对这种实力对比感到不平，但他们的国家和英帝国在表面上继续充当着世界的一个大国。这种做法掩盖了新的战略力量对比，也使伦敦的决策人难以在心理上做出调整，以适应政治上的这种衰落局面。英国是唯一自始至终参加第二次世界大战的大国。在丘吉尔的领导下，它毫无疑问是“三巨头”的一员。英军在海上、天空甚至陆地上的战绩，显著优于第一次世界大战。到1945年8月，英王的全部属地（包括中国香港）都回到英国手中，英国部队和空军基地遍布北非、意大利、德国和东南亚；皇家海军虽损失惨重，但仍拥有1 000余艘战舰、近3 000艘小型舰艇和5 500艘登陆艇；皇家空军轰炸机司令部统帅着世界上的第二大战略空军部队。但是，正如科雷里 · 巴尼特有力地指出的：

> “胜利”并不是英国保持其力量的同义词。在英国保持其力量方面，击败德国（及其盟国）是一个因素，当然可以说是一个非常重要的因素。这是因为德国虽被击败，但英国也耗尽了自己的力量。因此，不应过多地考虑“胜利”本身，而应想想胜利的环境，特别是英国发现自己所处的环境。

十分明显的事实是，为了保证取得战争的胜利，英国人严重地损耗了自己的实力，美元储备和黄金储备消耗殆尽，国内机器设备磨损严重、破烂不堪。英国虽然对其资源和人口进行了超限度动员，但仍然日益依靠美国的武器弹药、航运、食品和其他物资来维持战争。英国的这种进口需求一年高于一年，但其出口却不断萎缩，到1944年，英国的出口量只相当于1938年的31%。当工党政府在1945年7月上台执政时，在它不得不处理的第一批文件中，有一份就是凯恩斯关于国家正在面临的“财政上的敦刻尔克”的备忘录。这是一份令人毛骨悚然的报告，它指出：英国贸易逆差巨大，工业基础已受到削弱，驻海外机构过于庞大，这一切意味着英国急切需要美国提供援助，以取代行将中断的“租借”物资的供应。如果没有美国的援助，“我们[2]就须采取比战时任何时期都要严厉的紧缩措施”。这样，英国便又像第一次世界大战结束后那样，不得不修改其创造一个与英雄相称的家园的目标。但在这时，人们已不可能再相信英国仍处在世界政治中心的位置。

然而，英国却迟迟未能摆脱大国地位的幻觉，甚至那些想创建“福利国家”的工党大臣们也未能摆脱。只是在以后的几年中，英国才认真打算解决下述不可调和的问题：提高生活水平，向“混合型经济”发展，减少贸易逆差，与此同时还要维持在海外散布极广的基地（在德国、近东和印度），保持一支庞大的军队以应付与苏联日益恶化的关系。对艾德礼政府的详尽研究表明，艾德礼政府在许多方面取得了令人瞩目的成就。例如，提高了生产率，减少了贸易逆差，实施了社会改革计划，稳定了欧洲的局势。工党政府还谨慎地撤出了印度，摆脱了巴勒斯坦动乱的困扰，放弃了对希腊和土耳其的保证，这样，它至少在一定程度上解除了某些越来越沉重的海外负担。另一方面，英国经济之所以能恢复，还因为凯恩斯1945年在华盛顿通过谈判取得了巨额贷款，通过“马歇尔计划”进一步获得了大量的援助，以及英国的大多数商业对手此时满目疮痍，无暇他顾。因此，英国经济的复苏是一种微妙而有条件的恢复。从长远看，英国在1947年成功的撤退，同样也有令人怀疑之处。那种撤退是卸掉了无法承受的包袱，但是，这一战略上的“想象的步法”却是以这样的设想为依据的：英国放弃某些地区后，可以根据帝国的真正利益（是苏伊士运河而不是巴勒斯坦，是阿拉伯的石油而不是印度）来重新安排自己的基地。在这时，白厅肯定还不打算放弃依附其帝国的其余地区，因为从经济上看，这些地区对英国比以往更加重要，只是后来世界进一步发生震动和把自己拴在这些地区的代价日益增大，才迫使英国对其在世界上的地位又一次进行了估价。然而，与此同时，英国仍是一个虽承担义务过多但仍很强大的战略实体，在分裂成两大势力集团的世界中，英国要在安全方面依靠美国，美国则成为英国最有用的盟国和重要的战略合作者。

但是，英法两国政府的所有努力无疑都不能挽回“欧洲时代结束”的趋势。在战争中，美国的国民生产总值实际增长了50%以上，而整个欧洲（不包括苏联）却下降了25%。欧洲在世界制造业总产量中所占的比重，低于19世纪初期以来的任何时期；甚至到1953年绝大部分制造业从破坏中恢复过来之后，整个欧洲所占的比重也只有26%（而美国达44.7%）。欧洲的人口只占世界总人口的15%~16%。在1950年，欧洲的人均国民生产总值仅及美国的一半。但是，苏联却大大缩小了与美国的差距（关于各大国国民生产总值情况，见表36）。

表36　1950年各大国国民生产总值与人均国民生产总值一览表

（以1964年的美元价格计算）

项目 / 数字 / 国家	国民生产总值（计算单位：10亿美元）	人均国民生产总值（计算单位：美元）
美国	381	2 536
苏联	126	699
英国	71	1 393（1951年）
法国	50	1 172
西德	48	1 001
日本	32	382
意大利	29	626（1951年）

欧洲大国的黯然失色更加明显地表现在兵员和军费开支上。例如，1950年，美国的军费开支是145亿美元，拥有138万军事人员；苏联的军费开支略多（155亿美元），而其武装力量却极为庞大，共有430万人。在这两方面，超级大国远远超过英国（23亿美元、68万人）、法国（14亿美元、59万人）和意

大利（5亿美元、23万人）；当然，德国和日本当时还没有武装。由于朝鲜战争的紧张局势，欧洲中等强国在1951年大大增加了自己的防务开支，但与美国和苏联相比，仍显得苍白无力（美国达333亿美元，苏联达201亿美元）。在那一年，英国、法国和意大利三国军费开支的总和还不到美国的1/5、苏联的1/3；其军事人员总数不到美国的一半、苏联的1/3。无论是在经济力量上，还是军事实力上，欧洲国家都是大势已去了。

核武器和远程投射系统的出现，进一步扩大了人们对欧洲衰落的印象。记录表明，许多从事原子弹研制工作的科学家都清楚地知道，他们所从事的研究在人类全部战争史、武器史和人类摧毁能力方面，具有划时代的意义。1945年7月16日在阿拉莫戈多的成功试验，证实了他们的看法："一种巨大、全新的东西出现了；它对我们生存所产生的影响比电的发现和其他一切伟大发现都重要得多。"当广岛和长崎接连出现"世界末日般令人心惊胆战的连续巨响"，全城横尸遍地时，没有人再怀疑核武器的威力了。原子弹的出现使美国决策人对许多有关未来的实际后果进行了深思：原子弹对常规战争有何影响？在战争一开始就应使用原子弹，还是应把它当作撒手锏使用？研制更大的核武器（氢弹）和较小的核武器（战术核武器）的意义和潜力如何？有关原子弹的知识是否应该与他人分享？斯大林在广岛遭到原子弹轰炸后的第二天就派其无所不能的秘密警察头子贝利亚负责原子弹的研制工作。这说明，美国人的成就肯定推动了苏联已在进行的核武器研制工作。虽然苏联这时在原子弹和发射系统的研制方面处于明显的落后状态，但他们的追赶速度要大大高于美国人的估计。在1945年后的几年中，人们有理由设想，美国的核优势有助于"抵消"苏联人的常规部队优势。但是，在国际关系史中，莫斯科没用几年时间就开始赶上美国，证明了自己的论断：美国对核武器的垄断仅仅是一闪即过的阶段。

原子弹的问世改变了世界的"战略形势"，因为拥有核武器的所有国家都具有大规模的不分青红皂白的破坏能力，甚至有毁灭人类的能力。从狭义和直接意义上看，这种新武器技术的出现，增加了对各欧洲古老国家的压力：要么奋起直追，要么甘愿沦为二流国家。当然，就德国、日本以及在经济和技术上都很脆弱的意大利来说，它们没有希望加入核俱乐部，但伦敦政府则不然。早在艾德礼接替丘吉尔时，英国就没想不应该获得这种武器。这不仅因为核武器是一种威慑手段，还因为核武器是“英国科学与技术优势的集中表现，是人口较少的英国的力量得以存在的依靠”。换言之，核武器被视为一种保持独立大国地位的较为廉价的手段。法国不久也步英国的后尘，作了同样的考虑。但是，这种想法无论在逻辑上多么吸引人，在实践上却有三个不利因素：一是两国在几年内都不会获得核武器及其投射系统；二是两国的核武库与超级大国的相比无足轻重；三是随着技术的飞速发展，他们的核武器将会变得陈旧落后。在1945年后的数十年间，伦敦、巴黎想加入核俱乐部的雄心和为此所作的努力，犹如1914年前奥匈帝国和意大利要拥有自己的“无畏”级战列舰一样。换句话说，这不是力量的反映，而恰恰是虚弱的反映。

要强调的最后一点是，现在世界在战略上和政治上已从传统的多极世界变成了两极世界，在这样的世界中，意识形态的作用得到了加强。其实，早在19世纪的古典外交中，意识形态就在外交政策中发挥过作用，梅特涅、尼古拉一世、俾斯麦和格莱斯顿的行动充分证明了这一点。意识形态的作用在两次大战之间的年代里更加明显地表现了出来。当时“极右”和“极左”势力兴起，向居统治地位的“中产阶级—自由中心”的流行观念发出了挑战。但到20世纪30年代末，由于多级化竞争对手力量关系错综复杂（在英国，像丘吉尔等保守党人希望与共产主义的苏联结盟，反对纳粹德国；自由主义的美国人虽然支持欧洲的英、法民主国家，但却想肢解英、法在欧洲以外的领地），人们难以用意识形态来解释国际事务。而且，在战争中，当务之急是同法西斯主义作斗争，政治和社会原则的分歧便不得不服从于这一最重要的任务。斯大林在1943年解散了共产国际；西方也十分赞赏俄国人对“巴巴罗萨行动”所做的抵抗。这似乎冲淡了他们原先的相互怀疑——尤其是在美国，《生活》杂志在1943年曾以轻松活泼的笔调写道：苏联人“长得像美国人，穿着像美国人，想法也像美国人”。《纽约时报》在一年后声称：“马克思的思想在苏联已经销声匿迹了。”这些情绪不管多么天真幼稚，但有助于向我们说明为什么那么多的美国人不愿接受以下事实：战后世界并非像他们想象的那样，生活在国际和谐之中。例如1946年3月丘吉尔著名的“铁幕演说”，就在许多美国人中引起了愤怒和痛苦的反应。

但是，苏联和西方之间一两年后就出现了“冷战”，而“冷战”所具有的意识形态性质暴露无遗。越来越多的迹象表明，苏联人不会允许东欧出现议会式的民主；苏联还保持着庞大的军队；在希腊、中国及其他地区，共产党同其敌手正进行着内战；还有最后一点，但绝不是最不重要的一点，即人们对“红色威胁”恐惧的日益增加，苏联的间谍网以及国内颠覆活动，这一切促使美国公众的情绪发生了剧烈的变化，杜鲁门政府对此也断然做出了反应。由于担心苏联会进入英国撤销其对希腊、土耳其的保证后留下的力量真空，杜鲁门总统于1947年3月发表了“杜鲁门主义”的演说。在这篇演说中，杜鲁门描绘了当前世界必须抉择的两种截然不同的意识形态原则：

> 一种生活方式是以大多数人的意志为基础的。它突出地表现为自由的制度、代议制政府、自由选举、保证个人自由、言论与宗教信仰自由和没有政治迫害。另一种生活方式则是以少数人的意志强加于大多数人为基础。它所依靠的是恐怖和迫害、对报纸的控制、指名选举和压制个人自由。

杜鲁门继续说：美国的政策就是“帮助自由的人民保持自己的制度及统一，反对企图将极权政权强加于他们的侵略行径”。此后，国际事务，用更加生动的话来说，犹如摩尼教徒正在进行的一场争斗；用艾森豪威尔的话来说，就是“正义力量和邪恶力量在历史上很少像现在这样聚集一堂、全副武装、相互抗争。以自由反对奴役，以光明反对黑暗”。

毫无疑问，这类语言好多都有其对国内目的，不仅美国如此，英国、意大利、法国及其他各国也都一样。保守势力可以使用这类语言使对手威信扫地，或者攻击自己的政府对“共产主义软弱无力”。但这样一来又肯定加深了斯大林对西方的怀疑。苏联报刊很快就说西方正在觊觎苏联在东欧的“势力范围”，在苏联四周树立新的敌人，建立前进基地，以包围苏联；西方还支持反动政权反对共产主义力量，有意在联合国“结帮拉派”。莫斯科声称：“美国对外政策的新方针，是过去反苏政策的翻版，其目的是发动战争，以武力建立一个由英国和美国统治的世界。”苏维埃政权便以此为借口，清除国内异己分子，加强对东欧的控制，实施强制性的工业化，大量增加军费开支。因此，双方都在加剧“冷战”，都用意识形态原则来掩盖自己对内和对外政策的需要。自由主义和共产主义是两个世界性的思想体系，互相“排斥”，水火不相容。因此，双方都把世界视为一个舞台，在这个舞台上，意识形态的争吵不可能与权力—政治利益相分离。一个国家不站在美国领导的阵营内，便站在苏联领导的阵营内，不存在中间道路。在斯大林和麦卡锡时代，那种走中间道路的想法是很不明智的。这就是新的战略现实，不仅被分裂的欧洲各国人民要适应它，而且亚洲、中东、非洲、拉丁美洲及其他地区的人民也必须做出调整，使自己适应它。

“冷战”与第三世界

正如以后所证实的，在第二次世界大战后的20年中，国际政治的主要任务是进行自我调整，以适应苏美对抗的新形势；而次要任务则是反对苏美对抗。起初，“冷战”主要围绕重新划分欧洲国界进行。归根结底，“冷战”仍系于“德国问题”，这一问题的解决方式将决定1945年的战胜国对欧洲影响的大小。毫无疑问，20世纪上半叶德国侵略对苏联造成的损失，比对其他任何国家都大。苏联人决心不再让20世纪上半叶发生的事件在下半叶重演，且这一观念由于斯大林坚决要求得到安全保障而有所强化。苏联人考虑的第二个问题是，使世界共产主义革命的形势得到进一步发展。这是因为，如果要求莫斯科指导的更多的马克思主义者领导的国家得以建立，苏联的政治和战略地位很可能得到提高。这些比从前要求得到不冻港的更高层次上的考虑，可能是1945年后苏联制定政策的依据，尽管还有许多问题有待于它彻底解决。因此，苏联首先决心废除1918~1922年签订的各项领土协定，战略目的是“解围”。如前所述，这等于让苏联人重新获得对波罗的海各国的控制权，使波苏边界西移，使东普鲁士从此消亡，苏联从芬兰、匈牙利和罗马尼亚得到部分领土。这些并没使西方担心，其中许多的确是在战时西方就已同意的。使人不安的是，苏联想在中、东欧的独立国家中建立“亲莫斯科”政权。

在这一方面，波兰的命运预示着其他国家的命运，虽然这对西方的刺激较大，因为1939年英国就决心为保卫波兰的领土完整而战，且波兰军队（及流亡政府）战时也在为西方作战。在卡滕发现埋葬波兰军官的大坟场，苏联人对华沙起义的非难，斯大林坚持要改变波兰边界，以及亲莫斯科的波兰人派别在卢布林的出现，这一切使丘吉尔对苏联人的企图怀疑至深。几年之后，苏联人便扶植起一个傀儡政权，并在各级权力机构中清除了所有亲西方的波兰人。这使西方人的担心得到了证实。

莫斯科在处理波兰问题时在许多方面都涉及到“德国问题”。从领土上看，波兰边界的西移不仅缩小了德国的疆域（东普鲁士已被吞并），还使波兰人在阻止德国将来改变奥得-尼斯一线的边界方面处于有利地位。从战略上看，苏联坚持使波兰成为一个安全“缓冲地带”的目的是，确保自己不再遭受德国“1941年式”的进攻。因此，莫斯科坚持要同时决定德国人民的命运也是合乎逻辑的。从政治上看，苏联在支持“卢布林”波兰人的同时，还对流亡他乡的德国共产党人进行了培训，以便让他们回到祖国后起同样的作用。从经济上看，苏联对波兰及其他东欧邻国进行剥削后，还想掠夺德国的财富。但当莫斯科清楚地看到，如果使德国人变成穷汉就无法赢得他们的友谊时，便停止了掠夺活动，莫洛托夫讲话的语调也变得比较中听了。不过，这些战术上的变化并不重要。重要的是，在决定德国未来的问题上，苏联要求有重要发言权，如果不是最后决定权的话。

在波兰和德国问题上，苏联的政策肯定要与西方的政策发生冲突。在政治上和经济上，美国人、英国人和法国人都要求整个欧洲执行自由市场政策，都进行民主选举（虽然英国人和法国人比自由放任的美国人更主张国家有较大的权力）。从战略上看，西方和苏联一样，也决心防止德国军国主义的重新复活。特别是法国人对此一直忧心忡忡，直至20世纪50年代中期。但是，他们都不希望看到苏联红军取代德国国防军统治欧洲。虽然1945年后法国和意大利政府仍能包容共产党人，但对掌权的马克思主义政党，西方人有一种非常不信任的情绪。这种情绪因东欧各国逐步取缔了非共产主义政党而变得更加强烈。尽管仍有人呼吁苏联和西方和解，但事实是，它们各自的目标在各个方面都不一致。假如一方的一项计划获得成功，另一方就感觉受到了威胁。至少从这个意义上讲，“冷战”是不可避免的，并且一直会持续到双方都同意在所有问题上进行和解。

有鉴于此，在这里详述东西方紧张关系的逐步升级实无必要，就像在前面的一章中在分析世界力量对比的变化时再详述梅特涅的外交活动一样。然而，1945年后“冷战”的主要特点则值得审视，因为至今它们仍然影响着各国处理国与国之间关系的方式。

“冷战”的第一个特点是，欧洲两大国家集团进一步“分裂”。这种“分裂”在1945年没有马上发生是可以理解的。当时，同盟国占领军和“接班”政党（它是由在德国人离开后从秘密转为公开的党员和流亡回国的党员组成的）的主要任务是，处理迫在眉睫的行政事务，如恢复交通、通信等公用事业，往城市运送食品，为难民提供住房，以及追捕战争罪犯等。在进行上述工作时，意识形态的界线是模糊的：在德国占领区，美国人发现，他们与法国人的争吵同与苏联人的一样多；在欧洲各国新成立的国民议会和内阁中，社会党人与共产党员坐在一起（在东欧），或共产党员与基督教民主党人坐在一起（在西欧）。但是，到1946年底和1947年初，两种意识形态之间的鸿沟便开始扩大，并且日益公开化：在德国各地进行的公民投票和地方选举表明，“联邦德国的政局……与民主德国的政局之间开始出现明显差异”。在波兰、保加利亚和罗马尼亚，非共产党人被迫逐渐离开领导岗位。这导致1947年4月法国国内的政治危机，即共产党人被迫退出政府。一个月后，意大利发生了类似事件。在南斯拉夫，铁托实行的政治统治（战时各同盟国达成的协议规定实行分权统治），在西方人看来，是莫斯科预谋扩张的又一步骤。这些分歧，再加上苏联不愿加入国际货币基金组织和世界银行，使那些希望在战后与莫斯科保持友好关系的美国人大为不安。

因此，在西方人的思想中产生了一个不大不小的飞跃，即怀疑斯大林也打算在条件成熟时控制西欧和南欧，并且的确在加速创造这些条件。这种情况的发生，不会是直接动用武力的结果（尽管苏联对土耳其施加日益增大的压力不仅令人担忧，而且还致使华盛顿1946年在东地中海部署了一支海军特混编队），而很可能由莫斯科的代理人利用战争造成的经济混乱和政治纷争而促成。这种迹象之一是希腊共产党的革命；迹象之二是法国共产党支持的大罢工。苏联企图取悦德国公众舆论的做法受到怀疑，意大利北部共产党力量的壮大也令人担忧（如果人们自寻烦恼．对任何事情都会忧心忡忡）。研究上述情况的历史学家们现在更不相信，它们与莫斯科制订的“总计划”有直接联系．希腊共产党、铁托最关心的是本地区的敌情，而不是建立世界马克思主义体系。西方国家的共产党和工会领导人，首先要考虑他们的追随者的情绪。另一方面，如果在不发生大规模战争的情况下，共产党在西方任何国家上台，苏联人当然高兴。所以，当乔治·凯南等苏联问题专家呼吁“遏制”苏联时，在思想上引起了人们的共鸣，就不难理解了。

在迅速制定出来的“遏制战略”的众多要素中，有两个要素最为引人注目。第一个是，向莫斯科表明，地球上哪些地区美国“不允许……落入敌手”（这样做凯南认为有消极作用，却受到了越来越多的军事领导人的赞成，因为他们认为这可确保国际战略格局更加稳定）。因此，位于这些地区的国家将在美国的军事援助下，提高自己的防御能力。苏联对这些国家发动进攻，美国就与苏联开战。第二个比较有积极意义的要素是，美国看到，抵御苏联颠覆的力量已经受到削弱，因为第二次世界大战严重地损耗了西方的物质资源和精神元气。所以，各项长远遏制政策最重要的内容是：美国大规模执行经济援助计划，以帮助西欧各国和日本重建受到严重破坏的工业、农业和城市。这样做，不仅可削弱共产主义的阶级斗争理论和革命理论对西欧和日本的影响，还有助于使世界力量对比向着有利于美国的方向发展。凯南似乎很有道理的地缘政治论认为，从维护国家安全的角度看，世界有五大工业和军事力量中心对我们至关重要，即美国本身、其对手苏联、英国、德国与中欧、日本。如果真的如此，那么，只要使后三者留在西方阵营，并使其实力得到增强，就会建立可使苏联永远处于劣势的综合"力量对比"。同样显而易见的是，斯大林的苏联将对这一战略深感疑虑，因为它包括复活苏联的两个最近的敌人——德国和日本。

因此，我们可以再一次说，逐个评述双方于1947年这一"分水岭年"及其以后采取的各项措施，不如论述一下最后的总结果更有意义。美国取代英国对希腊和土耳其承担义务（这表示前世界警察将其职责交给了新兴的世界警察，伦敦的逻辑和华盛顿的逻辑基本相同），从而使适用于世界任何地区的"杜鲁门主义"的出笼有了理论依据。因而在欧洲，美国热心"帮助自由民族维护它们的制度"的具体表现是，与西欧人认真地探讨如何解决困扰欧洲大陆的经济萧条、食品短缺、煤炭不足等问题。美国政府对这些问题的解决办法是，根据所谓的"马歇尔计划"大量提供援助，帮助欧洲各国实现经济自主。美国审慎地宣布，它的援助将提供给欧洲所有国家，既包括非社会主义国家，也包括社会主义国家。但是，不管美国的援助对莫斯科是否有吸引力，苏联与西欧的确进行过合作。正当东西方进行经济合作时，苏联采用了国有化和集体化这种没有一点儿弹性的经济体制。任何人都知道，美国推行"马歇尔计划"的目的是，使所有欧洲人确信，私有企业比共产主义企业更能给他们带来经济繁荣。在巴黎商谈"马歇尔计划"时，莫洛托夫的退席，以及苏联不让波兰和捷克斯洛伐克申请援助的结果是，欧洲的裂痕变得比以前更大。在美国数十亿美元的援助下（英国、法国、意大利和联邦德国等大国得到的援助最多），在北大西洋贸易体系内的西欧经济蒸蒸日上。在东欧，共产主义的控制则越来越严。1947年，共产党情报局成立。这是一个重新组建的、半公开的共产党国际组织。1948年，布拉格的多党政府被共产党发动的政变推翻。虽然铁托的南斯拉夫最终脱离了斯大林的严格控制，其他东欧国家却遭到清洗，并于1949年被迫加入“经济互助委员会”。该委员会不是苏联的“马歇尔计划”，而是“剥削其卫星国的一个新机构”。1946年丘吉尔就谈论“铁幕”也许有点为时过早，但两年之后，他的话便得到应验。

随着东西方经济对抗的加剧，其军事关系也变得日益紧张。在军事方面，德国又是争端的焦点。1947年3月，英国和法国签订了《敦刻尔克条约》。该条约规定，一旦遭到德国攻击，签约一方将向另一方全力提供军事援助（尽管当时英国外交部认为，发生那种突然情况的“可能性很小”，英国更关注西欧内部的弱点）。1948年3月，敦刻尔克条约被布鲁塞尔条约所取代，签约国除了英国、法国外，还有荷兰、比利时和卢森堡。虽然这后一个条约没有提到德国的名字，但可以说，当时西欧各国（特别是法国）的许多政治家们在感情上无法摆脱的是“德国问题”，而不是“苏联问题”。随着1948年的到来，他们这种传统的考虑问题的方法便受到冲击。在布鲁塞尔条约签订的那一个月，苏联人从四国德国管制委员会的会议上退席了，声称他们与西方人在德国的经济和政治前途问题上有无法调和的分歧。3个月之后，西方三国为了取缔德国的货币黑市交易和结束货币混乱状态，宣布发行新的德国马克。对此，苏联人做出的反应是，不仅禁止联邦德国货币在他们的管辖区内流通，还不许在柏林这个仅离西方势力范围100英里的“孤岛”上使用。

如果说有什么事件使西方人认识到东西方敌对立场的严重性，那就是1948~1949年的柏林危机。华盛顿和伦敦的官员们已在探讨，与苏联发生战争时如何使西欧各国、美国及其领地团结一致地采取行动。虽然美国人在执行“马歇尔计划”的同时，希望欧洲人首先拿出维护自身安全的军事计划，但毫无疑问，此时美国对共产主义的挑战已准备认真对待。美国国内患了严重的“恐赤病”，在国外则采取更加强硬的政策。1948年3月，杜鲁门要求国会恢复征兵制。当年6月，国会通过《选征兵役法》，满足了总统的要求。所有这些行动都是由于苏联封锁通往柏林的道路而尽快采取的。在以后的11个月中，即在通往柏林的陆路恢复使用之前，美国和英国为了顶住斯大林的压力，用飞机向西柏林运送了大量物资。尽管如此，仍有许多人建议派遣由军队护送的车队强行开往柏林。如果真的采取这一行动，就可能引发战争。根据一项新条约，美国将一个B-29轰炸机机群转到英国机场。这表明美国对柏林危机十分重视。

在这种情况下，即使是孤立主义思想严重的参议员也改变了立场，支持成立所谓的北大西洋公约组织的建议。西方建立以美国等国为正式成员国的北约（NATO）的主要战略目的是：当苏联发动侵略战争时，北美向欧洲各国提供支援。北约在成立后的最初几年里关心的主要是政治问题，而不是军事问题。这表现在美国作为西方一流“侧翼”强国，继承英国的衣钵后，奉行的外交政策发生了历史性变化，开始致力于维持欧洲的力量均势。在美国和英国政府看来，北约的主要作用是，可使美国和加拿大与《布鲁塞尔条约》的其他签约国联合起来，可将相互支持的保证扩大到挪威、意大利等也感到不安全的国家。在《北大西洋公约》签订之日，美国在欧洲实际上只有驻军10万人（在1945年则有300万），西方只部署了12个师（其中7个法国师、两个英国师、两个美国师和1个比利时师），用以阻止苏军西进。虽然这一时期苏军的兵力远不如蛊惑人心的西方人所宣传的那样大，但两大集团的总兵力对比是相差悬殊的。不久，西方人的恐惧更甚，认为共产党人可能像在朝鲜战争中很快渡过鸭绿江那样迅速占领北德平原。这就是说，北约在日益严重地依靠美国远程轰炸机实施“大规模报复”来对付苏军入侵的同时，还必须大力加强常规力量。另外，这还使三个西方“侧翼”大国（即美国、加拿大和英国）必须对欧洲大陆长期承担军事义务。对此，1930年代的西方战略制定者肯定会大吃一惊。

北约在军事上起的作用，与“马歇尔计划”在经济上的作用别无二致。它进一步加深了1945年分为两个阵营的欧洲的裂痕，使得只有瑞士和瑞典等传统中立国、佛朗哥的西班牙，以及处于特殊地位的芬兰、奥地利和南斯拉夫，处于两个集团之外。北约得到的回答是，以后不久以苏联为首的华约集团便成立了。这不仅加深了东西方的分裂，还使德国统一的前景变得更加渺茫。尽管法国人忧虑不安，联邦德国的武装部队到20世纪50年代末便在北约体制内开始建立起来。这是合乎逻辑的，因为西方希望缩小与华约在总兵力对比上的差距。但是，这也不可避免地会推动苏联建立一支民主德国军队，尽管这支军队要受严格控制。由于两个德国都加入了相应的军事联盟，对今后任何使德国中立的企图，北约和华约都必然会感到震惊和不安，会认为是对本身安全的打击。从苏联方面看，这种看法在斯大林1953年去世后反而得到了加强。这是因为苏联出现了这样一种观点：任何由共产党领导的国家都不能放弃自己的信条（就是后来人们所说的“勃列日涅夫主义”）。1953年10月，美国国家安全委员会成员曾私下承认，东欧卫星国“只能通过全面战争或苏联人得到解放”。而正如巴特利特所指出的，“这两种情况都不会发生”。1953年，民主德国的一次暴动很快被镇压下去。1956年，匈牙利决定退出华约，惊慌的苏联人立即派出几个师的军队，镇压了那里的独立运动。1961年，赫鲁晓夫下令建起柏林墙，以防止人才流向西方。1968年，捷克斯洛伐克人遭到了12年前匈牙利人一样的命运，尽管他们流的血要少一点。苏联领导人采取的这些行动只能进一步加深两大军事集团的分裂，却无法消除西方世界在思想和经济方面的吸引力。

“冷战”的第二个重要特点是，它从欧洲向世界其他地区逐渐进行横向扩散。这种情况的发生是不奇怪的。在第二次世界大战的很大一部分时间里，苏联人一心一意想的是如何对付德国人的威胁。但是，这并不是说，莫斯科对土耳其、波斯、远东各国的政治前途毫无兴趣（正如1945年8月所表明的那样）。因此，苏联与西方在欧洲问题上的争端在地理上不会只限于欧洲。这还因为，双方争论的原则具有普遍性，例如，是实行自治还是照顾国家安全，是实行自由经济还是社会主义计划经济，等等。更重要的是，第二次世界大战还使从巴尔干半岛到东印度群岛的广大地区发生了社会动荡和政治动乱。即使在没有直接受到德、意、日侵略军蹂躏的国家（如印度、埃及等国），由于进行了人力、物力和思想动员，也发生了深刻变化。传统的社会秩序被打乱，殖民政府威信扫地，地下的民族主义政党得到发展，抵抗运动的力量不断壮大。它们不仅专心致力于争取军事上的胜利，还要求进行政治改革。换句话说，1945年的世界形势充斥着政治动乱。这种动乱既可以对大国希望尽快恢复和平时期的稳定造成威胁，也可为掌握普遍适用的理论的每一个超级大国创造机遇，以争取从崩溃的旧秩序的废墟上站立起来的许多民族的支持。在第二次世界大战期间，同盟国对所有反对德国和日本统治的抵抗组织都提供援助。1945年战争结束后，这些组织继续要求得到援助也是很自然的，尽管它们都在忙于与敌对组织争权夺利。在这些组织中，一些是共产党领导的游击队，而另一些则与共产党不共戴天。这就使得莫斯科和华盛顿的决策者们更加难以区分地区性争端与全球性争夺。希腊和南斯拉夫发生的事件表明，地区性的国内争端可以迅速发展成具有国际意义的事件。

苏联与西方之间发生在欧洲以外地区的第一次争端，源于战争期间同盟国达成的特别协议。1941~1943年，伊朗处于美、英、俄三国的共同军事保护之下。这一方面可以确保伊朗站在同盟国一边，另一方面可使美、英、俄三国任何一国都无法从德黑兰当局那里得到过多的经济利益。到1946年初，莫斯科不仅未从伊朗撤军，反而似乎对伊朗北部的分裂主义分子的活动予以支持。这更加深了本来就担心苏联人对伊朗施加过大影响的英国人的不满。不久，杜鲁门政府提出了强烈抗议。苏联军队撤离后，伊朗军队立即镇压了北方各省分裂主义分子的活动，并取缔了共产党。这不仅使华盛顿感到非常满意，而且还证实了杜鲁门确信的对苏联采取“强硬立场”的有效性。正如乌拉姆所指出的那样，伊朗事件“在遏制理论出台之前就证实了它的作用”，并使华盛顿做好了心理准备，对苏联在其他地区的行动也将如法炮制。因此，希腊内战的继续进行，莫斯科对土耳其施加压力让其在使用海峡和卡尔斯边界争端问题上做出让步，以及1947年英国政府宣布它已无力再对希、土两国承担义务，这一切便导致了美国公众的强烈反响（这是“杜鲁门主义”赖以产生的基础）。早在1946年4月，美国国务院就提出，必须支持“英国和英联邦的交通”。美国决策者逐渐接受了上述意见。并且，他们还开始把在可以阻止苏联向东地中海和中东扩张的那些国家（即“北部”）发生的各种危机联系起来考虑。这些情况表明，美国对外政策中的理想主义立场是如何迅速与地缘政治的考虑结合在一起的，如果不是完全为地缘政治的考虑所代替的话。

西方国家在注视共产主义的全球性扩张的同时，也看到了远东正在发生的变化。荷兰人很快会被苏加诺领导的有广泛群众基础的民族主义运动组织从东印度群岛赶出去，法国人不久即被卷入了胡志明的越盟领导的武装斗争，英国人也不得不在马来亚进行反暴乱活动。即使在苏伊士运河以东没有共产党，这些老牌殖民大国也会采取同样的行动（另一方面，在20世纪40年代末之前，声称上述暴乱分子是由莫斯科操纵的，就可能得到华盛顿的同情和援助。法国也是得到军事援助的例子）。但是，在南亚发生的所有挑战，都不如“失去”中国对美国的震动大。从19世纪美国传教士进入中国以后，美国就向这个疆域辽阔、人口众多的国家，进行了大量文化、心理“投资”（财政投资较少）。而且，这些“投资”的规模由于在第二次世界大战时蒋介石政府报纸的宣传而夸大了许多倍。美国感到它在中国有一种超出宗教意义上的“天职”。即使国务院和军界的某些官员越来越清楚地看到国民党的腐败和无能，但是他们的观点却往往不能被公众舆论所接受，特别是不能被共和党右翼人士所接受。直至20世纪40年代末，共和党中右翼才开始用“非黑即白”的眼光看待世界政治。

这些年在东方出现的政治动乱和动荡局势，多次使华盛顿陷入进退维谷的境地。一方面，我们不应把美国看成是第三世界国家腐败政权和腐朽的殖民帝国的维护者。另一方面，美国确实不希望“革命力量”发展壮大，因为那（据称）会扩大莫斯科的影响。1947年，要求英国人离开印度比较容易办到，因为这只涉及到将政权交给尼赫鲁领导的代议制的民主政府。同样，华盛顿也可敦促荷兰人1949年离开印度尼西亚，虽然它仍很担心共产主义的颠覆力量在那里不断壮大（美国对1946年独立的菲律宾也很不放心）。不过，在其他地区“变化”更大。例如，华盛顿的决策者本来计划在日本推行全面社会改革和非军事化政策，后来却逐渐改弦更张，决定发动美国的大企业重建日本经济，甚至鼓励日本组建军队，以减轻美国的经济、军事负担和确保日本成为亚洲的反共堡垒。

1950年，美国采取强硬立场有两个原因。第一，杜鲁门和艾奇逊比较灵活的“遏制”政策，不仅受到了共和党人和引人注目的“红色诱饵”麦卡锡的越来越多的攻击，还受到了路易斯·约翰逊、约翰·杜勒斯、迪安·腊斯克和保罗·尼采等政府内新强硬分子与日俱增的批评。这迫使杜鲁门只得采取更坚决的行动，以确保国内政治侧翼的安全。第二，1950年6月朝鲜战争爆发，美国人迅速解释说，这是莫斯科制订的侵略总计划的一部分。由于这两个原因的综合作用，美国政府中主张对莫斯科采取强硬好战政策以制止接连失败的人占了上风。很有影响的记者斯图尔特·艾尔索普说，“我们将很快失去亚洲”，并拿10个木瓶的保龄球游戏作比喻，认为野心勃勃、拼命掷球的投球者是莫斯科。他写道：

> 第一个木瓶是中国。第二排中的两个木瓶是缅甸和越南。如果它们倒了，第三排中的三个木瓶泰国、马来亚和印度尼西亚肯定也会倒下。这些国家倒下后所造成的心理、政治和经济影响，又肯定会将第四排中的印度、巴基斯坦、日本和菲律宾推倒。

美国人这种心理上的变化，对美国的东亚政策影响很大。其中最明显的表现是，对南朝鲜军事支援的逐步升级。南朝鲜政府声名狼藉，镇压人民，对朝鲜战争的发端必须分担责任，当时却被华盛顿看成了无辜的受害者。美国首先派出海、空军进行支援，接着又派遣陆军和海军陆战师增援。这使麦克阿瑟得以实施大规模的仁川反攻战役，并使联合国军队不断向北推进，反过来激起中国于1950年10~11月出兵援朝。由于不能使用原子弹，美国人只得实施

1914~1918年堑壕战的作战方式。到1953年6月停战协定签订时，美国在战争中已耗资500亿美元，先后向战区派出200万以上的部队，牺牲官兵5.4万。虽然北朝鲜的进攻被制止了，但美国又对南朝鲜承担了长期的重要的军事义务，使它很难摆脱，如果不是不能摆脱的话。

这场战争还致使美国对亚洲其他地区的政策发生了巨大变化。1949年，杜鲁门政府的许多官员，由于讨厌国民党的所作所为，已不再支持蒋介石，蔑视逃到中国台湾的“残余政府”，并考虑效法英国，承认毛泽东的共产党政权。然而，时隔一年之后，中国台湾却又得到支持及美国海军舰队的保护，中国被视为不共戴天之敌，为制止中国“侵略”甚至可考虑使用核武器（至少，这是麦克阿瑟的观点）。印度尼西亚以物产丰富而著称，美国对其新政府提供援助的目的是，让其与共产党领导的革命者作斗争。对马来亚，美国则要求英国提供援助。在印度支那，美国在敦促法国人建立一个更有代表性的政府的同时，还准备送去大量武器和美元，帮助法国人同越盟作战。事实证明，只凭美国文明中精神和文化方面的吸引力，已不足以防止共产主义的传播。因此，美国便越来越多地求助于军事条约，杜勒斯就任国务卿后更是如此。1951年8月，美国与菲律宾签订条约。这不仅再次肯定了美国使用在菲律宾的海、空军基地的权利，还使美国承担了保卫菲律宾群岛的义务。几天之后，华盛顿与澳大利亚和新西兰签订三国安全协定。一周过后，美国与日本的和平条约最后缔结，从而在法律上结束了太平洋战争，并将国家主权交还日本。与此同时，美日之间还签订了安全条约，使美军得到了常驻日本本土诸岛和冲绳岛的权利。华盛顿对共产党领导的中国仍然采取非常敌视的政策，对中国台湾当局提供的援助越来越多，甚至支持蒋介石坚守金门、马祖等前沿据点。

“冷战”的第三个主要因素是，以美苏为首的两大集团之间的军备竞赛愈演愈烈，并分别成立了许多军事联盟组织。如表37所示，各国的军费开支是不平衡的。

表 37　1948~1970 年各大国国防开支

（单位：10 亿美元）

年　份	美　国	苏　联	联邦德国	法　国	英　国	意大利	日　本	中　国
1948	10.9	13.1		0.9	3.4	0.4		
1949	13.5	13.4		1.2	3.1	0.5		2.0
1950	14.5	15.5		1.4	2.3	0.5		2.5
1951	3.3	20.1		2.1	3.2	0.7		3.0
1952	47.8	21.9		3.0	4.3	0.8		2.7
1953	49.6	25.5		3.4	4.5	0.7	0.3	2.5
1954	42.7	28.0		3.6	4.4	0.8	0.4	2.5
1955	40.5	29.5	1.7	2.9	4.3	0.8	0.4	2.5
1956	41.7	26.7	1.7	3.6	4.5	0.9	0.4	5.5
1957	44.5	27.6	2.1	3.6	4.3	0.9	0.4	6.2
1958	45.5	30.2	1.2	3.6	4.4	1.0	0.4	6.6
1959	46.6	34.4	2.6	3.6	4.4	1.0	0.4	5.8
1960	45.3	36.9	2.9	3.8	4.6	1.1	0.4	6.7
1961	47.8	43.6	3.1	4.1	4.7	1.2	0.4	7.9
1962	52.3	49.9	4.3	4.5	5.0	1.3	0.5	9.3
1963	52.2	54.7	4.9	4.6	5.2	1.6	0.4	0.6
1964	51.2	48.7	4.9	4.9	5.5	1.7	0.6	12.8
1965	51.8	62.3	5.0	5.1	5.8	1.9	0.8	13.7
1966	67.5	69.7	5.0	5.4	6.0	2.1	0.9	15.9
1967	75.4	80.9	5.3	5.8	6.3	2.2	1.0	16.3
1968	80.7	85.4	4.8	5.8	5.6	2.2	1.1	17.8
1969	81.4	89.8	5.3	5.7	5.4	2.2	1.3	20.2
1970	77.8	72.0	6.1	5.9	5.8	2.4	1.3	23.7

1950年之后的几年中，美国国防开支的急剧增加反映了朝鲜战争的花费，以及华盛顿认为在一个危险的世界里必须重整军备的观点。1953年后，国防开支的减少，反映了艾森豪威尔政府试图制约“军事工业系统”，以防止它对社会与经济造成危害。1961~1962年军费的增长，是由于发生了柏林墙危机和古巴导弹危机。1965年后军费又有大幅度增加，则说明美国在东南亚战争中愈陷愈深。苏联历年军费数额是估算出来的，因为莫斯科的政策神秘莫测。尽管如

此，我们的下述推论可能是正确的：苏联1950~1955年增加军费，是由于担心与西方发生战争后，苏联本土将遭到可造成巨大破坏的空中攻击，因而必须大量生产飞机和导弹；1955~1957年军费逐渐减少，说明赫鲁晓夫在执行“缓和”的外交政策，并企图将更多的费用用于生产消费品；1959~1960年后国防开支的急剧增加，是由于与西方的关系不断恶化，在古巴危机事件中受辱，以及莫斯科决心加强各军兵种的力量。社会主义中国的军事开支增长幅度较小，这既反映了它的经济发展，也有其他因素。但是，20世纪60年代军费的增加表明，中国决心为同莫斯科决裂付出代价。如表37所示，在朝鲜战争期间，英国和法国的国防开支都有很大增加，而法国由于陷入印度支那战争，其军费到1954年一直在增加。但自此以后，上述两国，以及联邦德国、意大利和日本，在军费的增加幅度上便减小了，有时还有所下降。除了中国的国防开支（这些数字很不准确）逐年增加外，20世纪50和60年代其他大国的军费变化情况，反映了两极世界的特征。

比军费数字本身更为重要的，是多层次和多边的军备竞赛。1949年，苏联已能生产原子弹，这使美国大为震惊。尽管如此，美国仍认为，在核交战中美国对苏联造成的破坏要比苏联对它造成的破坏大得多。另一方面，意识形态性很强的NSC-68（即1950年1月的国家安全委员会第68号备忘录）则要求，美国必须“以尽可能快的速度普遍加强自己和盟国的空军、陆军和海军力量，以减少在军事上对原子武器的依赖”。从1950年至1953年，美军地面部队的兵力实际上增加了三倍，虽然这主要是由于美国动员了预备役部队到朝鲜打仗。此外，美国还决心要把北约从一个承担一般军事义务的伙伴改变成一个地面作战部队的联盟，以便阻止当时英美战略计划制订者担心很可能发生的苏军占领西欧。根据1952年缔结的《里斯本条约》，北约各国应部署90个师。虽然达到这个数字不切实际，但各国对欧洲承担的军事义务显著增多。例如，到1953年，驻欧美军已由1个师增至5个师；英国也同意在德国部署4个师。鉴于英法两国撤走了部分军队，联邦德国军队进行了扩编。因此，至1950年代中期，北约与华约的军力对比已大体平衡。另外，北约各国还为加强空军而大幅度增加了军费开支；到1953年．北约已有飞机5 200架。在这几年中，苏联陆军和空军的发展情况鲜为人知。不过，有一点很清楚，那就是斯大林死后，朱可夫在军事上进行了重大改革：遣散了大量非正规部队，使正规部队的结构变得更合理、战斗力更强、机动力更快，以导弹取代了炮兵，等等。总而言之，与西方最担心遭到进攻的1950~1951年相比，苏军的进攻作战能力有了很大加强。还有一点人们也很清楚，在此期间苏联将其增加的很大一部分军事预算用于加强进攻性和防御性空中力量。

东西方军备竞赛的第二个领域是海军。这一新领域的竞赛情况比较混乱。刚刚结束太平洋战争的美国海军，因其快速航母特混编队和潜艇部队在战争中表现出色，仍然沉浸在胜利的荣耀之中。英国皇家海军也感到，它打了一场“真正的战争”。与1914~1918年那场双方相持不下的战争相比，这场战争打得痛快得多。但是，由于远程战略轰炸机或导弹携载的原子弹的问世（尤其是在比基尼岛进行了攻击战舰的试验之后），使人们对进行海战的传统手段甚至航空母舰的前途产生了怀疑。1945年后，美英海军都陷入困境。因为两国军费拮据，并将各独立军种置于一个统一的国防部之内。然而，这两支海军至少在一定程度上由于朝鲜战争的爆发而得救。在朝鲜战争中，人们又看到了两栖登陆作战、舰载航空兵空中突击和西方国家机敏地使用海上力量。不久，美国海军也加入了“核俱乐部”。这是因为，载有携带原子武器的突击轰炸机的巨大的新式航母建造成功，以及到20世纪50年代末美国计划建造能发射远程弹道导弹的核动力潜艇。没钱建造现代化航空母舰的英国人，却保留了经过改装的“突击”航母，用于对付小规模局部战争，并像法国人一样，也在为建立一支以潜艇为基础的威慑力量而努力。虽然西方各国海军20世纪65年拥有的舰艇和人员少于1945年，但它们的作战能力却已今非昔比。

然而，促使西方各国海军开支不断增加的最大动力，是苏联海军的日益强大。在第二次世界大战中，苏联海军建树甚微（尽管它有一支规模可观的潜艇部队），海军军人也大部分在陆上作战，或帮助陆军部队强渡江河。1945年以后，斯大林下令根据德国性能优良的潜艇设计图纸，建造更多的潜艇，用于保卫广大的沿海水域。同时，他还主张建设一支包括战列舰和航空母舰在内的庞大的水面舰艇舰队。这一宏大的计划的实施，由于赫鲁晓夫的上台而很快停止了。这位苏联新领导人认为，在导弹核武器时代建造耗费巨资的大型军舰毫无意义。在这一方面，他的观点与西方许多政治家和空军元帅的观点并无二致。使苏联领导人对自己的看法产生怀疑的原因可能是，他们的敌国多次使用了水面舰艇部队，如1956年英法联军依托海军舰艇攻击了苏伊士地区，1958年美军在黎巴嫩登陆（从而阻止了苏联支持的叙利亚军队的扩张），在1962年的导弹危机中，美国军舰在古巴周围水域建立了警戒线。克里姆林宫（在有影响的海军司令戈尔什科夫的敦促下）从这些事件中得出的结论是，苏联如果没有一支强大的海军，在世界大国的争夺中将永远处于不利地位。由于美国海军20世纪60年代初开始装备“北极星”导弹潜艇，苏联人更深信这一结论的正确性。结果是，苏联海军中的各类舰艇（如巡洋舰、驱逐舰、各式潜艇、航空母舰等）数量大增，苏联在远洋海域部署的舰船迅速增加。这以斯大林未曾想过的方式向西方各国在地中海、印度洋等水域的海军优势提出了挑战。

各国观察家把戈尔什科夫时期苏联海军力量的增长，与40年前蒂尔皮茨时期德国海军力量的增长做过多次比较。这些比较清楚地说明了这种挑战的性质。即使苏联决心与西方进行新的“海军军备竞赛”，它的海军舰队在实力上要赶上美国海军耗费巨资建立起来的航母舰队，也要数十年的时间。1945年后，军备竞赛中真正起到革命性影响的方面发生在其他领域，如原子武器及远程导弹的设计领域。尽管原子弹在广岛和长崎造成了极其可怕的伤亡，但仍有人认为原子弹只是“另一种炸弹”，而不把它看成是人类杀伤能力历史上的一个分水岭。而且，1946年巴鲁克倡导原子武器研制国际化失败之后，西方出现了一种可使人高枕无忧的思潮，认为美国垄断了核武器，“战略空军司令部”的轰炸机可抵消苏军在地面部队方面的巨大优势。西欧各国还认为，对苏联军事入侵的回答将是，美国（以后还有英国）的载有核武器的飞机的轰炸。

技术革命，特别是苏联的技术进步，改变了一切。1949年苏联原子装置爆炸成功（这比大多数西方人预计的要早得多），打破了美国的核垄断。更令人惊异的是，20世纪50年代中期苏联就生产出远程轰炸机（如“野牛”式轰炸机）。美国人不仅认为这些飞机能飞抵美国，还揣测（这是错误的）这些飞机的数量已超过美国。关于苏联轰炸机数量的争论表明，得到苏军作战能力的确切情报相当困难，美国空军经常夸大苏联空军的力量。尽管如此，又过了几年，美国可免受攻击的时代就结束了。1949年，美国政府决定生产一种新的“超级”炸弹（即氢弹）。这种炸弹的杀伤能力大得令人吃惊。氢弹的问世似乎再次使美国处于绝对优势地位。从20世纪50年代初期到中期，这一点在杜勒斯气势汹汹的报告和空军的作战计划中都有体现。在这一时期，美国计划一旦下一次战争爆发，就对苏联或中国实施“大规模报复”。在杜鲁门和艾森豪威尔政府中，很多人私下对“大规模报复”战略可能导致的后果表示不安。因此，他们要求加强常规兵力和研制战术（即“战场”）核武器，以避免进行无限制地使用战略核武器的“大决战”。但是，对大规模报复战略的主要打击则来自苏联。1953年，即在美国之后9个月，苏联也进行了氢弹试验。而且，苏联政府还将大量财力物力用于发展德国战时开发的火箭技术。到1955年，苏联已批量生产中程弹道导弹（SS-3）。1957年，苏联又发射了一枚洲际弹道导弹，射程达5 000英里，所用的火箭发动机在同年10月又将世界第一颗人造地球卫星送上了轨道。

苏联人在军事上取得的这些进步使美国人受到很大震动。这就是说，美国的城市和轰炸机部队都可能遭到苏联的突然袭击。于是，华盛顿投入大量资源，发展洲际弹道导弹，以便缩短与苏联的所谓“导弹差距”。但是，核军备竞赛并不仅限于这些方面。1960年以后，美苏不仅大力发展从潜艇发射弹道导弹的技术，还生产了多种战术核武器和近程火箭弹。与此同时，美国“思想库”的战略制定者和文职分析家们，还在绞尽脑汁地制订根据“灵活反应”战略的要求，对战争升级过程中每一阶段进行控制的计划。不管制订出的计划多么周密，它们都必须涉及如何将核武器纳入打常规战争的传统战法这个极难解决的问题（例如，美国战略家意识到，战场核武器会很快将大半个德国化为焦土）。如果美苏双方都向对方的国土投掷大当量氢弹，那么相互造成的伤亡和破坏将是空前的。由于陷入丘吉尔所说的“相互的恐怖平衡”之中，由于无法再回到这种大规模杀伤武器没发明之前的世界，华盛顿和莫斯科便把越来越多的资源用于发展核技术，准备核战争。虽然英法两国20世纪50年代也在大力发展原子武器及其发射系统，但从拥有的飞机、导弹和核武器本身来看，只有两个超级大国可称得上核国家。

这场争斗中的最后一项重要内容是，苏联和西方在全球范围内竞相成立军事联盟，竞相寻求新伙伴，或至少阻止第三世界国家站到对方一边。在二次大战后的最初几年里，处于有利地位的美国进行了大量结盟活动。当时的情况是：美国在西半球之外已有许多空军基地，并在许多国家驻有军队；许多国家希望华盛顿向它们提供经济和军事援助。相比之下，苏联则处于不利地位，它的当务之急是重建家园，它的外交政策的主要目标是使边界的确定对自己有利，它没有足够的经济和军事力量去把战场拉远。尽管在波罗的海地区、芬兰北部和远东苏联领土有所扩张，但它基本上仍是一个大陆性超级大国。另外，现在看来有一点很清楚，斯大林对外部世界、对西方疑虑甚深，且奉行谨慎的政策。他担心，西方不允许苏联公开进行共产主义扩张（如1947年的希腊）。同时，斯大林对不愿当“苏联傀儡”的铁托、毛泽东等共产党领导人也很不放心。1947年，苏联共产党情报局成立。而且，苏联仿效20世纪30年代（甚至1918~1921年）的做法，大肆宣传支持世界革命。但实际上，苏联在这一时期采取的政策是尽量避免卷入国外纠纷。

然而，如上所述，华盛顿却认为，苏联在一步一步地推行一项以共产主义统治世界的总体计划，必须加以“遏制”。1947年，美国对希腊和土耳其做出承诺，是华盛顿的政策发生变化的第一个征兆；1949年北约的成立，则是美国政策发生变化最明显的标志。进入20世纪50年代后，北约成员国增多。这表明美国决心保卫欧洲大部和中东一部，即从斯瓦尔巴群岛到柏林墙到土耳其在亚洲的边界。不过，这只是美国承担过多国际义务的开始。《里约热内卢条约》[3]和与加拿大的特别协定的签订，意味着美国要负责保卫整个西半球。美、澳、新条约的缔结，则使美国又对西南太平洋的安全承担了义务。20世纪50年代初期在东亚发生的军事对抗，导致美国签订了许多双边协定，使华盛顿做出了援助日本、南朝鲜、中国台湾和菲律宾的保证。1954年，东南亚条约组织成立，从而使美国将英国、法国、澳大利亚、新西兰、菲律宾、巴基斯坦、泰国聚集在一起，相互支援，共同对付在这一广大地区发生的侵略战争。在中东，美国倡议成立了另一个地区性集团——巴格达条约组织（后来称为中央条约组织），这使英国、土耳其、伊拉克、伊朗和巴基斯坦共同对付颠覆侵略有了组织保证。在中东的其他地区，美国与以色列、沙特阿拉伯、约旦则缔结了特别协定。这不仅是由于美国人与犹太人关系密切，也是1957年出笼的“艾森豪威尔主义”要求美国向阿拉伯国家提供援助的结果。1970年初，一位观察家写道：

> 美国在30个国家驻军100万，是4个地区性防务联盟的成员，还积极参与另一个联盟的活动。此外，它与42个国家有双边防务条约，参加了53个国际组织，对全世界近100个国家提供军事或经济援助。

对如此繁重的国际义务，就是路易十四和巴麦尊也会感到不堪重负。可是，在一个迅速变小、各部分紧密相连的世界里，美国逐步负起这些责任也是合乎逻辑的。开始，美国人宣称朝鲜不很重要，但这却导致了共产党人的进攻。这种情况发生之后，在一个两极世界里，华盛顿应在何处建立自己的防线呢？1965年，迪安 · 腊斯克指出：“地球已变成一个很小的行星。我们应该关心它的一切，即关心它的陆地、水域、大气层和外层空间。”

斯大林时期，苏联向国外输出军事力量的能力较弱，在世界各地的影响也较小；斯大林死后，苏联在各方面获得了引人注目的发展。显而易见，赫鲁晓夫想使苏联受到尊重，甚至热爱，而不想让人们害怕苏联。他还想减少军费，增加农业投资，多生产消费品。他的外交总政策反映了他有结束“冷战”的愿望。他不顾莫洛托夫的反对，从奥地利撤军，将波卡拉和中国旅顺两个海军基地分别归还芬兰和中国，并与南斯拉夫改善了关系，认为“通向社会主义的道路不只一条”（这一观点遭到了他的许多同事和毛泽东的反对）。尽管由于联邦德国加入北约，1955年华约正式成立，但赫鲁晓夫愿意与波恩建立外交关系。他还渴望与美国改善关系，尽管他反复无常的行为和华盛顿长期以来形成的对苏联的不信任感，使真正的缓和无法实现。同一年，赫鲁晓夫访问了印度、缅甸和阿富汗。从此以后，即亚非国家纷纷获得独立之际，苏联开始重视第三世界。

然而，事物的变化并不像热情充沛的赫鲁晓夫希望的那样顺利或尽如人意。1956年4月，斯大林分子控制他国的机构——“共产党情报局”解散。令苏联人难堪的是，两个月后发生了匈牙利暴乱（匈牙利要走与社会主义“分道扬镳的道路”）。对此，克里姆林宫的斯大林分子必须坚决予以镇压。而且苏联与中国的争吵愈演愈烈。下面将要讨论，这将导致共产党世界的深刻分裂。苏联想与西方缓和的航船也触礁沉没，因为相继发生了U-2飞机事件（1960年）、柏林墙危机（1961年）和因苏联在古巴部署导弹而引起的与美国的对抗（1962年）。但是，所有这一切都无法改变苏联走向世界的趋势。只是与新独立的国家建立外交关系及在联合国与其代表接触，就可以使苏联与外部世界不可避免地加强联系。此外，赫鲁晓夫还热切希望向世界显示苏维埃制度对资本主义制度固有的优越性，这使他必然要寻求新的外国朋友。1964年后，比较务实的赫鲁晓夫的继任者们，热心于打破美国在苏联周围布设的封锁线并遏制中国的影响。另外，许多第三世界国家都急于摆脱它们所谓的“新殖民主义”统治，要求实行计划经济，而不是自由放任经济（这样做往往导致西方国家停止援助）。这一切的综合作用是，使苏联“向外扩张”的步伐明显加快。

1953年12月，苏联与印度签订贸易协定（这与尼克松副总统访问新德里不谋而合）；1955年帮助建设比莱钢厂，并提供大量军事援助。“向外扩张”伊始，苏联就与第三世界最重要的国家之一（印度）建立了联系，这不仅使中国人和美国人感到不快，对参加巴格达条约组织的巴基斯坦也是一种惩罚。几乎与此同时（1955~1956年），苏联和捷克斯洛伐克开始向埃及提供援助，取代美国为建设“阿斯旺水坝”提供资金。伊拉克、阿富汗和北也门得到了苏联的贷款。加纳、马里、几内亚等非洲坚决反帝的国家也得到了莫斯科的帮助。1960年，苏联与卡斯特罗领导的古巴签订了第一个贸易协定。这虽然使苏联的对外政策在拉丁美洲获得了重大突破，但也与被激怒的美国人结下了不解之怨，赫鲁晓夫下台并没有改变苏联的一套做法：首先大张旗鼓地进行反帝宣传，然后便与新独立的国家签订“友好条约”，向它们提供贸易贷款和军事顾问等。在中东，苏联还可从美国支持以色列中得到好处（例如，莫斯科于20世纪60年代增加了对叙利亚、伊拉克和埃及的援助）。另外，对北越提供经济和军事援助，也扩大了苏联的影响。就是对遥远的拉丁美洲的民族解放运动，莫斯科也声称有义务进行帮助。在争取扩大世界影响方面，现在的苏联同过分谨慎的斯大林相比已经走得很远。

华盛顿和莫斯科为了把世界各国争取到自己一边展开了激烈竞争，为扩大自己的势力范围竞相向国外提供援助、贷款和武器维修专家。这就说明在国际事务中，任何大事离开了美苏这两个对立的超级大国就无法解决的两极世界的确已经来临了吗？在杜勒斯和莫洛托夫看来，当时的世界的确如此。但是，即使在美苏两大集团争夺世界霸权之际，我们也可以看到，在1941年[4]美苏都未关注的地区有一种全新的发展趋势。此时，第三世界刚刚出现。它的许多成员，在终于摆脱了传统欧洲帝国的统治之后，不愿再沦为与自己相距甚远的那个超级大国的卫星国，虽然它可提供有益的经济和军事援助。

事实上，人们看到的是，20世纪强权政治中出现的重要动向之一——超级大国的崛起，开始与另一个新动向——全球性的政治分化发生联系。在1900年前后达尔文主义和帝国主义思潮占主导地位的社会环境中，人们想到和看到的是，世界权力越来越集中在少数几个国家。然而，西方帝国主义的骄横和狂妄却种下了导致自身毁灭的种子。塞西尔·罗德斯、泛斯拉夫主义者和奥匈帝国军界大肆宣扬民族主义，在布尔人、波兰人、塞尔维亚人和芬兰人中造成了深刻影响。作为德国、意大利统一和1914年协约国决定援助比利时的理论依据的民族自决论，很快向东向南传播到埃及、印度和印度支那。由于英国、法国、意大利和日本于1918年打败了德、奥、匈三国，并于1919年挫败了威尔逊关于建立世界新秩序的计划，民族主义行动只在部分地区得到鼓励。有些人认为，对东欧各国可赋予民族自治权，因为它们是欧洲“文明”国家；而不能把这种原则扩大到中东、非洲和亚洲各国。在非洲和亚洲等地区，帝国主义列强拥有大量殖民地，经常镇压民族独立运动。1941年后西方强国在远东利益的丧失，附属国随着战争的发展进行经济动员和征召新兵，大西洋宪章所造成的思想影响，以及欧洲各国的衰落，所有这些因素释放出来的能量都推动了第三世界（20世纪50年代才有这一术语）的发展变化。

第三世界国家是指坚持留在美苏控制的两个集团以外的国家。但这并不是说，所有参加1955年4月万隆会议的国家与两个超级大国都没有任何联系，对它们都不承担任何义务。例如，土耳其、中国、日本和菲律宾都参加了万隆会议，但把它们称作“不结盟”国家就不合适。另一方面，它们都主张加快非殖民化的进程，都要求联合国重视“冷战”以外的问题，都要求采取措施改变仍由白人统治的世界经济秩序。20世纪50年代末和60年代初，世界上发生了第二次非殖民化高潮，这使大量新独立的国家加入了第三世界国家的行列。这些新独立的国家曾遭受数十年乃至数百年的外国奴役，独立后又面临大量经济问题。第三世界国家的数量激增后，便开始控制联合国代表大会。开始，联合国只有50个成员国（绝大部分是欧洲和拉丁美洲国家），后来逐渐发展成一个拥有100多个国家的组织，其中许多新成员国来自亚洲和非洲。这并没使大国的行动受到制约，因为它们是安全理事会常任理事国，拥有否决权（这一权力是在谨慎的斯大林的坚持下确定的）。但是，这却意味着，如果任何一个超级大国希望得到“世界舆论”的支持（如美国1950年要求联合国支援南朝鲜），它就必须得到其他本来不赞成华盛顿和莫斯科观点的联合国成员国的支持。由于20世纪50年代和60年代非殖民化在国际事务中占主导地位，由于苏联巧妙支持的结束“经济落后”的呼声越来越高，第三世界的舆论具有浓厚的反西方色彩。这从1956年的苏伊士危机及之后的越南问题、拉美问题、南非问题和中东战争中都可看出。即使在不结盟国家最高级会议上，反殖民主义问题也被日益重视。这些会议的召开地点（1961年在贝尔格莱德，1964年在开罗，1970年在卢萨卡）也说明，人们关注的许多问题已不在欧洲。世界政治的控制权已不完全掌握在拥有最大军事、经济力量的国家的手中。

不结盟运动最著名的创始人是铁托、纳赛尔和尼赫鲁。令人吃惊的是，南斯拉夫与斯大林决裂（早在1948年，南斯拉夫即被开除出共产党情报局），未导致苏联入侵，并保持了国家的独立。斯大林死后，铁托更坚定地执行不结盟政策，第一次最高级不结盟会议在贝尔格莱德的召开就说明了这一点。纳赛尔是1956年与英国、法国、以色列发生冲突后才闻名于阿拉伯世界的。他经常尖锐地批评西方帝国主义，愿意接受苏联的援助，但并不是莫斯科的傀儡，因为他对本国共产党的态度很不好，并于1959~1961年利用电台、报纸掀起了一场强大的反苏运动。泛阿拉伯主义，特别是穆斯林宗教激进主义，与无神论的唯物主义没有天然的联系，尽管当地信奉马克思主义的知识分子试图使两者融为一体。印度是“温和的”不结盟国家的象征性代表，它经常得到苏联的经济和军事援助，在中印战争和印巴战争后得到的更多。但这并不能阻止尼赫鲁在其他许多问题上批评苏联，对印度共产党采取不信任态度。尼赫鲁对英国苏伊士运河政策的谴责，出于他不喜欢任何大国干涉他国内部事务的态度。

这些年来，许多新独立的国家进入了国际社会。苏联急于使它们背离西方站到自己一边，却又不很了解它们的具体情况。这就意味着，它在外交上有所“得”的同时，必有所“失”。这一方面最引人注目的例子是中国（这在后文将有详述），但也有许多其他事例。1958年，苏联在伊拉克政权更迭之后，当上了这个阿拉伯国家的友邦，并对其提供贷款。4年之后，伊拉克复兴党领导的政变却导致了对伊拉克共产党的残酷镇压。苏联不断向印度提供援助，不可避免地会触怒巴基斯坦。苏联没办法既使印度高兴，又不失去巴基斯坦。在缅甸，苏联人一开始很受欢迎，但后来该国驱逐所有外国人时，也把他们赶了出去。在印度尼西亚，情况更糟。苏加诺得到大量苏联和东欧的援助后，于1963年背叛苏联投向中国的怀抱。两年以后，印度尼西亚军队又极其残忍地屠杀了大量共产党人。几内亚总统塞古·杜尔1961年将苏联大使遣送回国，因为他与当地的一次罢工有牵连。在古巴导弹危机期间，杜尔拒不让苏联飞机在苏联帮助扩建的科纳克里机场加油。在1960年的刚果危机中，苏联对卢蒙巴的支持使这位刚果人民领袖的前途蒙上了阴影。后来，卢蒙巴的继任者蒙博托关闭了苏联使馆。1972年，萨达特将2.1万名苏联顾问赶出埃及，这是苏联遭受的一次最引人注目的挫折，也是对苏联的一次重大打击。

因此，第三世界与“前两个世界”的关系是极其复杂、不断变化的。毫无疑问，必定会有一些国家和地区长期亲美（如以色列、中国台湾），另一些国家长期亲苏（如古巴、安哥拉），因为它们感到有邻国的威胁；一些国家以铁托的南斯拉夫为榜样，真正奉行不结盟政策，而还有一些国家在比较多地依靠一个集团的同时（因为这一集团向它们提供援助），坚定地保持适度的独立。最后一点是，第三世界不断发生的革命、内战、政权更迭和边界冲突，经常使莫斯科和华盛顿不知所措。在塞浦路斯、欧加登、印巴边界和柬埔寨等地发生的地区性争端，也使超级大国左右为难，因为争端双方向不同的集团寻求援助。苏联和美国像从前的大国一样，也必须面临这样一个铁的事实——它们“拯救世界”的理论不会自然而然地被其他社会与文化所接受。

两极世界的解体

在从20世纪60年代转入70年代时，华盛顿和莫斯科的关系在世界事务中继续起着举足轻重的作用。在军事上，苏联已经十分接近美国，并且它们依然不同于其他国家。例如，1974年，美国和苏联的防务开支分别达850亿美元和1 090亿美元，分别相当于中国（260亿美元）的3~4倍，相当于欧洲主要国家（英国97亿美元，法国99亿美元，联邦德国137亿美元）的8~10倍；美苏两国的武装部队分别达200多万人和300多万人，比欧洲国家的规模大得多，比中国300万人的军队的装备精良得多。两个超级大国都有5 000多架战斗机，比上述大国多10倍以上。1974年，两个超级大国的作战舰艇的总吨位分别达280万吨（美国）和210万吨（苏联），大大超过英国（37万吨）、法国（16万吨）、日本（18万吨）和中国（15万吨）。但是，最大的差距表现在核武器投射载具的数量方面，参看表38。

表38　大国核投射工具一览表（1974年）

国家 数量 类型	美国	苏联	英国	法国	中国
洲际弹道导弹（枚）	1 054	1 575	—	—	—
中程弹道导弹（枚）	—	600	—	18	80
潜射弹道导弹（枚）	656	720	64	48	—
远程轰炸机（架）	437	140	—	—	—
中程轰炸机（架）	66	800	50	52	100

每个超级大国都拥有如此巨大的抹掉对方（以及其他任何国家）的能力——因此而出现了很快被称之为“相互确保摧毁”（MAD）的事态——以致它们开始考虑做出安排，采取各种方式来控制这种核军备竞赛。在古巴导弹危机结束之后，它们建立了一条“热线”，以便使双方在发生另一次危机时能够进行通信；还搞了1963年核禁试条约（英国也在条约上签了字），禁止在大气层、水下和外层空间试验核装置；1972年搞了限制战略武器条约（第一阶段），通过这一条约限制各方拥有洲际弹道导弹的数量，使苏联停止建设反弹道导弹系统；1975年，双方在符拉迪沃斯托克（海参崴）又进一步扩大了这项条约的

内容；到20世纪70年代末期，双方又举行了关于限制战略武器谈判第二阶段条约的会谈（1979年6月签署，但始终未获得美国参议院的批准）。可是，所有这些双方达成一致意见的措施，和推动双方同意采取这些措施的特定的经济、国内政治和对外政策的动机，并没有制止这场军备竞赛。即使说有什么效果，也只是禁止或限制一种武器，这不过导致各方把有关资源转用到另一领域而已。从20世纪50年代末期起，苏联稳步地、毫不手软地增加了对武装部队的拨款。虽然美国的防务开支方式因受越南这场代价昂贵的战争和随后公众反对那场冒险的影响，而发生了特殊变化，但其长期的趋势也是不断向高开支方向发展。每隔几年双方就会增加一批新武器系统，每一方的火箭都配备一批多弹头装置，海军增加一批导弹潜艇。而战略导弹方面出现的核僵持局面（这引起了欧洲人这样一种恐惧：美国不会用它的远程导弹回击苏联指向西方的进攻，因为那会招致苏联对美国城市的原子打击），导致美国发展"潘兴Ⅱ"和巡航导弹一类的新型中程或"战区"核武器，来对付苏联的SS-20式导弹。这场军备竞赛和各种军备控制讨论，不过是同一事物的两种表现而已，但每一种表现都使华盛顿和莫斯科站在舞台的中心。

在其他领域，这两个对手也以中心角色的面目出现。如前所述，苏联自1960年以来扩充军备的更加令人瞩目的方面之一，是大规模扩充其水面舰队——从其实体上看，建造威力更加强大的导弹驱逐舰和巡洋舰，然后是建造中型直升机母舰和固定翼飞机航空母舰；从地理上看，苏联海军开始向地中海和更远的印度洋、西非、印度支那和古巴（在这些地方可供苏联海军部队使用的基地越来越多）派出越来越多的海军舰艇。后面这种事态的发展，反映出美苏竞争已向第三世界显著扩展，这主要是因为苏联进一步成功地打入了那些过去只有西方才拥有势力的地区。中东局势的继续紧张化，尤其是1967年和1973年爆发的阿以战争（在这些战争中，美国对以色列的武器供应具有决定性意义），意味着一些阿拉伯国家（叙利亚、利比亚、伊拉克）一直指望莫斯科提供援助。也门和索马里的马克思主义政权向苏联海军提供了海军基地设施，使它在红海获得了新的海上势力范围。但是，像往常一样，新的突破也伴之以新的挫折：莫斯科对埃塞俄比亚的明显的偏爱导致苏联人及其舰船在1977年被赶出了索马里；几年以后，在埃及又发生了同样的事态；苏联在这一地区的进展，受到了美国的抵抗，后者在阿曼和迪戈加西亚增加了兵力，在肯尼亚和索马里取得了海军基地权，并且向埃及、沙特阿拉伯和巴基斯坦增运武器。然而，在更远的南方地区，苏联—古巴对安哥拉人民解放运动部队的军事援助，受到苏联支持的利比亚卡扎菲政权不时企图向其他国家输出革命，马克思主义政府在埃塞俄比亚、莫桑比克、几内亚、刚果和其他西非国家的出现，都表明苏联在这场争夺全球势力范围的斗争中正在步步获胜。苏联1979年在军事上介入阿富汗——这是自第二次世界大战以来苏联首次（在东欧以外地区）进行这种扩张——以及古巴对尼加拉瓜和格林纳达左倾政权的鼓励和支持，进一步加深了这种印象：美苏之间的竞争是无止境的。这引起了美国方面新的对抗行动以及防务开支的增加。到1980年，新上台的共和党政府谴责苏联，说它是一个“邪恶的帝国”，只有用庞大的防御部队和不屈不挠的政策来对付它，但似乎自约翰·福斯特·杜勒斯任国务卿的岁月以来，几乎一切都没有发生什么变化。

可是，在美苏关系面临所有这一切重大事态和1960~1980年发生许多曲折变化的同时，也出现了另一些有影响的趋势，使得国际力量体系比起较早时期的两极化，在程度上大大削弱了——不仅第三世界的出现使事态进一步复杂化，而且由苏联和美国分别控制的先前铁板一块的两大集团内部，也发生了重大分化。其中，最具有决定性意义的是苏联同中国之间的分裂，其影响即使在现在也难以做出充分的估计。回顾起来，事情似乎不言自明：马克思主义科学和普遍性原理要以现实的具体场合、固有的文化力量和经济发展的不同阶段为依据。列宁也曾对辩证唯物主义原理做过许多重大完善，以适应1917年革命的需要。一些研究20世纪30年代和40年代毛泽东的共产主义运动的外国观察家清楚地了解，毛泽东没有恪守斯大林关于工人阶级和农民阶级不同重要地位的教条主义立场。他们还清楚地知道，莫斯科方面并非那么全心全意地支持中国共产党，甚至到1946年和1948年，还试图缓和中国共产党对国民党蒋介石的态度。从苏联的观点来看，这样就可以防止“在没有红军的援助下，在一个人口几乎相当于苏联3倍的国家里建立一个有生气的新共产党政权，而一旦出现这种情况，这个新政权就会不可避免地变成在世界共产主义运动中与苏联相竞争的具有吸引力的角色”。

尽管如此，苏中之间完全分裂的程度使大多数观察家感到十分奇怪，并且为多年来因害怕出现全球共产主义阴谋而深感不安的美国所迷惑不解。应当承认，朝鲜战争及之后发生的中美在中国台湾问题上的态度，转移了人们对莫斯科—北京轴心的冷淡状态的注意力，在这个轴心中，斯大林给中国的为数不多的援助总是以某种代价——强调苏联在蒙古和中国东北的特权——来补偿。虽然毛泽东能够在1954年同苏联人举行的会谈中重新恢复平衡，但他在沿海金门和马祖诸岛问题上对美国表现的敌意，以及他认为（至少在那时是这样）将不可避免与资本主义进行决斗的信仰，使他非常怀疑赫鲁晓夫早期的缓和政策。但是，从苏联的观点来看，在20世纪50年代末期不必要地刺激美国似乎是愚蠢的，尤其是当后者拥有明显的核优势时；在中国1959年同印度发生的边界冲突中支持中国，也会给苏联在外交上带来挫折，而这一点对苏联的第三世界政策具有非常重要的意义；此外，苏联认为支援中国的核计划而不对其计划施加某些控制，也是非常不明智的。毛泽东认为所有这一切都是苏联（对中国）的接二连三的背叛。到1959年，赫鲁晓夫取消了同中国的原子能协议，向印度提供的贷款，远比曾向中国提供的多得多。第二年，在莫斯科举行的世界共产党会议上，这场“分裂”终于公开化了。到1962~1963年，事态进一步恶化：毛泽东谴责苏联人在古巴问题上的屈服，然后谴责他们同美英两国一起签署部分核禁试条约；那时，苏联人中断了对中国及其盟友阿尔巴尼亚的一切援助，增加了对印度的物资供应；首次发生了中苏边界冲突（尽管没有像1969年那几次那么严重）。更加重要的是这样的消息：1964年，中国人爆炸了他们的第一颗原子弹，正在努力地研制运载系统。

从战略上看，这一分裂是1945年以来发生的最重大的一次事件。1964年9月，苏联《真理报》的读者们十分震惊地看到这样一则报道：毛泽东不但要求收回中国在19世纪落到俄国人手中的亚洲领土，而且还谴责苏联对千岛群岛、波兰一部分领土、东普鲁士和罗马尼亚一部分领土的占有。毫无疑问，所有这一切——加之边界冲突和中国原子武器的发展——都是向克里姆林宫发出的不折不扣的警报信号。的确，20世纪60年代苏联武装部队的扩充很可能至少有一部分是针对这种可见的来自东方的新危险的，也是为了对肯尼迪政府加强防务的行动做出必要的反应。“苏联沿中国边境部署的作战师数量由1967年的15个增加到1969年的21个、1970年的30个”，1970年战斗师数量的激增是由于1969年3月珍宝岛发生的那场严重的冲突而引起的。“到1972年，苏联在同中国长达4 500英里的边界线上共部署了44个师（相比之下，在东欧才有31个师），同时苏联空军的1/4也由西方向东方部署。”随着中国已拥有氢弹的现实，有迹象表明苏联在考虑对中国设在罗布泊的核设施实施一次预防性的打击——而这又促使美国制订自己的应急计划，因为美国感到不能容许苏联消灭中国。自美国在1964年考虑过同苏联一道用“预防性的军事行动”制止中国发展成为一个核大国以来，华盛顿的看法已经发生了一个巨大的转变！

这并不能说当时的中国已经成长为羽翼丰满的第三个超级大国。从经济上说，中国还有许多问题——而中国的领导人决定发动“文化大革命”，又使这些问题更加严重起来，随之使经济发展中断并处于不稳定之中。尽管中国可以夸耀它有世界上规模最大的陆军，但它的民兵可能不是苏军摩托化步兵师的对手。同苏联正在扩充的舰队比较起来，中国的海军微不足道；中国的空军虽然规模很大，但主要是由较旧的飞机组成的；中国的核发射系统正处于初创阶段。尽管如此，除非苏联准备不惜冒险刺激美国人和不顾世界舆论，对中国发动大规模的核进攻，否则，任何较小规模的作战行动都可能迅速造成巨大的伤亡——中国人能够接受这一点，但勃列日涅夫时代的苏联政治家们却并不太愿意这样做。所以，毫不奇怪，随着中苏关系的进一步恶化，莫斯科理所当然地要不仅表示出同西方举行限制核军备会谈的兴趣，而且还加快了同联邦德国一类的国家改善关系的步伐（同阿登纳时期相比，维利·勃兰特领导下的联邦德国似乎更加乐于搞缓和）。

在政治与外交领域，中苏的分裂甚至使克里姆林宫更加进退两难。虽然赫鲁晓夫本人一直愿意容忍“沿各自的道路走向社会主义”，但是，要让苏联被人们谴责为已放弃真正的马克思主义的原则，让苏联的卫星国和仆从国受到鼓舞来脱离它的“束缚”，让它在第三世界的外交努力因中国的敌对性援助和宣传而变得复杂起来（尤其是自毛泽东的以农民为基础的社会主义比苏联对工业无产阶级作用的强调往往更加赢得人心以来，情况更是如此），却是十分不同的另一码事。这并不意味着东欧部分的苏联卫星国已真的处于追随中国的危险之中——只有阿尔巴尼亚偏离轨道的政权这么干了。但是，中国针对苏联1968年对捷克斯洛伐克的解放性改革运动采取的镇压行动和苏联1979年反对阿富汗的行动的谴责，却一直使苏联难堪。而且，在第三世界，中国在阻止苏联扩大自己的影响方面还处于较有利的地位：中国在北也门展开了激烈的竞争；在坦桑尼亚完成了很大一部分铁路建设工程计划；批评苏联未能在越盟和越共对美国的斗争中向它们提供充分的支援；随着中日关系的恢复，中国警告日本不要在西伯利亚同苏联进行过分的经济合作。情况再一次表明，这很难说是一场势均力敌的斗争——苏联通常能够向第三世界国家提供多得多的贷款和先进的武器，还能够利用古巴和利比亚的代理人扩大自己的影响。但是，被迫同一个马克思主义伙伴国和美国进行竞争，毕竟要比20年前那种可以预测的两极斗争更加令人烦恼。

这样，中国强硬的独立路线在各个方面使外交关系变得更加复杂化和难捉摸，尤其是在亚洲。苏联向印度“求爱”大大刺痛了中国人；它在中印边界冲突之后向新德里赶运军用补给物资的行动更进一步刺痛了中国人。所以，中国在巴基斯坦同印度发生冲突时向巴基斯坦提供支援，并对俄国人入侵阿富汗表示强烈愤慨，便毫不奇怪了。苏联在20世纪70年代末期支持北越扩张，北越加入经济互助委员会，以及苏联海军越来越多地出现在越南的港口，使它进一步疏远了中国。当越南在1978年12月入侵柬埔寨时，中国同它的南部邻国进行了边界战争，这场战争反而使越南得到了苏联的大量武器援助。到这个时候，苏联甚至更加讨好中国台湾，中国则催促美国增加其在印度洋和西太平洋的海军部队，以对付苏联的海军分舰队。

相比之下，西方阵营从20世纪60年代初开始主要因戴高乐反对美国霸权的运动而引起的不和，从长远看却没有那么严重——尽管这些不和肯定增加了这样的印象：两个集团的关系正在破裂。由于对第二次世界大战的记忆仍然很强烈，戴高乐对下面这一事实十分愤慨：美国没有平等地对待他；他对美国在1956年苏伊士运河危机期间的政策表示愤恨，更不要提杜勒斯在类似金门事件这类问题上动不动就以核战火相威胁了。虽然1958年后戴高乐在寻求法国从阿尔及利亚撤出这件事情上足以忙碌好几年，但即使在那时，他也批评西欧屈从（他自己的看法）美国的利益。像英国10年前一样，他看到核武器能够提供一种保持大国地位的机会。当法国1960年首次试验原子武器的消息传到这位将军耳里时，他高呼："法国万岁！从今天早上起，它更加强大了，更加骄傲了。"他决心使法国的核威慑力量保持完全的独立，愤怒地拒绝了华盛顿向法国提供类似给英国的那种"北极星"导弹系统的建议，因为肯尼迪政府附加了不能接受的条件。虽然这意味着法国自己的核武器计划要耗费整个防务预算的很大一部分（可能多达30%），但戴高乐及其后继者却感到这一代价是值得的。与此同时，他着手使法国脱离北约组织的军事结构，在1966年把该组织的总部从巴黎赶走，关闭了所有在法国领土上的美国基地。与此相配合，他设法改善了法国同苏联的关系；在莫斯科，他的行动受到了热烈的欢迎。他孜孜不倦地宣传欧洲自立的必要性。

戴高乐令人惊奇的行动并不只是靠高卢人的花言巧语和文化骄傲搞起来的。法国的经济在马歇尔计划的援助和其他美国馈赠支持下获得了发展，并受益于20世纪40年代末期之后欧洲的一般经济恢复，因而在近20年间有了迅速的增长。虽然在印度支那（1950~1954年）和阿尔及利亚（1956~1962年）的殖民战争一时转移了法国资源的使用方向，但这并非不可纠正的。在1957年组织欧共体时，法国通过谈判争得了符合国家利益的极为有利的条件，因而得以受益于这一规模较大的市场，与此同时着手改组本国的农业和进行工业现代化。戴高乐对美国非常苛刻，坚决阻止英国加入欧共体，但在1963年同阿登纳领导下的联邦德国进行了戏剧性的和解。他经常鼓吹欧洲有必要自立，脱离超级大国的控制，记住自己过去的光荣和合作（自然由法国带头），追求平等的光荣命运。这些都是很有分量的语言，这些语言在“铁幕”两边都引起了反响，为许多厌恶苏美政治文化的人所欢迎，更不用说厌恶苏美对外政策的人了。

然而，到1968年，戴高乐本人的政治生涯因学生和工人的革命而受到了影响。现代化所引起的紧张情况和法国经济仍处于相对的中等规模（1963年占世界制造业产量的3.5%），意味着国家没有足够强大的实力来扮演此位将军已设想好的发挥影响的角色；尽管他向联邦德国人提出了特别协议，但后者不敢放弃它同美国的紧密联系，波恩的政治家们也知道，作为最后的一着，美国始终是他们所着重依赖的。而且，1968年苏联无情地粉碎捷克斯洛伐克的改革表明，这个东方的超级大国不打算让它势力范围内的国家按照自己的政策行事，更不要说让它们成为以法国为首的、全欧洲范围的联合组织的成员了。

纵然如此，戴高乐过分自信的行为已经象征和加速了事态势不可当的发展。同美苏比较起来，西欧国家在军事上是软弱的，但它们的武装力量同1945年以后的那几年相比仍然强大得多，其中两个国家拥有核武器，并正在发展投射系统。从经济上说，正如后面将详细讨论的，“欧洲的复兴”已经获得了光辉的成就。事情还不只此，尽管苏联在1968年入侵捷克斯洛伐克，但“冷战”时代把欧洲分裂为不透气的封闭集团的格局正在受到削弱。维利·勃兰特奉行的令人注目的同苏联、波兰和捷克斯洛伐克，尤其是1969年和1973年同民主德国政权（起初是很不情愿的）的和解政策（主要在承认1945年的国界为永久性国界的基础上进行和解），开创了东西方频繁接触的活跃时期。西方的投资和技术穿过"铁幕"渗入进去，并且这种"经济上的缓和"还扩展到文化交流、"赫尔辛基人权公约"（1975年）、防止发生未来军事误解方面的交流活动，以及实现共同裁军等领域。超级大国对所有这一切都给予了支持，这是因为它们本身具有一些适当的理由，并且也不可避免地作了某些保留，尤其是苏联方面。但是，可能最重要的事实是欧洲本身在推行友好睦邻关系方面所施加的持久的压力。因此，甚至当苏联和美国之间的关系变得冷淡的时候，不管是苏联还是美国，在将来都极难制止这一进程。

就两个超级大国来说，在使自己适应这种新的、多元性的国际环境方面，美国人所处的地位比苏联人有利得多。不管戴高乐采取何种反美姿态，都比不上下述事件的严重性：中苏边界冲突、取消双边贸易、意识形态方面的争吵，以及全球性的外交上的斗争（到1969年，这一点促使某些观察家认为中苏之间发生战争是不可避免的）。不管美国政府多么憎恨法国的行为，但它几乎不需要因为这种争吵重新部署自己的武装部队。不管怎样，北约组织仍被允许保留穿过法国的飞行过境权和输油管系统；巴黎保持着同联邦德国的特殊防务安排。所以，一旦发生华约军队向西方进攻的情况，法国的部队也可供使用。最后，当然要提到1945年后美国一直遵循的一条基本格言：一个强大的和独立的欧洲（即不受苏联控制的欧洲）是符合美国长远利益的，并且会有助于减轻美国的防务负担——即使承认这样一个欧洲也可能成为它经济上和可能的外交上的竞争对手的情况下，也是如此。正因为如此，美国一直鼓励欧洲一体化的举措，并敦促英国加入欧共体。相比之下，苏联可能不仅开始感到如果西方出现一个强大的欧洲联合体，它在军事上将不安全，而且开始对这一实体可能对罗马尼亚人、波兰人和其他卫星国人民所产生的吸引力感到不安。事实上，苏联推行了同西欧进行有选择的缓和和经济合作的政策，其部分原因首先是这项政策能给它带来技术和贸易方面的实惠；其次是这样做可能使欧洲人远离美国人；最后是中国在苏联的亚洲战线上向它提出了挑战。然而，从长远来看，一个繁荣的、复苏的、在各方面（军事方面除外，但也可能在这方面变得很强大）

可能使苏联黯然失色的欧洲，很难说会符合苏联的最佳利益。

可是，如果回过头来看，美国在使自己适应世界力量的变化方面处于更为有利的地位，虽然这一点在1960年以后的许多年里并不明显。首先，随着在许多美国人看来，中国已取代赫鲁晓夫的苏联，成为世界革命的煽动者，出现了一种对“亚洲共产主义”的经久的厌恶感。1962年中印的边界战争（同苏联一样，美国也希望向印度“求爱”），加深了先前中国金门和马祖诸岛的冲突给中国造成的战争形象。在20世纪60年代初期，当中国谴责苏联人在古巴问题上的屈服行动和同西方一起签署有限核禁试条约的时候，美国和中国之间实现缓和的可能性几乎不存在。其次，在1965年到1968年期间，中国正处于“文化大革命”时期，这场运动使这个国家长时间地不稳定，在意识形态方面甚至更加仇恨美国政府。所有这一切都意味着不会出现一种中国“有可能在改善同美国的关系方面取得重大进展的形势”。

当然，在这些年月里，美国本身也因越南战争引起的问题而处于趋向于动荡不安的状态。对大多数美国人来说，北越人和南方越共的表现只是亚洲共产主义的新迹象，在它进一步发展之前必须有力地加以扼制。的确，随着约翰逊政府增兵越南使战争规模升级，令华盛顿的决策者时常焦虑不安的是：在不致引起曾在朝鲜战争中发生过的那种中国干预的情况下，他们能走多远。从中国政府的角度来看，中国必然在整个20世纪60年代对下述问题进行过认真的讨论：在北方同苏联人的冲突的加剧，是否会像在南方美国的军事行动和空中作战行动不断升级那样？这两者都对中国不利。尽管中国与不同种族的越南人的关系在传统上一直是敌对的，并且它对苏联提供给河内的军事装备的数量深表疑虑，但在肯尼迪和约翰逊政府执政时期，大多数西方人士却没有看到这些紧张迹象。

人们很难从多方面（不管是从表面上，还是从实际上）全面而深刻地理解美国在越南和东南亚其他地区漫长的军事行动对国际力量体系，或对美国的国民心理所产生的影响——尽管方式不同，大部分美国人对国家在世界上所起作用的看法，仍受这场战争的强烈影响。事实上，这是由一个“开放性的社会”进行的一场战争，而由于五角大楼文件的泄密，电视台和报刊每天对战场情况和琐事的报道，致使这场战争变得更加公开化；这是美国真正意义上被打败了的第一场战争，这场战争否定了它在第二次世界大战中的宝贵经验，毁坏了一系列人士——从四星上将到“最聪明和最优秀”的知识分子——的声誉；这场战争同时推动并且在不小的程度上造成了美国社会在国家目的和利益权衡等方面的一致性的分裂，带来了通货膨胀、史无前例的学生抗议、城市内的骚乱，并随之导致水门事件危机，一段时间内使总统本身失去了人们的信任；这场战争似乎使很多人在对待开国先驱们的教导上处于痛苦的和具有讽刺意味的矛盾之中，使美国在世界大部分地区不受欢迎；最后，从越南回国的美国大兵感到羞惭的面孔和无人关心的境遇在10年后引起了反应，从而使有关这场战争的回忆持续不断地通过战争回忆录、书籍、电视文献片以及个人发生的悲剧等形式冲击着公众的良知。所有这一切事实意味着，越南战争虽然从伤亡数字看小得多，但对美国人民的影响在某种程度上却像第一次世界大战对欧洲人的影响一样严重。人们可以看到美国人民个人和心理方面所受到的巨大影响；从更广泛的意义上看，人们把这些影响说成是美国文明及其法制体系所发生的一场危机。正因如此，这些影响还会继续发生作用，而根本不管这场冲突的战略格局和大国的作用如何。

后面提到的这两个方面是我们研究的最重要的问题，需要做进一步的讨论。我们先从下面一点谈起：这场战争对我们来说是一服有益的、使人清醒的清凉剂。它提醒我们，军事装备和经济生产力的巨大优势，并不经常自动地转化为军事效能。这一点并不损害本书的主线，这条主线强调的是，在大规模的、持久的大国（并且通常是联盟）间的战争中，在交战各方都平等地投入全力争取胜利的情况下，经济和技术起着重要作用。从经济上看，美国在生产力方面拥有的优势可能是北越的50~100倍；从军事上看，美国方面拥有的火力（就像某些鹰派分子所说的）能够把敌人炸回到石器时代——的确，它可以使用核武器把东南亚整个抹掉。但是，这不是一场让这些方面的优势能够充分发挥效能的战争。美国由于害怕国内舆论和世界反应，而不敢对从来就不可能对美国本身造成重大威胁的敌人使用原子武器。美国担心在一场合法性和效力都越来越成问题的战争中遭受严重伤亡，从而引起美国公众的反对。这种担心同样对美国政府的常规作战方法的运用起到了制约作用，使美国对空中轰炸活动做出了限制；不能占领通过中立的老挝的“胡志明小道”；不能夺取载运武器开往海防港的苏联船只。重要的是，不能促使那两个主要的社会主义国家参加这场战争。这一切实质上把这场战争降低为一系列的小规模丛林和稻田战，而在这类地形上，美军的火力和直升机空降机动力优势发挥不出来；相反，美军不得不强调丛林战技术和部队凝聚力，这两点对于精锐部队来说并不是什么问题，但对匆忙征兵组建的部队来说，却不尽然了。虽然约翰逊追随肯尼迪向越南一再增兵（1969年最高峰时曾达54.2万人），但从未满足威斯特摩兰将军的需要；美国政府坚持认为这只是一场有限冲突，拒绝征召预备役部队参战，也从未使经济转入战时轨道。

在对美国实际的军事实力不利的条件下打仗的困难，反映了一个更大的政治问题——（正如克劳塞维茨所指出的）手段和目的之间的不适应。北越人和越共为他们强烈信仰的事业而战，没有这种信仰的人无疑也受到极权的、强烈的民族主义政权的纪律约束。相比之下，南越的政府体系则充满腐败现象，不受人们欢迎，处于明显的少数，遭到佛教僧侣们的反对，得不到惊恐不安的、被剥削的、厌倦战争的农民的支持；忠于政府的本地部队和能征善战的部队不足以抵消这种内部的衰败。随着战争的升级，越来越多的美国人对为西贡政府进行的这场战争的价值提出了怀疑，并对腐蚀美国武装部队本身的一切表现——士气低落、不信任感的增长、无纪律现象、吸毒、纵淫现象、对土著人的种族歧视、战地的暴行（更不用说美国本身的整个形势或其更大范围内的战略态势的恶化）——表示忧虑不安。胡志明曾经宣布，他的军队甘愿以10比1的比例牺牲。当他的部队十分轻率地由丛林中走出来进攻城市时（像1968年的春季攻势那样），他们常常会有这么大的牺牲。但是，胡志明说，纵然遭到这么大的损失，他们仍会继续战斗下去。这种意志力在南越方面是看不到的。美国社会本身也没有这种意志力；它日益被战争的矛盾所困扰，不愿意付出一切牺牲去争取胜利。尽管后者的感情是完全可以理解的，但假定这一点对双方都至关重要，那么事实是（并且现实已经证明），开放的民主国家不可能成功地进行一场半心半意的战争。这就是这场战争的基本矛盾，不论是麦克纳马拉的系统分析，还是驻在关岛的B-52轰炸机，都不可能改变这一点。

在1975年4月西贡陷落后的10多年里，出版社仍在大量出版论述那场战争的各个方面的书籍，人们仍然难以明确地估计出那场战争对美国在世界上的地位到底有怎样的影响。在未来——例如从2000年或2020年回头看，人们可能发现，这场冲突对美国全球性的过分骄傲（或如参议员富布赖特所谓的“力量上的傲慢”）产生了一种有益的震撼，从而迫使这个国家更加深入地思考自己政治和战略上的利弊得失，更加明智地重新做出调整，使自己适应1945年以来早已发生巨大变化的世界形势。换言之，这一震撼很像俄国人在克里米亚战争中或英国人在布尔战争中受到的震撼，它们因此进行了有益的改革并做出重新估计。

然而，现时也不能对这场战争的近期影响视而不见。正当拨给约翰逊建设“伟大社会”用的国内开支直线上升的时候，战争开支的大量增加对美国的经济产生了严重的不良影响，具体情况后面还将讨论。而且，在美国把大量金钱投入越南战争的时候，苏联却在稳步地拿出更多的钱来扩充它的核部队（这样，它就取得了大体上的战略均势）和海军。在这些年里，它的海军已成为一支执行全球性炮舰外交的主要力量。在20世纪70年代的大部分时间里，美国选民转而反对增加军费开支，使这种日趋严重的不平衡进一步恶化了。在1978年，美国“国家安全开支”仅占国民生产总值的5%，低于30年来一直保持的数字。由于战争本身和此次战争后的削减所产生的后果，武装部队的士气一落千丈。美国中央情报局和其他机构的大改组，尽管是消除弊端所必要的，但无疑降低了它们的效能。美国把主要精力集中在越南，甚至使同情美国的盟国也感到忧虑；美国为了支持一个腐败政权的作战方式，疏远了西欧以及在更大程度上第三世界的公众舆论，并因此“疏远”了这个星球上其余的大多数人，就像某些作者所说的那样。这导致美国忽视拉丁美洲并产生一种倾向：以对不民主的政权的军事支援和反对革命的行动（如1965年对多米尼加共和国的干涉），来代替肯尼迪所希望的“进步联盟”。越南战争之后所发生的那场不可避免的、公开化的、关于美国是否在将来应为全球一些地区而战的大辩论，引起了现有盟国的不安，无疑也鼓励了美国的敌人，并促使动摇不定的中立国与另一方联合起来，以重新确保自己的安全。在联合国的大会辩论中，美国代表越来越受到围攻并变得孤立。自从亨利·鲁斯断言在人类兄弟般的友谊中美国将是各国的老大哥以来，事情已经有了很大的变化。

越南战争导致的另一个强权政治后果是，它使美国可能在长达10年的时间内搞不清中苏分裂的程度，从而失去了采取应对政策的机会。而更引人注目的是，这一忽视在1969年1月尼克松就任总统之后竟能迅速地改正过来。可是，用加迪斯教授的话说，尼克松具有一种“独特的思想上的僵硬与政治上的实用主义相结合的品质”，而其政治上的实用主义在他同其他大国打交道时表现得尤其突出。尽管尼克松厌恶国内的激进主张，对（例如）智利所采取的社会主义政策持敌对态度，但据说尼克松在处理全球外交问题时却并不受意识形态的支配。对他来说，1972年下令大规模增加对北越的轰炸，以迫使北越更接近美国为撤出南越而采取的讨价还价的立场，和同年到中国走一趟，同毛泽东一起填平鸿沟，并没有什么大的矛盾。更具重要意义的是，他选用亨利·基辛格做他的国家安全事务助理（后来又任国务卿）。基辛格采取历史主义和相对主义的态度处理世界事务：强调从更大范围观察事物，把一切事物互相联系起来进行考察；判断大国应根据其所作所为，而不应根据其国内的意识形态；用绝对主义观点观察安全问题是乌托邦式的幻想，因为那种做法不会使任何人感到绝对安全——人们能够指望获得的只是建立在世界事务中合理的力量对比基础上的相对安全；老老实实地承认整个世界永远不会达到完全的和谐一致，并且要有同其他国家打交道的愿望。同他所描述过的政治家（梅特涅、卡斯尔雷子爵，俾斯麦）5一样，基辛格认识到了“知道何时适可而止，乃是运用智慧处理人类和国家事务的开端”这一真谛。他的格言是巴麦尊6式的（“我们没有永久的敌人”）和俾斯麦式的（“如果我们与中苏双方保持比它们之间更为密切的关系，则中苏之间的敌对最有利于我们的目的”），并且与凯南7以来美国外交中实行的信条没有任何相似之处。但是，基辛格比他19世纪欧洲政治家中受尊敬的同人们拥有大得多的机会去指导政策的实践。

此外，基辛格承认美国力量的局限性，这不仅表现在美国无力在东南亚的丛林地中打一场持久战争和保卫它的其他更加重要的利益上，而且还表现在他和尼克松都能洞察世界力量对比格局正在发生变化，新的力量正在破坏两个超级大国还未遇到挑战的霸权。从严格的军事意义来看，后面这种情况还远远未成气候，但在其他方面，世界已变得更加多极化。他在1973年指出：“在经济方面，至少已出现5个主要集团。从政治上看，更多的势力中心已经出现……”由于附和凯南的观点（加上他自己的修正补充），基辛格指出了5个重要的地区：美国、苏联、中国、日本和西欧。不像华盛顿的许多人士和（可能）莫斯科的那些人士，他欢迎这种变化。大国实现和谐，互有节制，任何一国都不想控制他国，可以创造“一个比在两极情况下更安全、更美好的世界”，而在两极并存的情况下，“一方所得必然是另一方的绝对所失”。基辛格怀着对他个人在这样一个多极世界中保卫美国利益的能力的信心，在最大意义上彻底重塑了美国的外交。

1971年后中美友好关系的稳步恢复所引起的这场外交革命，对“全球的力量关系格局”发生了深远的影响。日本虽然对华盛顿的这一步棋感到意外，但它感到终于能够同中华人民共和国建立外交关系了，而这种关系又进一步推动了它那欣欣向荣的亚洲贸易。当时的情况是，亚洲的“冷战”表面上结束了，但更确切地说，事情变得更加复杂了：曾经充当中国和美国之间秘密交流信息的外交渠道的巴基斯坦，在1971年同印度发生冲突期间同时接受这两个国家的援助；据估计，苏联也向印度提供了强大的支援。在欧洲，力量对比格局也发生了变化。由于对中国的敌对和对基辛格外交感到震惊，克里姆林宫认为，缔结限制战略武器会谈第一阶段条约和鼓励采取其他各种方式改善同“铁幕”以外国家的关系，是明智的。在1973年阿以战争中，美苏进行了紧张的对抗之后，由基辛格开始进行“穿梭外交”来缓和埃及与以色列的关系，以便有效地冻结苏联可能起到的任何有意义的作用。在这个时候，苏联人也采取了克制的态度。

如果水门事件没有在1974年8月把尼克松赶出白宫，使许多美国人更加怀疑自己的政府，很难说基辛格“俾斯麦式”的外交戏法能够持续多久。尽管如此，这位国务卿在福特总统任期内一直留在自己的岗位上，但机动处事的自由却越来越少了。美国国会经常削减所申请的国防预算。在南越、柬埔寨和老挝被倾覆的前几个月，即在1975年2月，美国国会削减了对这些国家全部的新援助。《战争权力法案》急剧削减了总统在海外用兵的权力。美国国会投票通过了以下决议：对于苏联和古巴在安哥拉的干涉行动，美国只能以通过中央情报局向那里的亲西方派别提供资金和武器的方式来对付。随着共和党右翼对美国在海外实力的下降日益不安，对基辛格放弃美国的国家利益（巴拿马运河）和老朋友（中国台湾）的不满情绪的增长，使这位国务卿的地位在1976年大选中福特失去其权力之前，就开始下降了。

由于美国在整个20世纪70年代面临着严重的社会经济问题，以及不同的政治集团试图使自己适应美国国际地位的下降，下述情况就不可避免地出现了：它们的对外政策比起平静时代来更加反复无常。就是这样，在之后几年里还将发生以任何标准来衡量都令人注目的政策上的“摇摆”。受格莱斯顿和威尔逊[8]的最可信赖的关于必须建立“更加公正的”全球秩序这一信仰的影响，卡特轻松地进入了一种国际体系，在这个体系中，其他许多角色（尤其是在世界的“麻烦地点”）都无意按照犹太教与基督教共有的原则推行他们的政策。鉴于第三世界对富国和穷国之间的经济差距——这个差距又因1973年石油危机而进一步扩大——深表不满，他采取了一种明智的、慷慨的态度来推动南北合作；同样，他在重启《巴拿马运河条约》谈判的条件方面，以及拒绝平等对待拉丁美洲每个带有马克思主义性质的改革运动方面，都表现出他的常识。卡特还光荣地受委托充当了1978年埃以《戴维营协议》的“经纪人”——尽管他不应当对其他阿拉伯国家的尖锐反应感到奇怪，但反过来这种情况却使苏联得到了一个机会来加强其同中东更激进的国家的联系。然而，纵然卡特政府怀有一切有价值的打算，这个政府却是建立在一个复杂的世界（越来越不愿听任美国摆布的世界）及其本身政策前后不一致（这些不一致往往是由政府内部的争吵造成）的基础之上的。全世界都谴责践踏人权的独裁的右翼政权，并对它们施加压力，可是华盛顿却继续支持扎伊尔总统蒙博托、摩洛哥国王哈桑和伊朗的国王——对后者的支持至少到其1979年任满为止，这样又导致了人质危机以及徒劳无功的解救人质的行动。在世界其他地区，从尼加拉瓜到安哥拉，美国政府难以找到值得它支持的民主自由力量，可是对于使自己投身到反对马克思主义革命的行动之中，又踌躇不决。卡特希望保持防务开支的低水平，却表现出迷惑混乱，他认为同苏联缓和关系既不能停止那个国家的军备开支，也不能制止它在第三世界所采取的行动。当苏军在1979年底入侵阿富汗时，正在大规模扩充防务的华盛顿退出了限制战略武器谈判第二阶段条约，取消了向苏联出售粮食的计划，并开始推行（尤其是在布热津斯基对中国和阿富汗进行值得庆贺的访问之际）“均势”政策，而仅4年前这位总统还在谴责这一政策！

如果说卡特上台时已有一套应付一个复杂世界的简单“处方”，那么可以说1980年他的继任者的“处方”也同样简单，只不过大不相同罢了。里根政府满怀着人们对美国在前20年中所犯一切“过失”的强烈反应，在大选中获得的压倒优势——这在很大程度上受到了在伊朗蒙受耻辱的影响，并在此推动之下，带着一种从意识形态角度观察世界的态度（这种观察不时地表现为积极的摩尼教性质的），打算操纵国家航船驶往一个完全不同的新方向。它不再提“缓和”了，因为这只能为苏联人的扩张主义提供一个假面具。它将全方位加强军备建设。议事日程上不再提人权，“独裁政府”受到了它的青睐。令人惊异的是，甚至“中国牌”也因共和党右翼支持“中国台湾”而不可信了。正如人们可以预料的那样，这种头脑简单的想法在很大程度上也是建立在外部世界复杂现实的基础上的，更不用说国会和公众的反抗了。国会和公众喜欢总统在国内的爱国主义，但怀疑他的“冷战”政策。对拉丁美洲的干涉，或者到任何地方从事丛林战（使人们回忆起越南）都经常受到禁止。核军备竞赛的升级引起了普遍的不安，因而要求重开裁军会谈的压力很大，尤其是在政府的支持者认为美国能在同苏联的核对抗中“取胜”的时候，这种压力就更大。热带地区垮台的独裁政权常常因同美国政府有牵连而更加不受欢迎。欧洲人对这样一种逻辑迷惑不解：一方面禁止他们向苏联购买天然气，另一方面又允许美国的农场主向苏联出售农产品。在中东，里根政府无力向贝京领导的以色列施加压力，这同它把阿拉伯世界团结起来建成一条反苏阵线的战略发生了矛盾。在联合国，美国似乎比以往更加孤立。到1984年，它已从联合国教科文组织中退出，这一做法必然会使富兰克林·罗斯福感到吃惊。由于在5年内使国防预算增加了一倍以上，美国肯定要比1980年拥有更多的军事装备。但是，人们越来越怀疑五角大楼是否因为自己的努力而受到好评，它是否能够控制各军种间的竞争。对格林纳达的入侵被自吹自擂地说成是一个伟大的胜利，但从作战的各方面来衡量，几乎像一出吉尔伯特与沙利文喜剧一样令人不安。最后（当然远不只此），甚至具有同情感的观察家们也怀疑，本届政府是否能够在下述情况下搞出一项协调一致的大战略来：在政府成员中，有好多人互相争吵不休，甚至在国务卿黑格从这一岗位上退休之后也是如此；政府首脑表现得很少关心紧迫的问题；政府往往戴着民族优越感的眼镜来观察外部世界（例外的情况很少）。

在上述问题中，有许多问题还要在本书最后一章中谈到。我们在这里把卡特和里根政府的各种各样的难题归纳在一起，目的在于指出：从整体来看，它们已经转移了对正在形成全球强权政治格局的更大力量的注意力；最为重要的是，两极世界已转化为多极世界，这一点基辛格很早就发现了，并着手进行了调整。（下面还将看到，三个新的政治兼经济力量中心——西欧、中国和日本——的出现，并不意味着它们没有自己的问题，但与这里所讨论的无关。）更加重要的是，美国把自己的精力集中在尼加拉瓜、伊朗、安哥拉、利比亚等国突然出现的问题上，倾向于使人们看不清以下事实：受20世纪70年代全球政治格局变化影响最大的国家，可能是苏联本身。在本节结束之前，有必要对这一点进一步做些简要的分析。

在这些年里，苏联已加强了自己的军事实力，这是毫无疑问的。但是，正如乌拉姆教授所指出的，由于其他事态的发展，这一点仅意味着：

> 苏联的统治者现在能够理解很多美国人在20世纪40年代和50年代的痛苦发现：力量的增强并不会自动地（尤其是在核时代）使一个国家获得更大的安全。从几乎各种观点——不管是从经济上、军事上，还是从绝对意义、相对意义上——看，勃列日涅夫领导下的苏联比斯大林领导下的苏联要强大得多。可是，随着它的实力大大加强，也出现了新的国际事态，提出了新的对外义务，这使苏联比以往，比方说比1952年，更容易受外部危险和世界政治的动荡不安的影响。

而且，甚至在卡特政府任期行将结束的那几年，美国就恢复了扩充防务的工作。这项工作在继任的里根政府的领导下，继续以很高的速度进行着，大有恢复美国在战略核武器方面的军事优势、加强美国的海上霸权和比以往更加强调先进技术之势。陷入苦恼的苏联人的回答——他们在军费开支和置办武器方面绝不能落在后面——并不能掩饰这一难堪事实：这样做会对他们的经济造成更大的压力（他们的经济发展速度已大大减慢），并会使他们在高技术竞赛中处于不利地位。到20世纪70年代末期，苏联便处于需要进口大量外国粮食的窘迫处境，更不用说技术了。它的东欧卫星国，除了经过挑选的共产党干部以外，越来越对它不满；波兰人的不满尤其可怕，而重搞1968年入侵捷克斯洛伐克那种行动，似乎也无济于事。在南方，由于担心它的缓冲国阿富汗落入外国势力（可能是中国势力）之手，苏联在1979年搞了武装政变。结果，它不仅变成了苏联军事上的一个泥潭，而且对苏联在国外的处境产生了灾难性的影响。苏联在捷、波、阿的行动，大大减弱了苏联作为其他国家（不管是西欧的，还是非洲的国家）的“模式”的吸引力。中东地区的伊斯兰宗教激进主义是一种不安定的因素，像在伊朗一样，它既反对当地共产党人，也反对亲美集团。不仅如此，还有中国的无情的敌对态度，这种敌对态度由于阿富汗和越南的纠纷，在20世纪70年代末似乎变得比70年代初期还显著。如果说两个超级大国中哪一个已“失去了中国”，那便是苏联。最后，苏联年事已高的统治者所具有的那种民族优越感和狭隘的怀疑心，以及国内的精英——权力集团——对涉及一切领域的改革所起的障碍作用，同美国的情况比较起来，有可能使苏联更加难以成功地做出调整，以使自己适应新的世界力量对比格局。

上述这一切应当能使美国获得某种安慰，并成为引导美国对外交政策采取更松动和更缜密的看法的指南，甚至当外交政策遇到意料不到的、令人不愉快的问题时，也是如此。应当承认，在某些问题上，如改变以前对中国台湾的支持，里根政府更多的是从实用主义和和解的立场出发的。可是，他很难摆脱自己在1979~1980年大选期间所说的话，这可能是因为这些话并不只是浮夸之词，而是对世界秩序和对美国注定在其中的地位的一种基本看法。就像过去经常发生的一样，任何国家要是充满这类情绪，它们就总是难以按照事物的本来面目去处理外部事务；相反，它们必定会按照自己的主观想法去干。

变化中的经济格局（1950~1980）

1971年7月，理查德·尼克松在堪萨斯城对一群新闻媒体人发表讲话时再次指出：当今世界上存在着5支经济力量——西欧、日本、中国以及苏联和美国。“这5支经济力量将决定世界经济的前途和本世纪最后1/3时间中世界其他方面的未来，因为经济力量是决定其他各种力量的关键。”假如经济力量果真如总统所说的那么重要，那么就很有必要对“冷战”早期以来世界经济变化的情况进行更深入的了解。因为，尽管国际间的贸易与繁荣难免受到偶然动乱的影响（尤其在20世纪70年代），一些可能构成可以预见到的未来世界政治格局基本的长期发展趋势还是可以探测的。

正如本书前面所有的部分一样，此处用以进行比较的经济统计数字并不精确。更何况自从马尔霍尔所著的统计学字典问世以来，各国政府和各个国际组织所聘用的专业统计学家人数不断增加，统计技术日趋复杂，要进行确切的比较又谈何容易！“封闭”社会不愿公布统计数字，各国对收入和生产的统计方法不同，汇率动荡不定（尤其是在1971年决定放弃黄金-美元本位，实行浮动汇率制后），这一切给任何一个系列经济统计数字的正确性都投下了怀疑的阴影。但另一方面，具有相当可信度的统计数字所揭示的蛛丝马迹，又可以用来发掘其内在联系，进而推导出今后发展的大趋势。

贝尔罗克把第二次世界大战以后第一个也是迄今为止最重要的一个经济特点，正确地描述为“一个绝对空前的世界工业生产增长率”。1953~1975年，年均总增长率达到令人瞩目的6%（人均产值为4%），即使在1973~1980年，年平均增长率也达到了2.4%。按照历史上的标准，这一水平是相当了不起的。贝尔罗克本人计算的“世界制造业生产”统计数字，与罗斯托的“世界工业生产”数字基本吻合，前者提供了下面一组令人目眩的增长数字（见表39）。

表39　世界制造业生产统计数字（1830~1980年）

（1900年为100）

年份	总产值	年增长率
1830	34.1	(0.8)
1860	41.8	0.7
1880	59.4	1.8
1900	100.0	2.6
1913	172.4	4.3

（续）

年份	总产值	年增长率
1928	250.8	2.5
1938	311.4	2.2
1953	567.7	4.1
1963	950.1	5.3
1973	1 730.6	6.2
1980	3 041.6	2.4

贝尔罗克还指出："1953~1973年世界累计工业产量可与1800~1953年的一个半世纪的总产量相媲美。"遭到战争破坏的经济的恢复、新技术的发展、持续不断的由农业向工业的转化、在"计划经济"的范围内对自然资源的利用以及将工业化扩展到第三世界等，这一切都有助于这个戏剧性的变化。

更进一步说，由于同样的原因，与两次世界大战扭曲了的时代相比较，1945年之后世界贸易的增长也足以令人惊讶（见表40）。

表40　世界贸易额（1850~1971年）

（1913年为100）

时　间	贸易额	时　间	贸易额
1850年	10.1	1938年	103
1896~1900年	57.0	1948年	103
1913年	100.0	1953年	142
1921~1925年	82	1963年	269
1930年	113	1968年	407
1931~1935年	93	1971年	520

更加令人鼓舞的是——正如阿什沃思所指出的——到了1957年，世界制造业产品的贸易额有史以来首次超过了初级产品。这是几十年来制造业总产量的增长大大超过农产品和矿产品的增长（也相当可观）的结果（见表41）。

表 41　世界生产增长百分比（1948~1968 年）

	1948~1958年	1958~1968年
农产品	32%	30%
矿产品	40%	58%
制造业	60%	100%

上述差异，在一定程度上可从制造业以及发达的工业国家（特别是欧洲经济共同体国家）之间贸易的巨大增长中得到说明。但是，工业化国家对初级产品日益旺盛的需求，与越来越多的第三世界国家开始实行工业化这一事实，意味着大部分第三世界国家的经济发展速度近几十年来要比20世纪以往任何时候都快。尽管西方帝国主义曾给世界其他地区的社会带来损害，但当工业化国家进入扩张时期时，这些社会的出口和整个经济的增长受益最大。福尔曼·佩克认为，19世纪，当发达国家的“开发型”经济（如英国那样）迅速向外扩张的时候，发展中国家的经济也蒸蒸日上——反之亦然，当20世纪30年代工业化国家陷入大萧条阶段时，发展中国家的经济所遭受的打击也最大。20世纪50~60年代，发达国家的经济再度繁荣，对原材料的需求急剧增长，发展中国家因而又出现了较大的增长率，工业化程度进一步提高。贝尔罗克的统计表明，第三世界国家的制造业生产在世界同行业中所占的比重稳步增长，以1953年为起点（6.5%），1963年上升为8.5%，1973年为9.9%，1980年达12%。据美国中央情报局估计，发展中国家在世界生产总值中所占的比重也一直呈增长的趋势，从1960年的11.1%增至1970年的12.3%，再增至1980年的14.8%。

然而，如果按照第三世界绝对人口数进行平均，其在世界生产总值中所占的比重仍然不成比例，其贫穷程度实在令人惊讶。1980年，发达工业国家人均国民生产总值为10 660美元，像巴西这样中等收入的国家为1 580美元，而像扎伊尔这样的第三世界穷国却只有250美元。事实上，发展中国家虽然制造业总增长比例日益上升，但各个国家的受益却并不均等。早在帝国主义到来之前、殖民主义者撤走之后（许多国家的确撤走了），一些热带地区国家之间就存在着相当悬殊的贫富差别。由于这些国家产品的需求量不均衡，由于它们所能够得到的援助多寡不一，由于政治、气候的变化对环境带来不利的影响，以及国家难以控制的经济力量的作用等，这种差距进一步扩大了。旱灾可以使一个国家连年田园荒芜；内战、游击队的活动以及对农民的强行迁移，可造成农业减产和贸易萎缩。花生和锡等产品的国际市场价格下跌，可能导致单一产品的经济停滞不前。频频上升的利率或美元的增值，更使这些国家受到沉重的打击。由于西方医学在防治疾病方面所取得的成就，许多国家人口数目扶摇直上，它增加了粮食紧张的压力并使新增的国民收入消耗殆尽。另一方面，也有许多国家进行了"绿色革命"，它们通过改进农业技术和改良作物与植物品种，增加了农产品的产量。另外，那些在20世纪70年代吉星高照、收入颇丰的产油国，经济上变成了另一种类型——所谓不发达的欧佩克国家（石油输出国），尽管它们在20世纪80年代初由于油价下跌而吃了苦头。在所有的发展中，最引人注目的是罗斯克兰称之为"贸易国"的几个第三世界国家和地区：南朝鲜、中国台湾、新加坡和马来西亚。它们模仿日本、联邦德国和瑞士的企业家精神，为世界市场生产工业产品。

发展中国家之间的差别表明，过去几十年宏观经济变化的第二个特点是：世界上不同国家的经济有不同的发展速度，无论是工业大国还是落后小国，都是如此。这一趋势在过去的几个世纪内，曾对国际力量对比产生了十分重大的影响。因此，它在最近几十年里对主要国家的影响如何，值得仔细考察。

毫无疑问，1945年之后的日本经济，几十年来在持续进行现代化方面树立了蔚为壮观的榜样。日本在商业和竞争方面成绩突出，不仅在发达国家中独执牛耳，而且也为亚洲其他贸易国提供了可资仿效的模式。事实上，日本在一个世纪以前，就是亚洲第一个模仿西方经济，效仿西方的军事和帝国主义（这对它来说是致命的）的国家，并因此而令人刮目相看。尽管日本在1937~1945年的战争中遭到严重破坏，并丧失了传统的市场和原料供应国，但日本仍具有可以进行修复的工业基础，拥有聪明能干、受过良好教育、具有社会凝聚力的人民，他们要求改善自我的决心可以被引导到从事和平的商业追求上来。1945年战争结束之后的几年里，日本作为一个被占领国，服服帖帖，依赖于美国的援助。1950年，形势开始逆转。具有讽刺意味的是，美国在朝鲜战争中庞大的开支，极大地刺激了日本的许多出口型公司的生产。例如，丰田公司当时已面临危机，但美国国防部的首批卡车订单使它得救了。其他一些公司也有类似的经历。

除了美国在朝鲜战争以及后来的越南战争中的军事开支对日本经济起了刺激作用外，造就“日本奇迹”的当然还有很多其他因素。通过对日本发展道路及成功经验的探讨，可以看出工业自身发展的一个缩影。日本成功的一个主要原因是，它对获得高水平的质量控制具有坚定的信念。它从西方移植了（并不断加以改进）复杂的管理技术和生产方法。它在全国大力推行高水平的普及教育，因而拥有大批电子、机械工程师和汽车迷，以及大量规模虽小但属于企业型的小工厂以及财团。日本社会崇尚勤奋工作的精神，人们忠于自己服务的公司，主张通过相互妥协和彼此尊重来调解劳资纠纷。要实现持续的经济增长，需要大量的资金，日本获得了这种资金。其方法是，一方面借助于美国的战略保护伞，实行国家“非军事化”，在防务上花费极少；另一方面，更重要的是，实行鼓励个人储蓄的金融税务政策，使个人储蓄额高得令人叹为观止。这些钱可用来投资。日本的成功还得益于通商产业省“对新兴企业和技术发展的扶持，以及对陈旧和衰败企业进行的有条不紊的淘汰”。所有这些与美国自由放任的做法大不相同。

对日本的奇迹无论如何解释（某些日本问题专家更加强调其文化、社会因素，至于国民的自信心和意志力这种“附加因素”就更不用说了），谁都不会否认日本所取得的巨大的经济成就。1950~1973年，日本国内生产总值年平均增长率达到难以置信的10.5%，这一比例远远高于其他所有的工业国。即使在1973~1974年世界经济受到石油危机沉重打击之时，日本经济的发展也没有受到阻碍。此后，日本的经济增长率几乎一直高出竞争对手一倍。作为世界制造业稳定的主要生产者，日本生产的产品很多，有照相机、厨房用品、电子产品、乐器和摩托车等，并且不断有新的产品问世。日本的产品已经向瑞士的手表工业提出了挑战，也使德国的光学工业黯然失色，并使得英、美摩托车工业蒙受损失。日本的造船厂10年之内所生产的吨位数，占世界下水船舶吨位的一半以上。到了20世纪70年代，日本现代化的钢厂的产量已与美国钢铁工业持平。日本汽车业的变化更富有戏剧性。1960~1984年，日本汽车在国际市场上所占的比例从1%上升到23%——结果日本向全世界出口的小汽车和卡车都数以百万计。日本锲而不舍、咄咄逼人，产品从低技术向高技术迈进：计算机、电信、航天、机器人以及生物工程等。也正是这种锲而不舍、咄咄逼人的努力，使日本的贸易顺差增加，成为金融和工业的巨人，它在世界生产和市场中所占的比重也随之扩大。1952年，当盟军结束军事占领时“日本的国民生产总值仅比英国或法国的国民生产总值的1/3略高一点。但到了20世纪70年代后期，日本的国民生产总值已相当于英、法两国的总和以及美国的一半以上”。在不到30年的时间内，日本在世界制造业生产和国民经济总产值中所占的比例，从大约2%~3%上升到约10%，并且从未止步。世界上只有苏联在1928年之后的若干年里曾达到过类似的增长速度，但日本却来得更加轻松自如，既有更广泛的基础，也更加令人瞩目。

与日本相比，其他各个大国的经济发展显得缓慢。然而，中华人民共和国1949年诞生之后，开始显示了它的威力，当时只有极少数观察家没有认真看待它。这部分地反映了传统上对于所谓“黄祸”的忧虑，因为这个东方巨人一旦组织起全国的8亿人口，在国际事务中显然是一支巨大的力量。更重要的是，它从诞生之日起在同列强的交往中所起的突出的（更不用说敢作敢为的）作用，尽管也许这是由于它感到自己被包围而做出的一种反应。它同美国在朝鲜和中国金门、马祖的冲突；解放西藏；它同印度进行的边境冲突；它愤然同苏联决裂，并在有争议的边境地区进行军事交锋；它同越南进行流血的反击作战；它在批判西方帝国主义和“苏联霸权主义”方面，在促进全世界民族解放运动方面，通常使用一种积极的宣传调子（特别是在毛泽东时期），所有这些使它在世界事务中树立了一个比言行谨慎、精明敏捷的日本更为重要、更难以预测的形象。仅仅从中国拥有世界1/4的人口这一点说，无论其政治倾向如何，都必须予以认真的对待。

但是，如果用严格的经济学标准衡量，中国似乎又是典型的经济落后国家。比如说，1953年，中国在世界制造业中所占的比例仅有2.3%，其工业潜力仅相当于英国1900年的71%。中国的人口每年以数以千万计的高速度增长，占人口绝大多数的贫穷的农民，其人均产值低得可怕，上缴国家的“附加值”很少。20世纪以来，中国的发展受到过许多干扰：军阀混战、日本入侵、40年代末的内战等，直到1949年才告结束，农民才从地主的手中夺回了土地。然而，中国经济的前途并非没有希望。中国过去就拥有公路、轻型铁路等基础设施，它的纺织业很有潜力，其城市和港口已成为企业活动的中心，特别是中国东北地区在20世纪30年代曾被日本开发过。中国的工业要想腾飞，必须具备两个条件：长期的安定和巨额的投资。在20世纪50年代，由于有共产党领导和苏联的援助，上述两个条件在某种意义上是具备了。1953年的第一个五年计划，仿效斯大林优先发展重工业和增加钢、铁、煤产量的做法，到了1957年，其工业生产翻了一番。但是另一方面，无论是从国内筹集到的还是从苏联借来的资金，都远远不能满足中国经济发展的需要；后来中苏关系破裂，苏联突然终止了对中国的经济和技术援助。此外，鼓励开办乡村钢铁厂以求取“大跃进”，发动“文化大革命”（使大批技术专家、专业管理人员和训练有素的经济学家受到冲击）等，极大地阻碍了中国的发展。还有，在整个20世纪50年代和60年代，中国实行敌对性的外交政策，与几乎所有的邻国发生过军事冲突，这意味着其有限的财力相当一部分必须用于军事开支。

当然，就经济而论，这一时期并非一无是处。它至少强调乡村地区的重要性，促进了小型工业的发展，改善了农业技术，给乡村带来了基本的医疗和社会保障。但是，中国只有进一步改善基础设施和实行工业现代化，并进行长期的投资——在“文化大革命”以后休养生息，同美、日等发达国家增加贸易——

才能使国民生产获得重大提高。中国的煤炭、石油同其他贵重金属矿产一样，正在被迅速开发。到1980年，中国的钢产量达3 700万吨，大大超过英国或法国，其现代能源消耗相当于欧洲任何一个主要国家能耗的两倍。同年，中国在世界制造业中所占的比重也上升（从1973年的3.9%）到5%，接近于联邦德国所占的比例。但是，近年来在这种喜人的增长形势中并非没有问题，共产党领导人已不得不调低了国家的“四化”目标。而且值得重提的是，如果财富和产值按人口平均数统计，中国又会重新显现出它经济相对落后的面貌。当然，尽管有种种不足，中国这个亚洲巨人已经苏醒了，它决心建立起与大国地位相称的经济基础。

尼克松在1971年7月的一次公开讲话中认为，第五个经济实力强大的地区是“西欧”。相比中、美、苏这些国家来说，西欧显然更多地具有地理上的概念，而且，这一概念本身的含义就因人而异——西欧可以是指在苏联控制势力范围以外的所有国家（包括斯堪的纳维亚半岛国家、希腊和土耳其），也可以是指最初的（或者扩大以后的）欧洲共同体国家（它们至少拥有一个共同的经济机构），它还常用来代指那些老牌的强国（英、法、德、意）。如果美国国务院要实行一项新的对苏政策或中东政策，它就不能不同这些国家协商。由于近代以来，英国人一般认为“欧洲”起始于英吉利海峡的彼岸，所以，不能完全排除这一概念在语义上含糊不清的可能性；更何况还有许多主张欧洲一体化的欧洲人（德国的民族主义者就更不必说了），他们把1945年以后欧洲大陆的分裂看作是一种暂时状态，主张将来把两边的国家组织成一个大联邦。因此，从政治和法规上说，使用“欧洲”或“西欧”一词来表达超出词义和含混的人文地理概念本身的含义，是有困难的。

从经济角度上看，欧洲各国最近几十年的情况基本相似，最为突出的特征是高速持续增长。到1949~1950年，大多数欧洲国家恢复到了它们战前的生产水平，其中一些国家（主要是战时的中立国）的生产还明显超过了战前水平。紧接着，欧洲的工业产量逐年增加，出口额空前增长，就业相当充分，可自由支配的收入与投资金额创历史的高水平，其结果是使欧洲成为除日本以外的世界上经济增长最快的地区。1950~1970年，欧洲各国的国内生产总值年均增长率为5.5%，人均产值增长4.4%，而相应的世界平均增长率则分别为5%与3%。工业的增长率还要高些，达7.1%，相比之下，世界增长率仅为5.9%。到了这一阶段的后期，欧洲的人均产值几乎相当于1950年的2.5倍。极其有趣的是，这种增长的趋势遍及整个欧洲，包括西北欧这个工业中心、地中海沿岸国家和东欧国家，连一向发展缓慢的英国经济，此时也以几十年前从未有过的速度快步向前发展。20世纪初以来，欧洲在世界经济中下降了的地位很快得到了回升。"1950~1970年，欧洲在世界商品和服务业产值中所占的比例，从37%增加到41%；而工业产值增长更大，从39%增至48%。"美国中央情报局1960年和1970年的统计数字表明（他们承认这些数字是有争议的），欧洲共同体在世界总产值中的比重比美国还大，为苏联的两倍。

促使欧洲经济复兴的原因，探究起来一点儿也不令人惊讶。长期以来，大多数欧洲国家饱受侵略、长期战争与外国占领之痛苦，城市、工厂、公路、铁路遭到轰炸；封锁导致食品与原材料匮乏；千百万人民应征入伍，千百万生灵惨遭涂炭。即使在战前，欧洲经济的"自然"发展也受到有民族主义倾向的军国主义的阻碍。所谓"自然"经济的发展，就是随着新的能源和新的生产资料的出现，随着新的市场的产生和新技术的推广，生产发展在一个地区一个地区地扩展。不断增高的关税壁垒曾使产品供应国与市场相隔绝。政府的补贴使低效的公司和农场主在同外国的竞争中得到保护。越来越多的国家财政收入被用于军事开支，而不是用于商业企业。因此，在这种"相互封锁、自给自足、自然经济和损人利己的社会风气中，欧洲的经济不可能获得充分的发展"。1945年以后，不仅莫内、斯佩克和哈尔斯坦等"新一代欧洲人"决心创造能免蹈覆辙的新的经济结构，而且还有心肠不错、乐于助人的美国，它愿意以合作的方式（通过实施马歇尔计划和其他援助计划）为欧洲的经济复兴提供财政援助。

因此，过去因战争和政治等原因而不能充分发挥和运用其经济潜力的欧洲，现在终于有机会弥补过去的不足了。欧洲大陆（无论东欧和西欧）普遍存在着重建新欧洲的决心和从20世纪30年代的愚蠢行径中吸取教训的心愿。无论是凯恩斯主义者还是社会主义者，在制订国家计划时，其重点都在于推动社会和经济发展；旧的结构解体或被怀疑和否定，使革新变得更加容易。美国不仅按马歇尔计划向欧洲提供了数百万美元的援助——被恰当地比喻为“雪中送炭”——而且在军事上还提供了一把保护伞，使欧洲各国得到庇护。在朝鲜战争期间以及非殖民化前的时期里，英、法两国确曾把巨额资金用于国防。假如没有美国的保护，它们和所有的邻国就要把有限的资源更多地用于军备。因为贸易壁垒少了，公司和个人便能够在更大的市场范围内获得发展。在发达国家之间所进行的贸易（欧洲国家本身即是如此），因为它们相互间的需求更大，所以总是比同其他国家进行贸易更加有利可图。假如说欧洲国家的“对外”贸易额比其他事业的增长要快，那么，主要原因是欧洲各国的买卖主要是在邻国之间进行的。1950年后的大约30年里，欧洲人均收入的增长额相当于以前一个半世纪增长额的总和。社会经济的发展速度的确令人吃惊，比如，联邦德国从事农业、林业和渔业的人口比例，从1950年的24.6%下降为1973年的7.5%；同期，法国则从28.2%降为12.2%(1980年进而降为8.8%)。随着工业化的发展，可自由支配的收入急剧增加；联邦德国的人均收入从1949年的320美元，猛增至1978年的9 131美元；意大利从1960年的638美元，增为1979年的5 142美元。联邦德国每千人的汽车拥有数量从1948年的6.3辆增至1970年的227辆；法国则从37辆增为252辆。无论你对此作何评价，尽管还存在着地区差异，但实实在在的增长是有目共睹的。

如果考察一下每个老牌强国所发生的变化，便可以清楚地看出，经济的总增长伴随着各种不同的发展速度，产生了不同的影响。在阿尔卑斯山以南，出现了一种特别引人注目的现象，记者们夸张地称之为“意大利奇迹”。意大利的国民生产总值在1948年之后以3倍于战争期间的速度飞速增长，这一势头一直持续到1963年才减慢下来。在此期间，除日本和联邦德国以外，意大利的经济发展速度比任何国家都快。然而，回想起来，这种现象也并不奇怪。意大利一直属于“欧洲四强”之末，换言之，它以前从未充分发挥出自己的经济潜力。意大利摆脱了法西斯主义荒唐的经济政策，加之美国的有力援助，企业家们利用国家规定的低工资带来的低成本和设计方面的声誉，以惊人的速度发展了出口业，特别是对共同市场的出口。意大利利用水力发电和廉价进口的石油，补偿了本国煤炭供给的不足。汽车制造业的成就则给意大利的经济发展增添了催化剂。由于意大利汽车需求与消费量增大，菲亚特汽车制造厂生产的汽车在国内市场的地位经久不衰，这为它向阿尔卑斯山以北的国家出口汽车奠定了有力基础。与此同时，制鞋业和优质服装业等传统制造业，不断向市场推出新的产品。至20世纪60年代，意大利冰箱畅销欧洲所有国家。但是上述成功绝非毫无缺陷。意大利南北方之间的差距依然长期存在；而且，无论城市或者乡村，各方面的社会条件都远不如北欧国家；政府稳定；有大规模的“黑市经济”，高额的财政赤字以及高于各国平均值的通货膨胀率等。这些都影响了里拉的价值，并且表明意大利的经济复兴是脆弱的。每当同欧洲各国的收入或工业化程度做比较，意大利总是比不上其发达的邻国，但若拿增长率做比较，情况就好得多，这又说明意大利经济的起点较低。

相比之下，1945年的英国经济处于遥遥领先的地位，至少在欧洲大国中是如此，也许这从一个方面说明了在往后40年中英国经济相对衰退的缘由。也就是说，由于英国（同美国一样）没有遭到战争的严重破坏，其增长率不可能像那些从军事铁蹄下与战争破坏中恢复过来的国家一样高。至于心理方面的因素，正如前面所述，英国并未被打败，它依然是“波茨坦三强”之一，并重新获得了其世界帝国的一切，这种事实使英国国民很难产生彻底改革其自身经济制度的愿望。英国战后没有建立什么新的机构，而是保留了传统的工会、行政机构和古老的大学。虽然工党政府1945~1951年推出国有化和建立“福利国家”的计划，但并非更加深入地对经济机构和工作态度进行重新调整。因为英国依然自信在世界上居于特殊的地位，它继续依靠所猎取的殖民地市场，竭力维持英镑价值，但结果却是徒劳的。英国保留了大量的海外驻军（耗费了大量金钱），并拒绝加入欧洲统一进程。在北约国家中，其军费开支仅次于美国。

1945年后初期的英国，因为其他国家更为明显的缺陷，以及它深谋远虑地从印度和巴勒斯坦撤出，一时的出口增长和在中东与非洲的帝国地位得以维持，这一切都使得它在国际和经济上的真实地位被部分地掩盖起来了。1956年，埃及将苏伊士运河收归国有，给了英国当头一棒，这不仅暴露了英镑的疲软无力，同时也表明了一个无可辩驳的事实：如果没有得到美国的许可，英国就休想在第三世界国家动用武力。有人可能会说，英国的衰落更是被以下做法和事实进一步掩盖了。在防务方面，1957年以后，它开始执行倚重于核威慑的政策，这要比庞大的常规力量省钱，但却仍可表明其大国地位依旧。在经济方面，英国同样分享了20世纪50年代和60年代的经济繁荣。虽然说英国经济的增长率在欧洲几乎是最低的，但它比以前几十年的情况总算好一些。难怪麦克米伦对英国的选民说："你们从未有过这样好的境况！"如果从可自由支配的收入、洗衣机和小汽车的数量来衡量，麦克米伦的说法具有历史的正确性。

但是，与其他一些发展速度更快的国家相比，正如德国人所讥讽的那样，"英国得了'英国病'"，即好战的工会制度、低劣的管理、政府的"原地踏步"政策、在文化上对刻苦工作和企业家进取精神持否定态度等混合在一起的综合征。在新的经济繁荣形势下，英国大量进口设计更为精美的欧洲产品和亚洲的廉价商品，随之导致收支失去平衡、英镑危机和贬值，加剧了通货膨胀，人们要求增加工资的呼声更加强烈。在不同的时期，英国政府采取了控制市场价格、制定提薪法规和收紧银根等一些措施来制止通货膨胀，为经济的持续发展创造有利的环境，但这些措施很少能够长久地发挥作用。英国的汽车工业逐步受到外国竞争者的削弱；曾经盛极一时的造船工业，变得越发依赖于海军一家的订货。电子产品与摩托车的生产厂家失去了市场竞争能力。在这一趋势下，也有一些公司（如帝国化学公司）例外。伦敦商业区的金融业运作良好，零售业也依然十分发达。但是，受到侵蚀的英国工业基础却已无法挽回。1971年，英国加入共同市场，但并未从那里得到它所希望的灵丹妙药。英国一方面把自己拴在欧洲共同体实行的农产品高价政策上，同时把国内市场敞开，引来了制造业更为激烈的竞争。北海油田也并非天赐宝物，它虽然为英国赚取了大量的外汇，但又使得英镑升值，损害了英国工业品的出口。

经济统计数字向人们表明，的确出现了贝尔罗克所说的“大不列颠工业衰退的加速度”。英国在世界制造业生产中所占的比重从1953年的8.6%，降为1980年的4%。英国在世界贸易中所占的比重也急转直下，从1955年的19.8%降为1976年的8.7%。1945年，英国国民生产总值居世界第三位，但后来联邦德国、日本、法国一一超过了它，欧洲许多富裕的小国人均收入也纷纷超过了它。到了20世纪70年代末，英国可自由支配的人均收入被联邦德国、法国以及比利时、荷兰、卢森堡抛在后面，降为更加接近于地中海国家的水平。当然，英国在世界贸易或国民生产总值中所占比重的下降，还应归咎于这样的事实：由于特殊的技术与历史条件，英国在早些年曾拥有与其本身不相称的过多的财富与贸易额，既然那些特殊条件已不复存在，其他国家已经有能力发挥自己的潜力，那么，英国的地位相应下降乃理所必然。至于英国的地位下降得如此之快是否正常，如此之大，则又当别论。与其欧洲邻国相比，英国的地位今后是否还会进一步下降，目前也还难以预料。20世纪80年代初期，英国的经济衰退趋势呈现出一种平稳的状态。它仍然是世界第六经济大国，而且拥有一支庞大的武装力量。与劳埃德·乔治时代甚至1945年的克莱门特·艾德礼时代相比，英国无论如何也算不上一个泱泱大国，而只不过是一个普通的中等大国罢了。

正当英国的经济在相对衰落中失去活力的时候，联邦德国则在创造“经济奇迹”。这里有必要再次强调，这种发展相对来讲是十分“正常”的。即使在分裂状态下，联邦德国仍拥有欧洲最发达的基础设施，拥有丰富的国内资源（从煤一直到机床厂），同时还拥有受过良好教育的国民，这一点在管理人员、工程师和科学家中表现得特别明显。其中有不少人才是从民主德国逃过来的。在过去半个多世纪的时间里，德国的经济力量都因国家军事机器的需要而走上了邪道。现在其国家的力量可以（像在日本一样）投入商业成就之中，唯一的问题只是恢复的程度。德国的大企业曾轻易地适应了第二帝国、魏玛共和国以及纳粹统治的需要，现在不得不适应新的环境，学习美国的管理思想。它的大银行再一次得以朝着工业发展的方向发挥重大作用。它的化学和电气工业不久也东山再起，成为欧洲工业中的巨人。大量卓有成效的汽车公司，比如大众和梅赛德斯（奔驰），对数以千计的供应厂商具有必然的“增效作用”。随着出口的兴旺，德国已成为世界出口贸易中仅次于美国的出口大国。越来越多的公司和经济社区要求吸收“外来务工人员”以满足其对非技术工人的迫切需要。德国经济再一次——这是100年中的第三次——成为欧洲经济发展的“发电厂”。

从统计方面来看，联邦德国的历史好像是一系列不断成功的记录。即使在1948年和1952年间，德国的工业生产也增长了11%，实际国民生产总值增长了67%。随着它的总投资额达到欧洲最高水平，德国厂商能获取现成的资本，从中得到巨大好处。它的钢产量在1946年实际上还等于零，不久就居欧洲之首（到1960年超过了3 400万吨），其他的工业也都取得了大致相同的成就。在国内总产值方面，它每一年都取得最高的增长率。德国国民生产总值在1952年只有320亿美元，而10年之后却跃居欧洲第一（约890亿美元），到20世纪70年代末又超过了6 000亿美元。其人均可支配收入在1960年不过1 186美元（当时美国为2 491美元），到1979年已猛增至10 837美元，超过了美国的9 595美元的人均数。年复一年，德国的出口盈余日渐积聚，随之而来的是德国马克的比价经常向上调整，实际上已成了一种储备货币。面对来自效率更高的日本的竞争，尽管联邦德国自然会有所担心，但它已毋庸置疑地成为世界“贸易大国”中第二个最成功的国家。由于这个国家有40%的领土和超过35%的人口被分裂开了，联邦德国的这一成就更显得突出。具有讽刺意味的是，民主德国也很快表明，在所有东欧国家（包括苏联）中，尽管自己有数百万优秀劳动力流入联邦德国，但按人口计算，它的劳动生产率最高，工业化程度也最高。假设有可能恢复到1937年的疆界，那么一个统一的德国将会再次把欧洲所有的经济对手远远地甩在后面，比起较自己庞大得多的苏联，也不会逊色多少。

正是由于德国的战败和分裂，也由于它的国际地位（还有柏林的地位）继续受到共管德国的“四强”的控制，它的经济实力才未能转化成政治力量。由于深感对东部的德国人负有天然的责任，所以联邦德国对北约–华约关系的冷暖格外敏感。联邦德国是西欧国家中同东欧和苏联贸易量最大的国家，然而一旦战争爆发，它又明显地处于最前线。苏联和（稍次于它的）法国对“德国军国主义”的任何些微复活的警觉，决定了联邦德国永远也不能成为核国家。它对像波兰人和捷克人这样的邻国有一种负疚感，对苏联则感到易受攻击，对美国则是严重地依赖，它满怀感激之情欢迎戴高乐倡导的法德特殊关系，但却很少感到自己能运用经济力量来控制法国执拗自信的政策。由于在理智上同自己的过去进行深刻对抗，联邦德国对于自己在国际事务中被视为一个很好的团体行动成员而不是一个决定性领袖，感到十分高兴。

这同法国在战后世界，更准确地说是在1958年戴高乐任总统以后的世界中所发挥的作用，形成了鲜明对比。如上所述，以莫内为首的计划者们在1945年以后所希望取得的经济成就，一直受到它所进行的殖民战争、国内政党政治的动荡以及法郎疲软的冲击。然而，正是在印度支那战争和阿尔及利亚民族解放战争期间，法国的经济得到了迅速发展。几十年来，法国的人口第一次有了增长，从而刺激了国内的需求。法国虽然富足、多样化，但却属于半发达国家，自从20世纪30年代以来它的经济一直停滞不前。只是由于和平的降临、美国援助的输入、公用事业国有化和广阔市场的推动，才使得它的增长成为可能。进一步讲，法国（像意大利一样）的工业化水平按人口计算相对低下，因为它的经济以城镇小工业和农业为主，而这意味着它在经济上取得的成就相当引人注目：从1953年的指数95增长到1963年的167和1973年的259（同英国1900年的指数为100相对比）。在20世纪50年代，它的年增长率平均达到4.6%，60年代由于有共同市场的推动又上升到5.8%。欧洲共同市场的特殊措施不仅保护了法国农业免受世界市场价格波动的冲击，而且也为它的发展提供了庞大的欧洲市场。西方世界的普遍繁荣也促进了法国传统的高附加值商品（服装、鞋子、葡萄酒和珠宝）的出口，飞机和汽车也成了它的主要出口货物。在1949~1969年，法国的汽车生产增加到10倍，铝产量增加到6倍，拖拉机和水泥产量增加到4倍，钢铁产量增加到2.5倍。即使工业化水平不高，相对说来法国也一直是富裕的；到70年代，它就更加富裕了，而且看起来更加现代化了。

不过，法国的增长并不像它的莱茵河邻国那样广泛地依靠工业，蓬皮杜总统要很快超过联邦德国的理想也毫无实现的迹象。除了电气、汽车和航天工业这几个明显的例外，法国的大多数工厂规模小、投资少，而它们的产品价格却比德国高。尽管它推行了农业“合理化”改革，大量的小农经济仍然存在，而且实际上还受到了共同市场补贴政策的庇护。然而，对法国农业的压力，加上工业现代化（包括关闭旧的钢铁厂等）所带来的社会紧张，引发了工人阶级的不满，其中最著名的例子就是1968年爆发的“五月风暴”。由于本国燃料供应的短缺，法国严重依赖进口石油，并且（尽管它有雄心勃勃的核能计划）其国际收支受到世界石油价格波动的严重影响。它同联邦德国的贸易赤字直线上升，而且又需要经常使法郎对马克贬值；但这同美元、法郎比价的经常上下波动比较起来，也许是保持法国经济地位的较可靠的办法。甚至在经济持续增长的时期，法国的经济也面临某种危险，一旦经济动荡不安，许多稳健的资本家便携带着全家的积蓄逃到瑞士。

但是，法国对世界事务的影响，总是远远超过人们对这么一个仅占世界国民生产总值4%的国家的期望值，而且不仅在戴高乐任总统时期是如此。也许这应归因于法国那种国民文化中十足的自信精神，而且这同英美影响的下降、苏联对世界吸引力的日渐微弱以及德国谨慎从事的时代相巧合。如果西欧真要有一个领袖和代言人，那么法国将胜过孤立主义的英国和被征服的德国而成为当然的候选人。进而言之，法国历届政府很快就认识到，通过说服共同市场遵循一条特殊的路线——在农业关税、高技术、海外援助、联合国内的合作、对阿以冲突的政策等方面——以有效地利用巴黎倡导的、现已成为世界上最大贸易集团的欧洲共同市场这一有利地位，就能大大加强自己本不甚强的力量，提高自己的影响。而一旦时机成熟，以上任何一点又都难以阻止它采取单边的行动。

上述4个较大的欧洲国家的财富和生产在这几十年的增长，加上邻国弱小这一事实，并不能保证在它们之间实现永久的和睦。早期对日益紧密的政治和制度一体化的期望损害了共同市场成员国中仍然强烈的民族主义，这首先在戴高乐的法国身上，尔后是那些姗姗来迟的、怀着戒备之心参加欧洲共同体的国家（英国、丹麦、希腊）身上表现出来。他们之间的经济分歧，尤其是在高额农业补贴计划上的矛盾，常常使共同体在布鲁塞尔和斯特拉斯堡的会议日程陷入瘫痪。由于中立的爱尔兰参加了共同体，因而也就不可能形成一个共同的防御政策；这一使命不得不留给北约（法国现已退出北约的指挥机构）去完成。20世纪70年代石油价格上涨的冲击对欧洲的打击特别沉重，似乎一下子打消了人们早期的乐观主义。尽管惊恐四起，共同体官员们也做了大量的计划工作，但是要制定出一套发展高技术的政策以对付日本和美国的挑战，仍然步履艰难。然而，不论有多少困难曲折，欧洲经济共同体经济发展的现实规模已意味着，国际形势已完全不同于1945年或1948年了。欧洲经济共同体已成为世界最大的货物进出口地区（尽管相当一部分属于欧洲内部贸易），到1983年，它已拥有世界最多的货币和黄金储备；它生产的汽车（占世界产量的34%），比日本（占24%）和美国（占23%）都多，它生产的水泥也多于美日，它的粗钢产量仅次于苏联。1983年，10国共同体的人口总数远远超过美国，而与苏联基本相同——各有2.72亿，它的国民生产总值及其在世界工业生产中所占的比重也大于苏联，甚至比整个经济互助委员会国家的总额都多。即使欧洲共同体在政治上和军事上尚不成熟，但它在全球经济中的地位与1956年相比却强大得多。

几乎与此完全相反的，可说是苏联从20世纪50年代到80年代的演变。如上所述，在这几十年中，苏联不仅保持了它的强大陆军，而且实现了对美国的战略核均势，建立起一支远洋海军，并将其影响扩张到世界的每个角落。然而，想在全球范围内同美国分庭抗礼的持久的竞赛努力，与其在经济领域取得的成就很不相称。颇具讽刺意味的是（马克思强调生产基础在决定社会进程中的作用），将自己标榜为世界上正统的社会主义国家的苏联，却随着时间的流逝而日渐遭受经济困难的折磨。

这并没否定苏联及其所支配的东欧盟国自斯大林末期以来所取得的显著经济成就。从许多方面来看，苏联和东欧在这几十年里所发生的变化，比起西欧甚至有过之而无不及，尽管这可能主要取决于这样一个事实，即它们的起点很低：贫穷且落后。不论怎样，根据大致的统计数字来看，苏联所取得的成就还是十分显著的。它的钢产量在1945年只有1 230万吨，1960年则达到6 530万吨，1980年又跃至14 800万吨（成为世界上最大的产钢国）；发电量在同期内也从每小时4 320万瓦，上升到每小时29 200万瓦和每小时129 400万瓦；汽车产量也从7.4万辆跃至52.4万辆和220万辆；而且这个成就单子还可以无限地开列下去。它的整个工业产量在1950年代平均每年增长10%以上。假定1953年的增长指数为100，那么到1964年这个数字就达到了421，这是令人瞩目的成就。这同苏联的人造卫星上天、太空探索和军事装备上的惊人成就一样，都显示了苏联人的卓越才能。到赫鲁晓夫下台时，苏联的经济比斯大林统治时期要繁荣得多、基础雄厚得多，而且其绝对量一直稳步增长。

然而有两个严重缺陷使这些成就黯然失色。第一点就是苏联经济增长率长期稳步下降。从1959年以来，它的工业生产增长率从每年的两位数向下滑落，越降越低，以至于到20世纪70年代末期每年只有3%~4%，而且仍在下降。回顾历史即可看到，这是一种十分自然的发展，因为越来越明显的是，早期的、突出的增长主要是靠劳力和资本的大量消耗实现的。随着现有劳动力供应的完全使用（而且还要同武装部队、农业进行争夺），增长的速度也就只有下降了。就资本投资来讲，苏联主要是将大量资本倾注在与重工业和国防有关的生产上，而且又往往过分强调数量的增长，忽视了质量的提高，从而使其他众多的经济部门投资不足。虽然苏联的人均生活水平在赫鲁晓夫及其继任者统治下有了提高，但是，在个人消费被人为地控制得很低，以保证将其资源用于重工业和军事方面这样一种经济环境中，消费者的需求（正像在西方一样）无法刺激经济的增长。也许首要的问题仍然是以下两点：长期影响苏联农业僵化的体制和恶劣的气候。因此，不论苦恼的计划人员和部长们为此倾注了多少心血，对农业的投资多么慷慨大方，苏联农业净产量的增长率还是从20世纪50年代的平均4.8%降到60年代的3%和70年代的1.8%。考虑到农业在苏联经济中的地位以及它的人口在1950年以后的30年中增加了8 400万，它在人均国民生产总值方面的总的增长要远远低于其工业生产的增长，而后者本身又有点像“强制性”的成就。

第二个严重缺陷是可以充分估计到的、苏联经济的相对停滞。在20世纪50年代和60年代早期，鉴于苏联在世界工业生产和世界贸易增长中所占的比重，赫鲁晓夫宣称马克思主义的生产模式是优越的，并将有朝一日“埋葬资本主义”，看起来还有些道理。但是从那以后，形势变得越来越使克里姆林宫感到担心。欧洲共同体在工业上的“半个巨人”联邦德国的带动下突飞猛进，其富裕程度和生产力水平已远远超过苏联。小小的岛国日本也发展得如此迅速，在国民生产总值上超过苏联仅仅是一个时间问题。美国尽管其工业相对衰落，但在总产量和财富方面仍遥遥领先。苏联及其东欧兄弟国家在人均生活水平上并没有消除同西欧的差距。对此，其人民未免有些羡慕。由于不利的竞争地位，苏联和它的卫星国面对日益更新的计算机、人工智能和电信技术，只能望洋兴叹。而苏联的农业从生产率上来看也仍然同以往一样衰弱不堪：1980年，一个美国农业工人生产出的粮食足够满足65个人的需要，而他的苏联同行生产出的粮食却只能养活8口人。这反过来又使苏联处于不得不越来越多地进口大量粮食的困境之中。

苏联本身的许多经济困难都能从它的卫星国的问题中反映出来——它们在20世纪50年代和60年代早期也都取得了较高的增长率，尽管同西方的水平相比仍有相当距离；也能从其卫星国强调中央计划、重工业和农业集体化这一相似的发展方针中反映出来。虽然东欧国家之间在繁荣和发展的程度上存在很大差异（而且仍在出现），但它们总的趋势都是早期突飞猛进，尔后日渐衰退，这使马克思主义的计划者们面临艰难的选择。苏联可以通过开垦荒地来增加农田，尽管北方冬季的生态环境和南方的荒漠限制了这种努力的可能性（这很容易使人想起赫鲁晓夫当年满怀信心开垦的“处女地”很快变成沙尘暴发源地）。同样，广泛地开采自然资源来解决比如石油储量与使用量不相称这类问题，也冒有效率低下的风险，因为只要矿井进入冻土区，提炼成本马上就会上升。它也可以将更多的资金投入工业和技术，但这只能以下列两种危险作代价：要么从国防中抽出人力物力资源——但是，不论领导怎么更换，国防一直是苏联第一重点；要么从消费品生产中放血——但是在通信条件的改善使西方的繁荣在东方人的眼中更加明显的情况下，这种调整的微小变化都是很不受欢迎的（特别是在东欧国家）。最后，苏联及其兄弟国家可能推行一系列改革，不仅要经常地铲除贪污、打击官僚主义，而且还要改革其体制，提供个人刺激，引入现实的价格机制，允许个体农业的发展，鼓励公开讨论和开发新技术方面的企业家精神等，就像匈牙利在20世纪70年代所巧妙实践的那样。但实施这种改革战略的困难，正如捷克斯洛伐克1968年的经验表明的那样，“自由化”措施将把控制森严的共产党政权本身置于被怀疑的危险境地，因而在十分谨慎的勃列日涅夫时代引起了党的意识形态专家和军界的不满。由此可见，要扭转经济的相对衰落必须谨慎从事，而这反过来又使得显著的成功不大可能。

也许唯一能使克里姆林宫感到安慰的是，它的主要对手美国自20世纪60年代以来也面临着经济困难，并且正在很快地失去它在1945年以来在世界财富、生产和贸易中所占有的相对比重。当然，提及这个年头对于理解美国的相对衰落具有重要意义。在历史上的这个时期，美国有利的经济地位既是空前未有的，又是不自然的。它之所以占据世界的顶峰，部分是由于它本身生产的膨胀，但也因为其他国家暂时的虚弱。随着欧洲和日本的生产恢复到战前水平，这一特殊的形势将会变得对美国不利；而且随着世界工业生产的普遍高涨（1953年到1973年增长了两倍多），形势还将进一步转化，因为新的工厂、车间在全世界普遍兴起的时候，要保持其1945年占世界工业生产的一半这个水平是不可能的。据贝尔罗克统计，到1953年，美国在全世界工业生产中所占的百分比已降到44.7%，到1980年降至31.5%，而且仍在下降。几乎由于同样的原因，美国中央情报局的经济指南也证明，美国在世界国民生产总值中所占的比重，从1960年的25.9%降到了1980年的21.5%（尽管美元在世界货币市场上短期的升值可能预示着这一比例在以后几年中会有所提高）。但这并不是说，美国的生产大大倒退了（除了那些西方世界中普遍衰落的工业部门），而是说美国以外的其他国家的生产大大地提高了。汽车生产也许是说明这一问题中两种趋势的最简单明了的例子：1960年，美国生产了665万辆汽车，占当年世界汽车产量1 280万辆的52%；到了1980年，由于世界汽车总产量达到了3 000万辆，尽管美国的产量增至690万辆，但它在世界总产量中所占的比重却只有23%。

虽然有这么点儿安慰——这同70年前英国面对其在世界生产中的比重开始下降，但仍习惯以此来安慰自己的情形颇为相似——但是这种变化却有令人担忧的一面。真正的问题不是"美国必然要相对衰落吗"，而是"它必然会衰落得如此之快吗"。因为即使在美国统治下的和平时期，它的竞争地位也由于每年的人均生产增长率的下降（尤其是同前几十年相比，见表42）而受到削弱。

表42　1948~1962年人均产量每年平均增长率

	1913~1950年	1948~1962年
美　国	（1.7）	1.6
英　国	（1.3）	2.4
比利时	（0.7）	2.2
法　国	（0.7）	3.4
联邦德国	（0.4）	6.8
意大利	（0.6）	5.6

我们还可以说这是历史的"正常"发展。正像迈克尔·鲍尔弗所指出的，在1950年以前的几十年里，由于美国一直是标准化手段和大规模生产工艺的

革新者，因此它的产量比其他任何国家都增长得快。结果是，“在满足人民的需要方面，它比其他任何国家都走得快，而且已经在高效率水平（按每小时的人均产量）上从事生产；反过来这就使美国通过采用更好的方法或更好的机械来提高产量这种司空见惯的可能性，同其他国家相比大大减少了”。然而，不管这一点多么正确，美国经济中正在发生的其他一些长期趋势仍然没有什么益处：财政和税收政策刺激了高消费，但个人储蓄率却很低；除了为军事目的进行的投资以外，对研究和开发的投资与其他国家相比正慢慢减少；而占据国民生产总值一部分的国防开支却比西方集团中的任何国家都多。另外，美国越来越多的人口正从产业部门流向服务业，即进入低产领域。

在20世纪50和60年代，这多种经济趋势都被下列可喜的景象所掩盖：美国高技术（特别是在空间领域）的惊人发展，刺激消费者对日新月异的汽车和彩电的消费欲望的高度繁荣，美元作为外援、军事开支或者作为银行和公司的投资从美国向世界贫困地区的转移。在这一方面，想起20世纪60年代中期谢尔温–施赖伯提出的“美国的挑战”所引起的普遍恐慌，是有启发意义的。当年所谓“美国的挑战”来自以下事实：美国大量地向欧洲（广而言之是世界各地）投资，据说要把这些国家变成自己的经济卫星国；像埃克森和通用汽车公司这样的大跨国公司引起的普遍畏惧或者憎恨；与这些趋势相联系的，还有同美国商业院校所普遍传授的先进管理技术相一致的各个方面。从某种经济观点来看，美国投资和生产的转移，的确是经济力量和现代性的证明，因为它们利用了劳动成本低廉的优势，保证其产品在海外市场畅销的广阔渠道。但是，一段时间过后，资本外流的势头变得如此强大，以至于开始超过美国通过工业制品、粮食的出口和“无形”的服务业带来的贸易盈余。尽管到20世纪50年代末期，这种日益上升的国际收支逆差已经导致美国黄金的外流，但是大多数外国政府仍然乐意持有更多的美元（成为主要的储蓄货币），而不是要求支付黄金。

然而，随着20世纪60年代的到来，这一有利的环境即告消失。尽管越南战争使美国大量的美元付诸东流，但是肯尼迪总统和（比之更甚的）约翰逊总统都想增加美国在海外的军事开支（不仅仅限于越南）。肯尼迪和约翰逊也都致力于扩大国内开支，虽然这种倾向在1960年以前就可以觉察到。然而任何一届政府又都不愿付出政治代价，以增加税收来支付不可避免的通货膨胀。结果就是联邦赤字的逐年上升、无法抑制的价格上涨，以及美国工业的竞争力日渐削弱。这又反过来导致了更大的国际收支逆差，约翰逊政府抑制了美国公司的对外投资，从而使之变成了新的欧洲美元。正是在这一时期内，美国在世界黄金储备中所占的比重急剧下降，从1950年的68%降到1973年的27%。整个国际支付和货币流通体系由于这些问题的相互作用而日渐动摇，而后又由于戴高乐对他所说的美国"转嫁通货膨胀"进行的愤然反击而进一步削弱。在这种情况下，尼克松政府发现，除了终止私人市场上美元同黄金的挂钩关系，尔后使美元与其他货币的汇率自由浮动外，别无选择。从此，布雷顿森林体系这一在美国财政金融处于鼎盛时期所构筑的大厦，现在又由于它的主要支柱再也承受不住其紧张压力而崩溃了。

20世纪70年代美元自由浮动的详细情况这里不做论述，美国几届政府努力在不带来更多的政治麻烦的情况下控制通货膨胀、刺激增长的曲折过程这里也不作详述。70年代，美国高于平均数的通货膨胀率常常导致美元兑德国马克和日元的疲软；而在80年代早期，对严重依赖欧佩克石油供应的发达国家（如日本、法国）造成沉重打击的石油危机，世界不同地区的政治动荡，以及美国的高利率，又使美元趋向坚挺。尽管这些问题都很重要，并且可能会增加全球经济的不稳，但是对于我们的目的而言，它们的意义可能比生产增长率的下降——在私营部门这一增长率从（1965~1972年的）2.4%降到（1972~1977年的）1.6%，直至（1977~1982年的）0.2%——这一不可阻止的长远趋势要小一些。它们的意义也许还不如以下几种正在发生的巨变：日益上升的联邦赤字可以被看成凯恩斯主义式的对经济的"推动"，但却付出了昂贵代价——从国外吸收大量资本（美国高利率的诱惑）使得美元价格上升到不正常的水平，以至于使美国从纯债权国变成了纯债务国；美国制造商们发现，自己越来越难以同进口的汽车、机电产品、厨房用品以及其他商品进行竞争。因此，毫不奇怪，人均生产总值曾是世界上最高的美国，现在开始在这一名单上向下滑去。

对于那些能从更广泛的角度——不是仅仅同瑞士的收入和日本的生产进行有选择的比较——认识美国经济及其需要的人来讲，仍然有某些值得欣慰之处。正如卡里奥所指出的，1945年以后的美国政策确实实现了一些基本的、意义深远的目标：同20世纪30年代的衰退相比，美国国内实现了繁荣；没有发动战争就遏制了苏联的扩张；西欧经济和民主传统的复兴，尔后日本的崛起创建了"一个日益一体化的经济集团"，以及"建立一整套处理共同的经济和军事问题的多边机构"；最后，"旧殖民地国家独立后也日益紧密地加入了世界经济"。总之，美国仍然维持着自由世界的秩序，而且它自己也日益依赖于此。尽管它在世界财富和生产中所占的比重已经下降，甚至比估计的速度还要快些，但是全球经济力量对比的重新分配所带来的环境，对它本身的开放市场和资本主义传统并没有什么抵触。最后，即使美国在生产上的领导地位因某些国家经济的更快发展而受到削弱，但在真正的国家实力的几乎各个方面，它仍然对苏联保持了非常可观的优势，而且通过坚持企业家的信条，美国仍然为管理上的首创精神的发挥和技术革新的涌现开辟了广阔前景；相反，苏联在接受这些东西时所面临的困难却大得多。

对上述这些经济变动的意义进行更为详细的探讨必须等到最后一章。不过一些统计数字（见表43）对揭示上面讨论过的一些趋势的实质可能有些帮助，因为它们关系到全球经济平衡，也就是指世界生产在发展中国家的部分复兴：日本甚至还有中国经济的显著增长；欧洲经济共同体尽管仍是世界上最大的经济集团，但它在世界经济中的比重也有所下降；苏联所占比重的稳定，尔后的缓慢下降；以及美国经济尽管衰落较快但仍拥有较强大的经济力量。

表43 1960~1980年不同国家与地区所占世界生产总值百分比

	1960年	1970年	1980年
发展中国家	11.1	12.3	14.8
日　本	4.5	7.7	9.0
中　国	3.1	3.4	4.5
欧洲经济共同体	26.0	24.7	22.5
美　国	25.9	23.0	21.5
其他发达国家	10.1	10.3	9.7
苏　联	12.5	12.4	11.4
其他社会主义国家	6.8	6.2	6.1

到1980年（即表43中最后一年），世界银行关于人口、人均国民生产总值以及国民生产总值的统计数字，实际上已经非常明显地显示出全球经济力量的多极分配趋势（如表44所示）。

表44 1980年人口、人均国民生产总值、国民生产总值

国家或地区	人口（百万）	人均国民生产总值（美元）	国民生产总值（10亿美元）
美　国	228	11 360	2 590
苏　联	265	4 550	1 205
日　本	117	9 890	1 157
欧洲经济共同体12国	317	—	2 907
法　国	54	11 730	633
联邦德国	61	13 590	828
英　国	56	7 920	443
意大利	57	6 480	369
民主德国、联邦德国	78	—	950
中　国	980	290或450	284或441

最后，在生产力平衡上这些长期的变动本身并没有多大意义，只有同其所具有的强权政治的含义结合起来才意义深远。正如列宁在1917~1918年所指出

的那样，正是由于国家之间经济增长率的不平衡，才必然地导致个别大国的兴起和其他一些大国的衰落：

> 半个世纪以前，就资本主义力量而言，德国同当时的英国相比还是一个可怜的、无足轻重的国家。日本同苏联相比也同样微不足道。但是，10年或20年后，还能肯定帝国主义国家的相对实力保持不变吗？绝对不可能。

虽然列宁的话是针对资本主义和帝国主义国家的，但是这一规律看来适用于所有国家；不管它们赞同什么样的政治经济模式，经济增长率的不平衡迟早将引起世界政治和军事平衡的变动。这正是20世纪以前的4个世纪内大国发展所遵循的历史模式。紧接着而来的便是过去20~30年中世界生产中心的不寻常的迅速变动，必然会对今日主要大国未来的大战略产生影响，因而当然值得另辟最后一章予以探讨。

注：

1. 日军于1943年2月被迫全部撤出瓜岛。——审校者注
2. 指英国。——译者注
3. 《里约热内卢条约》，美洲国家组织诸国1947年在里约热内卢召开特别会议，签订了称为“西半球防务基石”的《泛美联防公约》，亦称《里约热内卢条约》。——审校者注
4. 原文如此。但“三个世界”的理论是毛泽东于1974年提出的，而“第三世界”的出现，则可以追溯到1955年亚非万隆会议的召开。——译者注
5. 梅特涅（1773~1859年），1808~1848年任奥地利外交大臣和首相。卡斯尔雷（1769~1822年），1812~1822年任英国外交大臣。俾斯麦（1815~1898年），1862~1890年任普鲁士王国首相、德意志帝国首相。——审校者注
6. 巴麦尊（1784~1865年），1855~1858年、1859~1865年任英国首相。——审校者注
7. 乔治·凯南，美国当代职业外交家，苏联问题专家。1950年代曾任美驻苏联、南斯拉夫大使。他提出的著名理论是对苏联和社会主义国家采取遏制政策。——审校者注
8. 格莱斯顿（1809~1998年），英国政治家，在1868~1894年曾四次出任首相。威尔逊（1856~1924年），1913~1921年任美国总统，民主党人。——审校者注

第八章　面对21世纪

迈向21世纪时，世界强国所追求的伟业具有三重性：为国家利益提供军事安全，满足国民的经济需求，保证经济持续增长。如果只实现前两项，而没有第三项，必然导致国家在更长的时期里出现相对黯淡无光的前景，而这一直是那些未能适应世界力量变动、发展缓慢的社会的命运。

历史回顾与思考

这一章的节标题，不仅包含着年代的变化，更重要的还意味着方法论的不同。即使是最近的过去都已成了历史，尽管偏见和资料的问题曾使前10年的历史学家很难把事物的暂时现象和本质区分开来，时至今日，历史学家却依旧根据同样的学术原则行事。然而，论述当前如何向未来演变的著作，即使是讨论业已出现的趋势，也不能自以为它就是历史的真理。从以档案材料为依据的专著到经济预报和政治预测，不仅原始材料发生变化，而且所写的东西是否正确也不能肯定。在处理“历史事实”时，尽管经常遇到许多方法论方面的困难，但过去的事件，如皇太子被刺杀和军事失败等，事情毕竟确已发生。而关于未来，我们能说的连这样的确实性也没有。预料不到的事情，纯粹的偶发事件，发展趋势的突然中止，都可以使本来最合理的预测归于破灭。如果不是这样，那也只不过是预言家走运罢了。

那么，我们只能根据当前全球经济和战略的趋向做出合理的推测，而这些也只能是暂时性的和猜测性的，不能保证所有的（或任何一项）推测都成为现实。过去几年业已发生的美元国际价格的起落和1984年后石油价格下跌（对苏联、日本、石油输出国产生了不同的影响），给我们提出很好的警告，说明不能根据经济动向来做结论；而且，政治和外交世界是从来没有直路的。许多著作中论述当代事务的最后章节，仅仅在几年之后就要根据后来的认识加以修改。要是本书这一章能经久不改，完美无瑕，岂不怪哉！

对过去5个世纪以来大国的兴衰作一简要回顾，也许是预测未来的最好方法。本书的一个论点是，世界上有一种变革的动力，这个动力主要由经济和技术的发展所驱动，然后对社会结构、政治制度、军事力量与各个国家和帝国的地位都产生影响。世界经济变化的速度之所以快慢不一，就是因为技术发明和经济增长的速度本身是参差不齐的，它们受着各个发明家、企业家，以及气候、灾害、战争、地理、社会结构等情况的制约。同样，由于技术、生产和贸易方式的变化，以及对增加生产和财富的新方式的接受能力不同，世界不同地区和社会都有过或快或慢的增长速度。世界一些地区崛起了，另一些地区则相对或者（有时则是）绝对地落后了。所有这些都不足为奇。由于人类具有改善自身条件的本能，世界的发展从来没有停止过。而且，人类智慧从文艺复兴时起取得突破，后来在启蒙运动和工业革命中受到"精密科学"的推动而飞速发展，这一事实足以表明，变革的动力将日益具有比以往更加强大的威力和自身持续发展的能力。

本书第二个主要论点是，经济增长速度不均衡，对于国家体系中许多成员国相对的军事力量和战略地位都产生了决定性的长期的影响。这也是不奇怪的，而且，人们以前就多次这样说过，尽管强调的方面和表述的方式可能各不相同。世界不必等到恩格斯时代才知道，"没有什么比陆军和海军更依赖于经济条件的了”。对文艺复兴时期的君主和对今天的五角大楼一样，事情非常清楚，军事力量要靠足够的社会财富来支持，而财富来自生机勃勃的生产基础，来自健康的金融财政和先进的技术。如上所述，经济繁荣并不总是而且不会直接转化为军事实力，因为这要取决于许多其他因素——从地理、民族志气到军事领导和战术才能。尽管如此，事实仍然是，世界军事力量对比的所有重大变化，都是随着生产力对比的变化而变化，而且，国际体系中各帝国和国家的兴衰，同主要大国之间战争的结局是一致的。在这些战争中，胜利通常属于拥有最雄厚的物质资源的一方。

下面要谈的是预测，而不是历史。因此，这里的讨论是以过去500年的主要趋向仍在继续这样一个似乎合理的假设为基础的。国际体系，不管一个时期内受6个大国还是仅仅受两个大国所主宰，它仍然处于无政府状态之中，没有什么比主权，即利己的民族国家具有更大的权威。在每一个特定时期里，都有一些国家在世俗权力中所拥有的分量或者在扩大或者在萎缩。世界到了1987年或2000年，不会再停留在1870年或1660年的状态中。相反，一些经济学家认为，国际生产与贸易的结构正在以前所未有的高速度变化着：农产品和原料产品在相对贬值，工业“生产”同工业“雇工”在相互脱钩，知识密集型产品在所有先进的社会里正在占据主导地位，世界资本的流动与贸易方式在日渐分离。所有这些，加上科学上的许多新发展，必然影响国际事务。总而言之，如果没有上帝的干预或灾难性的核战争，由于技术和经济发展的推动，世界力量将继续处于动态发展之中。如果关于计算机、人工智能、生物工程等的预测是正确的；此外，如果关于“第三世界的”绿色革命（其结果，印度甚至中国将成为粮食的纯出口国）将会成功的预测最后证明是对的，那么，到21世纪初，世界作为一个整体将富裕得多。即使技术进步不那么快，经济增长还是可能的。人口结构的变化及其对需求的影响，如同资源被更充分利用一样，对于实现这一点将起保证作用。

同样清楚的是，由于变革的条件不同，这种增长将是此快彼慢，不平衡的。

正是这一点，而不是任何别的什么东西，使预测具有暂时性。例如，不能保证40年来取得了引人注目的成就的日本经济在今后20年一定能继续发展；而苏联经济自20世纪60年代以来增长率不断下降，但如果苏联国内经济政策和机制发生变革，那么，在90年代其增长速度再度回升也不是不可能的。然而，目前的发展趋势证明，上述两种结果都不大可能。换言之，从现在到21世纪初期，如果真的出现日本停滞不前，而苏联经济欣欣向荣，那么，这也只有在条件和政策发生的变革比目前根据现有证据所做的合理假设要急剧得多的情况下才有可能。对今后15至25年内世界变化的估计确实可能有误，但这并不是说，人们宁可接受难以置信的结局，而不相信以当前广泛的发展为依据所得出的合理的预测。

例如，当今众所周知的一个“全球性发展趋向”——太平洋地区的崛起。对这个趋向将会继续发展做出肯定的预测是合理的，因为其发展的基础十分广泛。它不仅包括日本强大的经济，而且包括中华人民共和国这个急速变化着的巨人；不仅包括为人们所公认的繁荣的工业国澳大利亚和新西兰，而且包括像中国台湾、韩国、中国香港、新加坡，以及东南亚国家联盟的其他成员国马来西亚、印度尼西亚、泰国、菲律宾等在工业化方面新近取得了巨大成功的国家和地区。广而言之，它还包括美国和加拿大沿太平洋的州和省。这一广大地区的经济发展，由于各种因素的巧妙结合而得到了促进，即一些地区以出口为导向的工业生产迅速上升，反过来它又导致外贸、航运、金融各业的巨大增长，新技术以及更加廉价的劳动密集型产业的长足进步；由于巨大而富有成果的努力，使农业生产（特别是粮食和副食品）增产的速度超过了人口的增长。每一项成就都产生良好的相互作用，从而创造出远远超过传统的西方强国的经济增长率，同时近年来也超过了经济互助委员会成员国的经济增长速度。

以生产总值为例，1960年亚太地区各国（美国除外）国内生产总值仅占世界生产总值的7.8%；到1982年其所占比例翻了一番以上，达16.4%；此后，这个地区的经济增长率以更大的幅度超出欧洲、美国和苏联。到2000年，这个比例很可能突破20%，相当于欧洲或美国的产值。即使其增长率低于过去25年已经取得的速度，也会达到这个比例。在这同一时期里，环太平洋的这种势头在美国本身的经济对比中也得到了体现。1960年，美国同亚太地区的贸易额仅占它同欧洲（欧洲经济合作与发展组织成员国）贸易额的48%，但到了1983年，上升到美欧贸易的122%。与这一变化并行不悖的是，美国人口的分布和收入的分配也向泛太平洋地区转移。尽管有个别国家的发展速度减缓，或一些问题影响某一工业的发展，但总的趋势在继续发展，这是显而易见的。因此，有一位经济学家满怀信心地预言，目前国民生产总值占世界总数43%的整个太平洋地区，到2000年其所占比例将高达50%，他还得出结论："亚太地区已成为世界经济力量的主要中心之一，世界经济的重心正向该地区迅速转移。"这丝毫也不奇怪。当然，这种说法自19世纪以来就多次听到过。但是，只有自1960年以来该地区的商业和生产取得了大规模发展之后，这种预测才成了现实。

同样，设想今后几十年将会出现一个不那么引人注目但却更加广泛的趋向，也是合乎情理的。这一趋向是：由于昂贵的新武器系统和国际上的抗争，军备竞赛的耗费呈螺旋式上升。人们评论说："历史上少有的经久不变的事情之一，是军费的投入总是上升的。"如果这一论断对于军事技术发展缓慢的18世纪的战争与军备竞赛（即便有短期的起伏）是正确的，那么，它对于每一代新的飞机、战舰、坦克都昂贵空前，甚至薪金也受通货膨胀的影响的20世纪来说，就更是千真万确的了。爱德华七世[1]时代的政治家们现在惊讶地发现，1914年以前的一艘价值250万英镑的战列舰，如今要用一艘价值1.2亿英镑以上的护卫舰来替换。20世纪30年代后期曾乐意为生产数以千计的B-17型轰炸机拨款的美国国会议员们，在今天当五角大楼估计生产100架新型的B-1轰炸机就要耗资2 000亿美元时，也显得缩手缩脚了。在所有军事领域，费用都在攀升：

与第二次世界大战时相比，目前轰炸机的价格是过去的200倍，战斗机是100倍，航空母舰是20倍，主战坦克是"二战"时的15倍。"二战"

时期一般G级潜艇的造价，每吨仅5 500美元，而今三叉戟潜艇则每吨需160万美元。

综合考察一下这些问题就会发现，今天的军火工业正日益脱离商业和自由贸易市场的生产轨道。军火工业通常集中在少数与本国国防部门有特殊关系的大公司（无论美国、英国、法国都是如此，在苏联的计划经济中更是如此）。国家在市场管理中经常通过转让专有合同和对产品提供超成本保障等方式，给军火工业以保护，因为这种产品只有国家（和友好国家）是买主。这些公司，即使是像IBM公司和通用汽车公司这样的大公司，仅仅为了在瞬息多变的国内外市场中争得一席之地，都必须在残酷无情的竞争中奋斗。在这样的市场里，质量要求、消费者的胃口和价格都捉摸不定。为了满足军人获得当前最先进的武器、使军队能在所有可能的（有时也许是十分难以令人置信的）战场上作战的愿望，国家要生产愈加昂贵的复杂的但数量更少的产品。在对家庭用品或办公室电脑产品的最初原型进行大量投资后，因为要进行市场竞争和争取大批量生产，各公司都把产品的平均成本费用压低。与此同时，19世纪后期以来，新科技的迅猛发展不可避免地促进了军火制造商与政府的联系。这种与“自由市场”准则背道而驰的联系，目前已发展到令人吃惊的地步。玩世不恭的人们预言，到2020年，一架飞机就可以一口吞掉整个五角大楼的预算。美国关于“军事改革”的各种建议也许能阻止这种情况的出现。但即使采纳这些建议，更少的武器需要更多的费用这一趋势是不可能逆转的。

当然，这主要是由于武器装备不可避免地日趋复杂。比如，一架现代战斗机的部件可多达10万件。同时，也因为地上、海面、海底、空中和外层空间的军备竞赛在继续进行。如果说最大的竞赛是在北约组织与华约组织国家之间（这两个集团，由于有两个超级大国，其军备投资占世界总数的80%，拥有世界60%~70%的飞机和舰艇）进行的话，那么，在中东、非洲、拉丁美洲，以及从伊朗到朝鲜的亚洲地区，也存在着虽然规模较小但却值得注意的军备竞赛，至于战争就更不用说了。其结果是，第三世界军事费用急剧膨胀，即便最穷的国家也是如此，而且，军火交易大幅增加，并转向这些国家。1984年，世界武器交易额高达350亿美元，超过同年世界粮食贸易额（330亿美元）。同时值得注意的是，在其后的1985年，世界军费开支总额达9 400亿美元，大大超过全球比较贫穷的一半人口的总收入。更有甚者，武器装备费的增长，比全球经济和大部分国家的国民经济的发展速度还快。在这方面，占据首位的是美国和苏联。美苏两国每年各自的国防费用都大大超过2 500亿美元，在最近的将来，很可能突破3 000亿美元。大多数国家花在武装部队上的费用在政府预算和国民生产总值中的比例还在上升，只有在经济困难和缺少硬通货等情况下，而不是出于真正的裁减军备费用的承诺（只有少数例外，如日本、卢森堡等），这种趋向才会中止。正如“世界动向研究所”所说的，“世界经济军事化”正以比30年前更快的速度向前发展着。

一个是不均衡的发展方式伴随着全球生产力对比倾向太平洋地区，一个是武器和军事费用螺旋式上升，这两个趋势当然是独立发展的。但与此同时，非常明显的是，二者很可能越来越互相影响，并且事实上现在就已在互相影响了。二者都由技术和工业变革的动力所推动（即便是单个的军备竞赛项目也都有其政治和思想动机）。二者都严重冲击着国民经济：一是促进财富和生产的不同速度增长，并促使某些社会比另一些社会更加繁荣；二是消耗国家的资源——不单纯从投资和原材料方面来衡量，而且（这也许是更重要的方面）要看与国防有关的生产部门同商业和以出口为导向的生产部门相比，占有多少科学家、工程师、研究与开发人员。虽说防务开支能产生某些经济副产品，但过多的军备支出将妨害经济发展。要反对这一观点看来是越来越困难了。军费负担沉重的当代社会所经历的困难，只不过是重蹈菲利普二世的西班牙、尼古拉二世的俄国和希特勒德国的覆辙。庞大的军事建设，就像一块巨大的纪念碑，对于敏感的观察家来说，它看起来很具诱惑力，但如果它不是建立在坚实的基础上（一个生机盎然的国民经济），将来就有倒塌的危险。

因此，从广义上说，这两个趋势都具有重大的社会、经济和政治意义。一个国家的经济发展滞缓，可能引起民众情绪低沉和不满，并激化公众对政府财政分配的议论；另一方面，技术和工业的高速发展也将产生影响，对迄今仍未实现工业化的社会尤其如此。大规模的军备开支，其本身对国民经济中的某些工业是有利的，但它也会导致社会其他集团的资源发生转移，从而削弱国民经济应对其他国家商业挑战的能力。除非大敌压境，否则一个国家实行高额国防开支几乎总是要激起关于“大炮与黄油”的争吵。对我们来说，更有意义的是，这将引起关于经济实力与军事力量的适当关系问题的争论，尽管这种争论不那么具有广泛的群众性。

因此，今天一个国家会在下述关系上出现紧张问题，这在历史上已经不是第一次了。这些关系是：国家既要在尽可能宽松的军事–政治世界中存在，又要在自由放任的经济世界中存在。一方面国家要寻求其战略安全，表现为向最新式的武器系统投入资金，向武装部队投入大量的国家资源；另一方面，国家要获得经济安全，表现为促进社会的兴旺，而这取决于经济的发展（来自生产和创造财富的方式的革新），取决于生产的增长和国内外旺盛的需求——过大的军费开支对所有这些都会造成损害。正因为过于沉重的军费负担会减缓经济的增长速度，导致国家在世界工业产品出口总额中的比例以及在世界财富和力量中所占的分量下降，所以，整个问题是一个如何权衡供养庞大的武装部队以获取近期安全，与发展生产、增加收入，以取得长远安全的问题。

这种存在于相互矛盾的目的之间的紧张关系，到20世纪后期可能会特别尖锐，因为在公众面前有各种“模式”可供仿效。一方面，有极其成功的“贸易型”国家和地区——主要在亚洲，诸如日本和中国香港，也包括瑞士、瑞典和澳大利亚——这些国家和地区，得益于世界生产大发展和1945年以来相互依存的贸易，以及它们所强调的同其他国家实现和平贸易关系的对外政策。因此，它们在不危及国家主权的情况下，千方百计把防务费用保持在尽可能低的水平上，从而解放了国内高消费和投资所需要的资源。另一方面，有各种类型的“军事化”经济——战争旷日持久的越南、伊拉克和伊朗，以色列和它满怀猜疑与嫉妒的中东邻国，以及苏联本身——所有这些国家每年都拨出超过（某些情况下则大大超过）其国民生产总值10%的财力用于防务，它们坚信这样高的防务开支对于保证其军事安全是必要的。显然，这些国家因把用于生产与和平目的的资源转做他用而吃了苦头。介于商业型和尚武型这两个极端之间的国家，绝大多数是这样的：它们既不相信世界太平到了可以把军费降到日本那样的低水平，也对大规模的军备给经济和社会造成的高额消耗感到不安，而且意识到，在短期的军事安全与长期的经济安全之间是可以作某种变通的。对于那些在海外承担广泛军事义务的国家来说——这同日本再次形成鲜明的对照——这个问题更需作综合考虑。而且，许多大国的领导者强烈意识到，他们必须把武器费用的螺旋式上升同生产投资和日益增长的社会需求（特别是整个人口中不同年龄的人群的需求）加以平衡，这又使得对财政开支轻重缓急的确定比以往更加困难。

因此，当世界迈向21世纪的时候，世界大部分（如果不是全部的话）强国所追求的伟业具有三重性，即同时要实现三项目的：为国家利益提供军事安全（或者可供选择的可行的安全），满足老百姓的社会经济需求，保证经济持续增长。其中最后一项，无论对于提供当前所需的大炮和黄油这个积极的目的，还是对于防止相对的经济下降以免损害人民未来的军事与经济安全这个消极目的，都是必不可少的。如果技术和商业发展速度不平衡，国际政治出现难以预料的动荡，要在一个长时期内实现上述三点将是一项极其艰巨的任务。而只实现头两项或两项中的一项，而没有第三项，必然导致在更长的时期里出现相对黯淡无光的前景，而这一直是那些未能适应世界力量变动、发展缓慢的社会的命运。正如一位经济学家严肃指出的：“真难以想象，一个国家如果在一个世纪之内生产力的增长以1%的速度落后于其他国家，其地位就会改变，如同英国从无可争辩的世界工业国领袖地位降到了今天的中等经济国家的地位一样。”

世界主要国家将如何实现这个任务，是本章其余各节要探讨的焦点。无须强调，防务费用与军事安全、社会与消费的需要，以及为发展经济而进行投资，这三者都要争夺资源，要解决这个紧张关系，没有绝对的万全之策。也许最好的办法是使这三者保持大体的协调。但如何达到这种协调，总要受到国家的各种条件（而不是均衡论的定义）的巨大影响。一个处于敌对邻国包围的国家与一个相对没有感受到威胁的国家相比，它就会认为在军事安全方面最好多花点钱；一个资源丰富的国家支付大炮和黄油的费用都会感到容易些；一个将发展生产以赶上其他国家作为主导思想的社会，同一个濒临战争边缘的社会相比，对各项事务的轻重缓急会有不同的财政支出安排。由于地理、政治和文化等原因，一个国家的“方略”永远不会跟另一个国家完全相同。尽管如此，一个基本的论点仍是存在的：如果在防务、消费和投资这三个相互竞争的需求中没有大致的平衡，一个大国就不可能长久地保持它的地位。

平衡发展的中国

在实现武器装备现代化、满足人民的社会需求和将现有的资源用于非军事生产等方面，任何国家都没有中国那样急迫。中国既是大国中最穷的，同时可能也是战略地位最差的。纵然中国遭受着某种长期的困难，但看来它正在推行一种大战略。这个大战略在连续性和向前看方面，比莫斯科、华盛顿或东京的战略都强，更不用说西欧的了。物质上的困难严重地束缚着中国，但是经济的发展正使这种情况不断改善。如果经济发展能持续下去，那么这个国家将在几十年之内发生巨变。

中国的弱点是众所周知的，这里不必赘述。在外交和战略上，中国认为自己处于被孤立、被包围的环境之中（有一些正当理由）。如果说这部分是由于毛泽东对邻国的政策，那么它也是过去几十年其他大国在亚洲的竞争和野心所造成的。日本早年对中国的侵略并没有从中国人的记忆中消失，使中国领导人对日本近年来的爆炸性发展更持审慎态度。尽管20世纪70年代中国与美国的关系解冻了，但由于美国政府，尤其是过分热心于建立反苏联盟的共和党政府，对中国台湾表现出的恋恋不舍之情以及对中国所喜欢的第三世界国家和革命运动的过多干预，使中国对美国仍抱有一定的疑虑。中国台湾以及一些近海岛屿的前途仍然是棘手的问题，只是半掩盖着。中国与印度的关系仍然是冷淡的，并且由于它们各自与巴基斯坦以及苏联的关系而变得复杂起来。尽管近来莫斯科多次“求爱”，但中国觉得应把苏联看作它的主要外部危险，这不仅仅因为许多苏联的步兵师和大量飞机部署在中苏边界，而且还由于苏联入侵了阿富汗，而更使中国担忧的是，南边邻国越南在苏联的支持下大搞军事扩张。因此，中国人在某种程度上就像20世纪初的德国人一样，他们在努力加强自己在世界大国体系中的地位的同时，还深深感到自己处在包围之中。

不仅如此，这个国家同它的主要对手相比，无论在军事上还是在经济上都不是很强的，但它不得不去处理许多棘手的、多边的外交问题。尽管从数量上讲中国军队规模不小，但能打现代化战争的武器装备仍然少得可怜。它的大部分坦克、火炮、飞机和舰艇，都是多年以前苏联的仿制品或西方产品，当然不可与苏联或西方新近生产的先进得多的武器相匹敌。由于缺少硬通货和不愿意变得过分依赖其他国家，其外国武器的采购量一直保持在最低限度。也许更使中国领导人忧虑的是作战效能低下的问题。这是由于国家对军队专业化轻视和倚重农村民兵所造成的。在经济上，中国显得更为落后。即使按西方的概念和经济计算方法对官方公布的人均国民生产总值进行修改之后，其数字也很难超过500美元，而发达资本主义国家的人均国民生产总值已大大超过13 000美元，苏联也已达到相当可观的5 000美元以上。由于到2000年中国的人口可能从10亿增加到12亿或13亿，个人收入大幅度增加的可能性不大。就是到了21世纪，同现在公认的大国居民相对而言，普通中国人还是穷的。此外，无须赘言，要管理这样一个人口众多的大国，要调和各种集群（党、军队、官僚、农民）的矛盾，要取得发展而又不发生社会和意识形态的动乱，将会是困难重重的，即使对最灵活最明智的领导者而言，都将是一个考验。过去一个世纪的中国国内历史，未能向人们提供令人鼓舞的长期发展战略的先例。

然而，中国在过去6~8年的改革和自我完善是举世瞩目的。它预示着总有一天，人们会像历史学家评价柯尔贝尔[2]的法国、腓特烈大帝[3]执政的早期普鲁士或明治维新后几十年复兴时期的日本那样，把邓小平领导下这一时期的中国看作是一个正使用各种有效手段努力增强本国国力（所有意义上的国力）的国家，它正在平衡人们的欲望，激励进取心、开创精神和变革勇气，以国家干预主义的决心去指点江山，以便尽快地顺利实现国家目标。实行这样的战略，需要有洞察政府政策各个不同方面的相互关系的能力，需要进行复杂的协调工作，并要对下列几个方面做出周密的判断：顺利实行变革的速度，依据近期与长远需要分配资源，协调国内和国外需求，意识形态和实践之间相互适应——这是最后一个但并非最不重要的一个方面，因为中国有一个“改进了”的马克思主义体系。虽然已经遇到了不少困难，而且将来还会出现新的困难，但是到目前为止，成就是显而易见的。

例如，众所周知，中国军队在60年代的社会动荡之后实行了一系列改革。中国人民解放军（包括海军和空军）有计划地将其员额从420万裁减到300万，实际上是增强了实力，因为裁减的员额中，许多人都是支援部队，用于修建铁路和民用工程。保留下来的可能是各方面素质比较好的武装部队，换发新的军服和恢复军衔制，是它的外部象征。这支部队还由于采取下列措施而得到增强：用义务兵代替大量的志愿兵，使国家能得到高质量的人员；改组大军区和精简机构；改进军事院校的教育。随之到来的将是大规模的武器装备现代化。中国的武器装备虽然数量很多，但相当一部分是过时的。它的海军已经（正在）装备包括从驱逐舰、护卫舰到快艇的一系列舰艇，甚至还有气垫船。这支海军还建立了一支很大的常规潜艇部队（1985年有107艘潜艇），这是世界上第三大的潜艇部队。中国军队的坦克现在装备了激光测距仪，飞机正改装为配有现代化雷达的全天候型。所有这些，都是为了适应现代战争条件下的大规模机动作战（1981年曾进行过一次有6或7个军参加的、有飞机支援的演习——但在1979年同越南的冲突中飞机没有出现)，和重新考虑在中苏边界实行“前沿防御”的战略，以利于在漫长的暴露的边界之后实施反突击。海军也进行了规模比以往大得多的演习：为配合中国最新的一次洲际弹道导弹试验，1980年由18艘舰艇组成的特混编队远航8 000海里到南太平洋执行任务。(人们惊叹，这不是15世纪初郑和远航以后中国海上力量第一次有意义的远航吗？)

中国作为一个崭露头角的军事大国，给人印象更为深刻的是它以异乎寻常的速度发展的核技术。中国的第一次核试验是在毛泽东时代，但毛泽东本人在赞扬“人民战争”的作用时曾经公开藐视核武器。而以邓小平为首的中国领导层则坚决要使中国尽快跻身于现代化的军事国家之林。早在1980年，中国就试验了射程7 000海里的洲际弹道导弹（这一射程不但可以覆盖苏联全境，而且可以攻击到美国的一部分地区)。一年之后，中国的一枚火箭发射了3颗卫星，这表明中国掌握了多弹头火箭技术。中国的大部分核武器是陆基的，而且是中程而非远程的，但是新的洲际弹道导弹正在加入这一行列。也许意义最为重大的是一支携带导弹的潜艇部队（从核威慑的意义上讲)。自1982年以来，中国一直在试验潜射弹道导弹，并不断提高其射程和命中精度。也有报道说中国正在试验战术核武器。所有这些都得益于中国大规模的原子研究和拒绝接受国际核禁试条约、对原子武器开发实行“冻结”的立场，因为这种约束只对现有的核大国有利。

虽然中国在军事技术方面取得了这些成就，但也不难指出它仍然存在着的弱点。从研制出一种原型武器到大量生产、试验和测试，最后装备部队，这中间的时间拖得太长。在一个资金和资源都不富裕的国家，情况更是如此。一些严重的问题，包括在试验潜射导弹时可能发生的爆炸，撤销或推迟武器研制计划，缺乏合金冶炼以及先进的喷气发动机、雷达、导航和通信设备制造等方面的专门技术等，继续妨碍着中国在军事上真正取得同美苏并驾齐驱的地位。它的海军，虽然进行过太平洋演习，但还远不是一支远洋海军，它的导弹潜艇部队在今后很长的时期内仍将落后于“两强”。它们正把大量资金投入发展比现有潜艇下潜更深、航行得更快的巨型潜艇（“俄亥俄”级和“阿尔法”级）。最后是财政问题。中国向人们预示：只要中国的国防费用只相当于或大约相当于超级大国国防开支的1/8，它就不可能完全达到势均力敌，因此也就不可能得到各种武器或做好对付各种可能的威胁的准备。

然而，就是目前的军事能力，也使中国具有比几年前大得多的影响。训练、编制和装备的改善，使中国在对付地区性对手（如越南、中国台湾以及印度）方面处于比过去20年好得多的地位。就是同苏联相比，军事优势也不再是那么不合比例地偏到苏联一方。在将来，如果亚洲的冲突导致中苏战争，莫斯科的领导者们将发现，他们在政治上很难做出对中国实施沉重核打击的决定，这不仅仅因为世界人民的反对以及美国的反应无法预测，还因为如果它真的“使用核武器”，它的军队确保彻底摧毁中国日益强大的陆基尤其是海基导弹、使中国丧失报复能力的前景也越来越暗淡。在另一种情况下，如果只是打常规战争，苏联同样处于极其窘迫的境地。从苏联把约50个师（包括六七个坦克师）的部队部署于乌拉尔以东的两个军区这一事实可以看出，莫斯科对发生战争的可能性是认真对待的。尽管可以设想，苏联的这些部队能够对付人民解放军相应部署在边境地区的70个或更多的师，但是它们的军事优势还远远不足以保证进攻的胜利，尤其在中国人采取以空间换取时间的打法来削弱苏军的快速打击效果时更是如此。许多观察家认为，中亚存在“大致相等”的态势或者“力量均势”，如果情形真是这样，那么它在战略上产生的影响会大大超越邻近的蒙古地区。

但是，中国更长远的作战能力中最有意义的方面不在这里，而在于它引人注目地飞速发展的经济。这样的发展速度已有多年了，看来将来还会保持下去。就像前面一章所说的，在共产党建立牢固的政权之前，中国已是一个重要的制造业国家；但这一点被广袤的国土、农民占人口的绝大多数以及战争和内战的破坏掩盖起来了。马克思主义政权的建立和国内和平的到来，以及国家积极采取促进工农业发展的措施（尽管在毛泽东时代有时采取的措施是奇怪的和违反生产力的），使生产得到了迅速发展。一位观察家在1983~1984年写道："自1952年以来，中国工业和农业的年增长率分别为10%和3%左右，国民生产总值的年平均增长率为5%~6%。"虽然那些数字不能与新加坡或中国台湾这类出口导向的亚洲"贸易地区"的成绩相比拟，但是对于中国这样一个幅员辽阔、人口众多的大国来说，这个增长速度是令人难忘的，而且会使它很快转变为一个相当规模的经济大国。据估计，到20世纪70年代末，中国工业经济的规模已相当于（如果不是超过的话）苏联和日本1961年的规模。此外，值得再提一下的是，上述平均增长率的计算包括了下列时期的数字：1958~1959年的所谓"大跃进"时期；与苏联关系破裂，苏联撤回资金、科技人员和工程图纸的60年代初期；以及不但工业生产计划受冲击，而且几乎一代人的教育和科研体制遭破坏的"文化大革命"时期。如果不发生那些事态，中国经济的综合增长速度会快得多——这可以从下面的事实得到证明：在邓小平领导下进行改革的过去5年中，农业的年平均增长速度为8%，工业为惊人的12%。

在很大程度上，农业部门仍然既是中国的机遇所在，也是它的薄弱环节。东亚的水稻种植方法使每公顷的产量很高，但劳动强度也很高，很难转变为实行美国平原地区的那种大规模机械化农业生产。然而，由于农业占中国国民生产总值的30%，农业的衰退（或仅是发展缓慢），就会像人们从苏联清楚看到的那样，阻碍整个经济的发展。这种挑战和人口这颗定时炸弹结合到一起了。中国已在设法依靠它那只有2.5亿英亩的可耕地来养活10亿人口（而美国则是4亿英亩农田，2.3亿人口）。到2000年，中国人口将再增加2亿，它能不增加对进口粮食的依赖而解决人民的吃饭问题吗（进口粮食有一个收支平衡问题和战略消耗问题）？对于这个关键性的问题，要做出明确的回答是很难的，其中部分原因是专家们的看法不同。在过去30年中，中国的食品出口逐步下降，到1980年成了一个地道的纯进口国。而另一方面，中国政府仿效印度的做法，投入大量的科技力量去搞"绿色革命"，加之邓小平提倡进行发展市场经济的改革和大幅度提高农产品的收购价格（不把提价造成的负担转嫁给城市），已使过去5年的粮食产量大幅度增加。1979~1983年，就在世界的大部分地区出现经济衰退之时，8亿中国农民的收入却增加了70%，他们的热量日摄入量和巴西人或马来西亚人几乎一样。“1985年，中国人生产的粮食比10年前增加了1亿多吨，创造了历史最高产量。”随着人口的增长和肉类消费的增加，粮食生产也要不断提高以满足需要（谷物需求量更大）。保持农业消费品急剧增长的压力将变得越来越大，而可耕地面积仍然有限，靠使用化肥来提高的产量肯定会逐渐下降。然而，事实表明，中国正在设法继续精心地做好这方面的协调工作，并且取得了相当的成功。

中国为实现工业化而奋斗的前景更具重要性，但在国内，这也是一个更为棘手的问题。它不但受阻于消费者购买力低，也受阻于多少年来采用的苏联-东欧模式这样僵化的计划经济。过去几年采取的市场化措施——让国营企业依据质量、价格和市场需求等商业行情组织生产，鼓励建立私营和小型企业，允许扩大对外贸易等，已使工业产品的产量大大提高，但同时也带来了许多问题。成千上万个个体商贩的出现，使中国共产党的意识形态工作者遇到了许多难题。物价上涨（可能是经常受到谴责的投机商造成的，也可能是按照市场价格进行必要的调整造成的），使城市工人很不满意，因为他们的收入既不如农民也不如企业家增长得快。另外，外贸的急剧发展，也导致进口过多，造成贸易逆差。1986年的决策层曾表示，事态的发展有些“失控”，有必要“整顿”一下，包括落实曾经宣布过的降低由于头脑过热而制定的增长指标。这些话表明，内部和思想上还存在问题。

然而，值得注意的是，降低了的增长率，在这之后几年中，还是非常可观的7.5%（1981年后曾是10%）。这本身就将使中国的国民生产总值在不到10年的时间里翻一番（如果是10%，只要7年就可以做到）。由于以下一些原因，经济学家们认为，这个目标是可以达到的。首先，自1970年以来，中国的积累和投资一直超过国民生产总值的30%。而这同时也带来了一些问题。它使消费资金减少了，这虽然从物价稳定、收入平均得到补偿，但给企业家设置了障碍。

它也意味着，还有大量资金可用于生产投资。其次，在降低成本方面还大有潜力可挖。在能源消耗方面，中国是浪费惊人的国家之一，这导致它相当丰富的石油储量下降。但1978年之后实行的能源制度改革，极大地降低了其工业主要“投入”的成本，从而省下资金，用于其他项目或消费方面的投资。最后，当时中国才刚刚开始消除“文化大革命”的影响。在长达10多年的时间里，中国的大学和研究机构曾经被关闭（或被迫完全违背生产力发展规律行事）。可以预料，在这之后，需要时间来赶上世界科技的进步。几年前帕金斯在其《国际影响》一书中这样写道：

> 只有知道这个背景，人们才能认识到70年代后期数以千计的科技人员到美国或其他西方国家待上一两年或者更长时间的重要性……最早到1985年——当然到1990年就更是如此——中国就将有一支数千人的熟悉本行尖端技术的科技干部队伍。成千上万名在国内外受过培训的科技人员将被分配到各科研机构或企业。这些机构和企业将具体落实旨在把中国的工业技术水平，至少是战略领域的技术水平，提高到国际最高水平的计划。

同样，也只有在1978年之后鼓励（当然是有选择地）发展对外贸易和吸引外资的时期，中国的经理和企业家们才有适当的机会从西方政府和公司热情提供的仪器、专利和生产设备中选取最合适的东西。而西方政府和公司夸大了他们的产品在中国的市场。或者更确切地说，由于中国政府要控制对外贸易的数额和项目，对进口可能要作精心选择，使之起到促进经济发展的作用。

最后一个措施，也许是中国为迅速发展经济而采取的最引人注目的措施，即严格控制国防开支，使军队不能消耗可用于其他方面的资源。按照邓小平的观点，国防必须排在中国大力宣传的“四个现代化”的第四位，即排在农业、工业和科技之后。虽然要得到中国国防开支的准确数字是很困难的（这主要是由于计算方法的不同），但看来，这种费用已从15年前（1971年）占国民生产总值的17.4%，骤降到1985年的7.5%。这可能会在军队中引起抱怨，并使国内关于经济发展先后顺序和经济政策的争论更加激烈。如果北方或南方发生严重的边界冲突，可能不得不改变这种方针。然而，把国防开支放在次要的地位，是中国全力发展经济的决心的最有说服力的例证。它与苏联拼命追求“军事安全”的思想以及里根政府把大量资金投入武装部队建设的许诺形成了鲜明的对照。正如许多专家指出的，依据中国目前的国民生产总值（包括国家积蓄和投资），中国在国防上的花费比目前的大约300亿美元更多一些是没有问题的。但中国没有这样做。这反映了中国这样的信念：只有在目前的产量和财富翻了好几番之后，长期的安全才有保障。

总而言之，只有爆发中苏战争或发生像“文化大革命”那样长期的政治动乱，才可能阻止中国沿着自己的道路发展。中国在管理、能源和农业方面的问题是严重的，但这些是所有发展中国家在其发展过程中都曾遇到过和解决过的问题。如果说，这显然是一种乐观的说法，那么它和《经济学人》杂志所做的

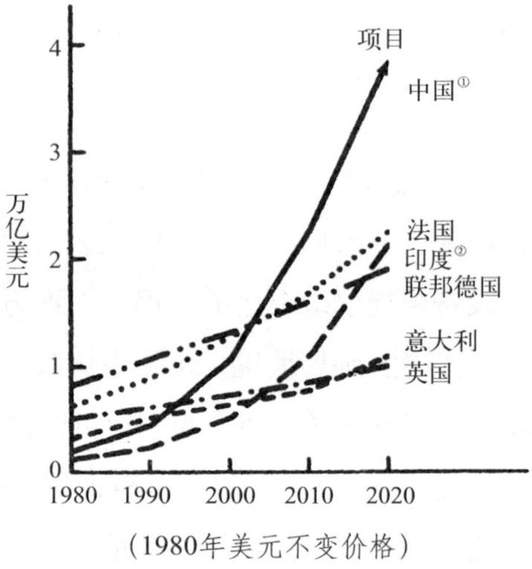

图2　中国、印度和某些西欧国家1980~2020年的国内生产总值预测

①假定1980~1985年间的年增长率为7%，此后为8%。

②假定1980~1985年间的年增长率为5.5%，此后为7%。

其他国家的年增长率，假定保持1970~1982年间的水平。

资料来源：《经济学人》/国际货币资金组织

估计相比，就算不上什么了。据《经济学人》杂志估算，如果中国经济保持被称为“可以做得到的”8%的年增长率，那么不用到2000年，它的国民生产总值就可以大大超过英国和意大利，到2020年可以超过欧洲任何一个大国（参见图2）。

由于这类预测包括许多可变因素，因此设想据此做出的预测将十分准确，那将是极其错误的。但总的发展趋势是，在一段比较短的时间内，如不发生大的灾难，中国的国民生产总值将达到很大的数字。虽然那时它的人均国民生产总值仍然很少，但它肯定要比现在富有得多。

未来的中国对世界的影响，有三点值得一提。第一点，也是对于我们来讲最不重要的一点，是中国在发展经济的同时，也会增加它的对外贸易。但在这方面，中国不会成为第二个联邦德国或日本。像中国这样一个幅员辽阔的大国，它的国内市场广大，人口众多，原材料丰富，它不会变得像国土较小的海上“贸易国家”那样依赖于海外商业。它那劳动密集型农业部门的规模，以及政府的不愿变得过于依赖粮食进口的决心，也将阻碍对外贸易的迅速发展。但中国很可能成为重要的低成本产品（例如纺织品）生产国，这将使中国有能力支付引进西方甚至是苏联技术的费用。但中国的决心很清楚，它要使中国不依赖于外国资本、外国工业品和外国市场，也不依赖于某一国家尤是某一供应国。引进外国技术、设备和生产方法，都必须服从中国收支平衡这一大局的要求。这与中国成为世界银行和国际货币基金组织成员并不矛盾，并且它还可能成为关税与贸易总协定和亚洲发展银行的成员。但这并不表明中国要加入“自由世界”，而这恰恰是中国的精明所在：这样它就可以更容易地进入外国市场，通过国际组织而不是通过某一大国或私人银行的双边“交易”，取得长期贷款。换句话说，这样的做法维护了中国的尊严和独立。第二点与第一点不同但有关联，那就是中国更愿意与它的邻国——哪怕是它怀有疑虑的邻国保持和平关系。如上所述，和平是邓小平的经济战略的核心；战争，哪怕是局部战争，也会导致把资源转移到满足军队需要方面，从而打乱中国“四个现代化”的先后顺序。情况也可能像人们所说的那样，中国对中苏关系感到更放心了，因为它的军队状况有了改善，造成了中亚地区的大致均势。由于有军事力量作保障，或者说由于有了像样的防御能力，中国可以更加集中精力去发展经济了。

虽然中国有和平的诚意，但它也强调决心维护自己的完全独立，不赞成两个超级大国对外国的干涉。即便是对日本，中国也一直怀有戒心，限制对日进出口贸易的比例，并警告日本不要太多地参与开发西伯利亚。对美国和苏联，中国的态度更为谨慎，并且是批判性的。苏联关于改善两国关系的所有建议，甚至是1986年初苏联提出的苏联工程技术人员重返中国的建议，都不能动摇中国的基本立场：如果苏联在消除三大障碍——苏联入侵阿富汗、苏联支持越南和长期以来的中亚边境安全问题——方面不做出让步（尽管不是彻底的），中苏关系就不可能改善。另一方面，美国对拉丁美洲和中东的政策遭到中国的反复抨击（就像苏联在热带地区的冒险遭到抨击一样）。尽管它今天的抨击比20世纪60年代毛泽东的怒斥温和一些，但在经济上是“发展中国家”之一及其对白色人种控制全球的固有戒心，使中国成为超级大国的干涉行为的天然批评者。尽管中国早就对苏联在亚洲的意图抱敌对态度，中国对同美国真诚地讨论如何及何时打“中国牌”仍持怀疑态度。在中国看来，可能有必要倾向苏联，或（因为中苏不和，更经常的是）倾向美国，这正通过共同监视苏联的核试验、交换有关阿富汗和越南的情报等措施表现出来；但最好是与美苏保持等距离，使它们都向中国“求爱”。

从这个意义上讲，中国在当前（和将来）的国际体系中作为真正独立的角色的重要性，由于它在处理与其他大国的关系时所表现出的“风格”（由于没有更好的词，姑且用“风格”吧）而大大增强了。对于这一点，乔纳森·波拉克描述得再好不过了，因此，有必要把他的话大段地摘录于下：

> 只用武器、经济实力以及潜在力量等方面的数据，不可能说明中国对世界力量对比所产生的影响。如果只对它的战略地位做出不过分的估计，对它的经济活动作了充分的综合考虑，也还不能说明为什么中国在华盛顿

和莫斯科所制定的战略中占有如此重要的地位，且不能说明为什么世界其他国家对它那么密切注视。问题的答案在于，尽管中国把自己塑造成受威胁、受委屈的样子，但它却机敏地利用了它可以利用的政治、经济和军事手段。对于超级大国，中国的战略是在不同时期使用包含有对峙和武装冲突、部分和解、非正式的结盟或者建立脱离、接触等手段，而有时又夹杂着刺耳的、愤怒的言辞。结果，中国变成了对所有国家来说是一个什么都是的国家，而许多国家对中国的确切情况没有把握，因而热切希望了解它的长远意图和方向。

可以肯定地说，这种不明确的战略有时招致很大的政治和军事风险。然而，这样的战略也给中国作为一个成长中的主要大国的地位增添了可信性。中国经常蔑视两个超级大国的要求和爱好，而在另外一些时候，它的行为又出乎他人的意料。尽管它的弱点显而易见，但它从未对莫斯科或华盛顿表现出妥协或屈从……由于所有这一切，中国在国际上享有独特的地位。它不但是战后许多重要的政治和军事冲突的参加者，而且是一个不为随便形成的政治或意识形态组织所动的国家……其实，凭中国的分量，它在一定意义上应被看作是候补超级大国——并非仿效苏联或美国的那种超级大国，而是反映中国在全球政治中的独特地位的那种超级大国。从长远来看，中国代表着一种政治和战略势力，它是如此重要，以至于既不能把它看作是莫斯科或者华盛顿的附属物，也不能把它简单地看作是一种中间力量。

最后一点，需要再强调一下，虽然中国目前对军费实施严格的限制，但它并不是要使自己在将来成为一个战略上无足轻重的国家。相反，中国越是按照柯尔贝尔的国家干预主义的方式促使经济迅速发展，它的发展就越有强权政治的含义。当你回顾一下中国是怎样重视加强它的科技基础建设，以及它在其科技基础还是如此薄弱之时就在火箭和核武器技术方面取得了那样惊人的成就时，你就会更加清楚地看出这种含义。这种以牺牲对武器研制的直接投资为代价去加强国家的经济基础结构，将很难使中国的将军们满意（他们像任何地方的军人一样，都更喜欢得到近期的而不是长远的安全手段）。《经济学人》杂志对此有很好的评论：

> 对于（中国的）军人来说，他们以极大的忍耐来度过经济改革的全过程，是会得到报偿的。这就是，如果邓小平先生的经济总体发展计划能够顺利完成，中国的国民生产总值能够按计划于1980到2000年间增长4倍（这是公认的宏大假设），那么在10到15年的时间内，民用经济将能够积蓄足够的力量，全力推动军事部门以更快的速度发展。到那时，中国的邻国和大国就真的要好好考虑中国的军队了。

这只不过是个时间问题。

进退维谷的日本

中国对待中亚地区可能发生的情况表现出如此成竹在胸，单是这一事实现在就增加了对日本（自身宣布的）“全方位和平外交”——或可能更多地被人们戏称为“跟所有人打交道”——的压力。对日本的困境，也许最好可以作如下概括：

> 由于1945年以来在国家发展中取得了巨大成功，这个国家在全球经济和强权政治格局中享有一种独特的、非常有利的地位。但是，日本感到这种地位也是一种极其微妙的、极其脆弱的地位，一旦国际形势发生变化，就会受到严重破坏。因此，从东京的观点来看，可能发生的最好情况，首先是造成“日本奇迹”的那些因素继续存在。但是，正是因为当今的世界是一个“不满意”的国家同“满意”的国家展开激烈竞争的混乱世界，正

是因为技术和商业的变革势头如此迅猛有力，可能使这些有利因素逐步消失，甚或完全消失。鉴于日本已认识到自己地位的微妙性和脆弱性，它发现自己很难坦然地抗拒变革的压力；相反，它必须采取外交妥协手段来减缓或疏导这一压力。因而，当日本发现自己处于国家间政治交火的中间地带时，它就经常鼓吹和平解决国际问题，以消除自己的担心和窘迫局面；在它越来越富裕的时候，就公开主张与每个国家建立睦邻关系。

关于日本获得表面上的经济成就的原因，本书已在前面做过讨论。40多年来，日本国土一直受到美国核力量与常规部队的保护，其海上交通线受到美国海军的保护。这就使日本得以从军国主义式的扩充军备中腾出国家力量，从高水平的防务开支中腾出财力来不断地大力发展经济，尤其是不断扩大出口市场。这一成就的取得如果没有本国人民精诚的创业思想、质量控制和勤奋工作，当然是做不到的，但某些特殊因素显然也起着促进作用。这些因素是：为了扩大出口力量，几十年来一直人为地把日元币值保持在低水平；对购买进口的外国货（当然不包括工业部门需要的重要原料）实行正式的和非正式的限制；现有的自由进行国际贸易的格局，对日本商品的外销几乎不存在什么障碍——尽管自身的负担不断加重，美国仍保持日货进入美国市场的道路“畅通”。因此，在过去1/4世纪里，日本才得以享有使自己发展成为一个全球经济巨人的一切有利条件，而且不负任何政治责任，在领土方面也没有什么不利之处（从历史上看，在出现这一增长之后，必然会产生这些不利之处）。毫不奇怪，日本喜欢事情继续照这样的形势发展下去。

鉴于日本目前获得成功的基础完全表现在经济领域，毫不奇怪，这也是东京最忧虑的领域。一方面（下面将加以讨论），技术和经济增长为日本提供了巨大的好处，使其政治经济处于最佳的地位来迎接21世纪的来临，只有少数人不同意日本处于那种有利地位。另一方面，正是它所取得的成就本身，已在对它的以出口为主的经济扩张产生一种“剪刀效应”反应。“剪刀”的一“股”

是韩国、新加坡、中国台湾、泰国等亚洲其他雄心勃勃的新兴工业国家和地区，更不用说处在产品系列较低一端（如纺织品）的中国本身，力图赶超日本。同日本相比，所有这些国家和地区的劳动力都便宜得多[4]；它们在日本不再享有决定性优势的那些领域——纺织品、玩具、日用百货、造船，甚至较小程度上的钢铁和汽车——向日本发起猛烈的挑战。当然，这并不意味着日本的船舶、小汽车、卡车和钢铁生产已日落西山，而是意味着日本越来越需要使这些产品"高级市场化"（如生产高级钢或更先进的大型汽车），从它先前未遇到挑战的产品生产系列的底端摆脱出来；其通商产业省的更重要的任务之一，是制订淘汰那些不再有竞争力的产业的计划；在淘汰这些产业时不仅要少受损害，而且要做出安排，向其他有更大竞争力的国际经济部门转移资源和人力。

"剪刀"更令人忧虑的第二"股"，是美国人和欧洲人对日本产品近乎无情地打入其国内市场持越来越强烈的敌视态度。这些国家的人民年复一年地从国内繁荣的市场上购买日本的钢、机床、摩托车、汽车、电视机和其他电器。日本对欧洲经济共同体和美国的贸易出超也在年复一年地扩大。欧洲国家的反应一直更为强烈，包括从限制进口额，到官方采取禁止进口的措施（如法国要求，只有经过设在普瓦捷的工作人员不多的海关允许，日本的电器才能进口）。美国政府由于本身信奉开放性的世界贸易制度，一直在禁止或采取措施限制日货进口（令人半信半疑的"自愿"限制除外）方面犹疑不决。但是，即使那些最强烈主张自由贸易主义的美国人，也对下述局面表示不安：实际上美国是在向日本供应食品和原料，而美国接收的却是日本的工业制品——这实际上是美国一个半世纪以来闻所未闻的一种"殖民地"或"不发达的"贸易地位。而且，美国对日本日益增长的贸易逆差——在1986年3月31日结束的财政年度内，达到620亿美元——以及面对横跨太平洋的竞争锋芒而处于困境的美国工业部门的压力，使越来越多的人要求华盛顿采取措施来减少这种不平衡，如鼓励提高日元的兑换值，大量增加美国向日本的出口等。随着西方世界倾向于实行准保护主义政策，美国也倾向于对进口的纺织品或电视机的总量实行限制。这就意味着日本将同亚洲贸易竞争者来瓜分那个已经缩小的市场。

因此，人们对下面这件事不必感到奇怪：日本的某些发言人否认万事大吉，并指出他们目前的市场份额和繁荣所受到的威胁已达到警戒点，即在很多产业中，亚洲新兴工业国已提出了越来越强烈的挑战；西方国家政府对日本的出口实行限制；要求改变日本税收法，把储蓄资金转为消费资金以及保证大量增加进口的压力等状况都已出现；最后则是日元的迅速升值。人们认为，所有这一切可能意味着日本以出口为主导的繁荣的结束、支付盈余的下降和增长速度的减慢（随着日本经济更加“成熟化”和大规模发展潜力的消失，其增长速度早已慢了下来）。在这方面，日本担心的不仅仅是它的正在成熟化的经济；由于人口年龄结构的影响，到2010年，日本“处于工作年龄（即15~64岁）的人口所占比例，将是一流工业国家中最低的”，这种情况将要求日本实行高水平的社会保险开支，因而可能导致国家丧失发展潜力。而且，所有使日本消费者购买外国制造的商品（除享有一定声誉的像奔驰轿车一类的商品以外）的打算，都会引起国内的政治争吵。而政治争吵，反过来可能瓦解日本政治上的一致性——这种一致性曾是以往日本以出口为主导的经济持续发展的不可缺少的因素。

可是，尽管随着日本经济进入一个更加成熟的阶段，其增长速度确实在缓慢下降，尽管其他国家也确实不愿让日本继续保持以前曾帮助其出口产生爆炸性扩大的经济优势，仍然有相当多的重要因素表明，将来日本仍可能比其他主要大国发展得更快。首先，作为一个如此不可思议地依赖进口原料的国家（日本99%的石油、92%的铁、100%的铜靠进口），日本从贸易条件发生的变化中获得了巨大的好处。这些变化已使如此多的矿石、燃料和食品的价格降低；1980~1981年后世界石油价格的下降（这一下降使日本每年节省下了数十亿美元的外汇），仅是原料和食品价格下降的最突出的一个例子。而且，虽然日元的迅速升值有可能减少日本的一部分出口（始终取决于需求的伸缩性），但也可能大大减少进口的支出，从而有助于工业部门保持其竞争力，使通货膨胀保持在低水平上。此外，1973年发生的石油危机促使日本人寻求各种节约能源的办法，这也有助于日本工业保持较高的效率。单就近10年来说，日本对石油的依赖程度已减少了25%。另外，那场危机还迫使日本不断寻求开辟新的原料来源，并对这些新原料来源地区进行了大量投资（在某种程度上颇似19世纪英国向海外的投资）。这一切当然不能绝对地肯定让日本获得源源不断的低价原料的供应，但其预兆却是吉利的。

更加重要的一点是，日本工业正在不断地向21世纪初期最有希望（而且，归根结底也是最有利可图）的经济部门，即高技术部门迅猛发展。换言之，随着日本逐步从纺织品、造船和原钢生产脱身而出，把它们让给劳动力成本较低的国家去生产，它明显地打算使自己成为（如果现在还不是，将来也是）生产先进的科学技术产品的领导力量，从而获得高得多的附加值。它在电子计算机方面的成就早已作为一种传奇广为人知。日本公司由于首先从美国大量输入技术，后来已能够充分发挥本国的优势（受到保护的国内市场、通商产业省的支援、较好的质量控制、日元对美元比价的有利地位），并且能够（也是最可能的）用低于成本的价格“倾销”日货，把大多数美国公司赶出半导体生产领域，不管是在16K、64K随机存取存储器方面，还是在后来的256K随机存取存储器的生产方面，都是如此。

更使美国电子计算机工业忧虑的是，有迹象表明，日本决心打入两个新的（更加有利可图的）领域。第一个领域是先进的电子计算机本身，尤其是极其精密和贵重的“第五代”超大规模电子计算机的生产。这类电子计算机的工作速度比现有的最大的电子计算机快几百倍，有可能使这类电子计算机的用户在各类工作——从破译密码到设计飞机——中获益匪浅。对于日本向这一领域渗入的速度，和日本通商产业省以及日立和富士通等大公司对这一领域研究工作的投资规模，美国的专家们早已感到十分吃惊。同样的情况也发生在电子计算机软件方面，而在这一方面，80年代初期以前美国公司（以及欧洲国家的一些公司）从未遇到过挑战。肯定地说，同制造半导体相比，成功地生产超大规模电子计算机和软件要困难得多，对日本的设计师将是一个极大的考验；与此同时，美国和欧洲国家的公司（后者的公司得到政府的有力支持）正在准备应付商业方面的挑战，而美国国防部则将给予巨大的支持，以确保本国公司在发展超级电子计算机方面保持领先地位。尽管如此，这些公司和部门对于是否能在这些领域永远遏制日本，仍然没有很强的自信心。

《经济学人》、《华尔街日报》、《纽约时报》等受人尊敬的报刊，以及其他许多刊物，经常载文谈论日本向高技术领域的深层渗入的情况，本书已无须赘述了。三菱公司同美国西屋电气公司的联合，已被看作是日本对核动力工业越来越感兴趣的证明。生物技术也是日本非常关心的一个领域，它尤其重视生物技术在提高谷物产量方面的意义。有报道说，日本飞机开发株式会社已同美国波音公司联合制造供90年代使用的新一代节油飞机。一位美国专家把这种做法斥为“浮士德的交易”：日本将用廉价的资金来换取美国的技术和专业技能。这件事甚至可能对未来具有更加重要的意义。但是，也许最为重要的（从纯粹产量方面来看），将是日本在下述方面早已获得的令人印象深刻的领先地位：工业机器人及由电子计算机、激光器和机器人控制和管理的整个（试验性）工厂的开发——一种最终解决国家日益减少的劳动力问题的办法。最新数字表明，“日本继续向工业部门引进大量工业机器人，其数量相当于世界其余国家使用的工业机器人的总和，比美国引进的多好几倍”。另一项调查表明，日本在使用机器人方面的效率比美国高得多。

在所有这些高技术冒险的后面，还存在着一系列更加广泛的体制上的因素，这些因素继续使日本拥有超过其主要对手的显著优势。日本通商产业省——从经济方面看，相当于著名的普鲁士总参谋部——的作用可能被外国人夸大了，但是人们对于这一机构所起的广泛的指导作用，却似乎没有什么怀疑。这一机构通过下达广泛的指示来指导日本经济的发展：安排科研工作，为正在发展的工业部门提供资金，使正在衰落的工业部门安然停工转产。到目前为止，它那广泛的指导一直比美国那种不协调的自由放任主义做法更好些。第二种力量，即一种能说明特定企业和工业部门兴亡的最重要的力量，是日本国内分配给研究与开发工作的大量（且日益增加的）资金。“这10年内，日本用于研究与开发工作的资源，在国民生产总值中所占的比重实际上将增加1倍，估计要从1980年的2%增加到90年代初的3.5%。美国用于研究与开发工作的开支，在国民生产总值中所占的比重一直稳定在2.7%左右。但是，如不把军事科研计算在内，日本用于研究与开发工作的人力和时间已赶上了美国，所花的钱不久也会与美国花的一样多。如果目前的趋势继续下去，到20世纪90年代初期，日本将在非军事研究与开发支出方面跃居领先地位。”可能更令人感兴趣的是下述事实：在日本，由工业部门本身花钱进行的研究与开发工作占有很高的比重，远远超过欧洲国家和美国的工业部门所承担的份额。在欧美诸国，许多研究与开发工作是由政府或大学完成的。换句话说，日本的研究与开发工作直接瞄准市场，并期望能迅速开辟自己的道路。“纯”科学研究工作让其他人去做，只有当这种科学研究的商业价值变得明显时，它才被开发起来。

第三个优势是日本拥有极高水平的国民储蓄，同美国相比，它在这方面尤其突出。这种情况的存在可以部分地用税收制度的差别来解释：在美国，政府在传统上鼓励个人借贷和消费支出；在日本，政府鼓励私人储蓄。从整体上看，日本的国民也必须为自己的老年积蓄更多的钱，因为政府提供的养老金通常不那么大方。所有这一切都意味着日本银行和保险公司拥有大量的资金，能够向工业部门提供大量低息资本。在日本，通过收入所得税和社会保险金集中起来的资金，在国民生产总值中所占的份额，大大低于其他主要的资本主义“福利国家”，并且日本显然打算那样一直干下去，以便腾出钱来进行资本投资。那些可能愿意效法“日本方式”的欧洲人大概首先得大规模削减其社会福利开支；爱上了日本制度的美国人首先得大砍其防务开支和社会开支，并采取比先前更断然的措施，从根本上改变其税收法。

第四种力量是日本的公司拥有一个几乎有保证的国内市场（除了那些有声誉的和专门化的制造业之外），而大多数美国公司或大多数欧洲国家的公司（尽管它们采取了保护主义措施）却不再享有这种优势。尽管造成这种局面在很大程度上是由于内在的官僚做法和实行有利于日本制造商在他们国内市场上活动的法规，但即使取消这类重商主义的手段，也不可能说服日本的消费者“购买外国货”，除非是原料和基本食品；日本产品的高质量和使用日本产品的习惯、强烈的文化自豪感，以及国内分配和销售体制的复杂性，也将保证这种局面继续存在。

最后一点是日本劳动大军的高质量——至少用各种数学和科学才能测验来衡量是如此。这支劳动大军不仅是通过具有强烈竞争机制的公共教育系统培养起来的，而且各个公司本身也对他们进行有系统的训练。在日本，甚至15岁的少年也在一些学科（如数学）的考试中，比大多数西方国家的同龄少年表现出明显的优势。在高等学术领域，差距有所不同：日本缺少获得诺贝尔奖的科学家，但它培养出的工程师比任何西方国家都多得多（大约比美国培养的多50%）。它还拥有近70万名研发人员，比英国、法国、联邦德国加在一起还多。

我们无法对上述5个因素的综合效果用统计的方法做出数量上的估计，并同其他一流国家的情况作比较。但是，这些因素合在一起，明显给日本工业奠定了极其坚实的基础。在这方面，日本劳动大军的听话和勤奋，在产业关系系统中流行的和睦，只有公司工会，努力寻求达到一致，几乎没有罢工现象等，也起了作用。显然，这里也存在着没有吸引力的现象：工作时间较长，对公司风气的普遍盲从（从早上做体操开始一直如此），没有真正独立的工会，居住条件不宽裕，强调等级和差别等。日本在工厂大门以外还拥有一支激进的学生军。对于这些事实以及日本社会中的其他不安定因素，西方的许多观察家已做过评论，其中一些观察家用同样惊恐的眼光来看这个国家，就像欧洲大陆人对待19世纪初期英国出现的“工厂制度”一样。换句话说，从产量（即创造财富）的角度看，对工人和社会实现一种显然更加有效的安排，包含着对传统常规和个人行为方式的令人困扰的挑战。正是因为效法日本工业奇迹不仅要照搬这种或那种技术或管理方式，而且要大量仿效日本的社会制度，所以像戴维·哈伯斯塔姆这样的一些观察家才争辩说："这是美国在20世纪其余时间里面临的最新和……最困难的挑战……一场比同苏联进行的政治–军事竞争还艰难和激烈得多的竞争……"

好像工业方面的这些力量还不够劲一样，它们还得到了日本惊人迅速地发展成为世界第一流债权国这一事实的补充。日本每年对外输出数百亿美元。这一变革自日本通商产业省于1969年解除对日本贷款出口的控制和建立了对海外投资的财政鼓励制度以来，一直在进行着。发生这一变革的基本根源有两个。其一是日本国内个人储蓄的超高水平——日本人的工资有20%以上储蓄在银行里。这样，到1985年，日本家庭的平均总储蓄额便第一次超过了平均年收入额，使日本的金融机构手中握有大量的资金，并日益扩大对海外的投资，以获得更高的回报。其二是由于日本从其出口中获得的收入猛增，近些年来使日本获得了史无前例的大量贸易盈余。日本大藏省担心这一盈余会加剧国内的通货膨胀（如把这一盈余转用于国内），因而一直鼓励各大银行向海外大量投资。1983年，日本资本的净外流额达177亿美元，1984年猛增至497亿美元，而在1985年又进一步增至645亿美元，使日本成为世界上最大的净债权国。据国际经济研究所所长预测，到1990年，世界其余国家欠日本的债将达5 000亿美元；据野村综合研究所估计，到1995年，日本在海外的总资产将超过10 000亿美元。毫不奇怪，日本银行和保险公司正在迅速变为世界上最大和最成功的金融机构。

日本资本输出的这种大规模膨胀的后果，对世界经济，可能还对日本本身，既包含着危险，也包含着好处。把大量资金投向全球的基本建设工程（如英吉利海峡隧道），或用来开辟新的铁矿石开采场（如在巴西），将直接或间接地给东京带来好处。日本公司还正在使用其他资金和盈余来兴建海外子公司（尤其是直接从事生产的子公司），采取在劳动力价值低廉的国家生产日本商品的方式，以保持竞争力，或者把这些工厂建在欧洲经济共同体成员国和美国的土地上，以逃避那些国家保护主义的关税。然而，这一资本外流的更大部分已经变成短期债券（尤其是美国财政部的债券），一旦这些债券大量返回日本，则有可能打乱国际金融体系（正像1929年曾经发生过的那样），对美元和美国经济造成巨大压力，因为这笔钱的很大一部分正在用来弥补里根政府巨大的预算赤字。但是，总的来讲，日本更愿意将它的剩余资本进行新的海外投资，以保持反复循环，而不愿把剩余资本转回国内。

日本在几年内迅速崛起，发展成为世界上主要的净债权国，以及美国从最大的债权国变成最大的债务国，竟是如此迅速，以致我们仍然难以搞清其全部意义。由于"历史上债权国曾经在全球经济的每一个大发展时期领导着发展的潮流，而日本的时代才刚刚到来"，很可能将出现以下局面：日本以世界第一流银行家的面目出现，将会仿效荷兰、英国和美国先前提供的榜样，给国际商业和金融进一步带来中期到长期的繁荣。在现阶段，似乎不同寻常的是，在日本"有形的"强大工业领先地位发生任何重大衰变之前，日本"无形的"财政金融作用正在获得极大的提高。正如英国那样，如果日元升值过高，日本工业经历长期的"成熟化"，生产基地的生产活动慢下来，生产增长率降低，则日本的那种地位可能发生变化，并且这种变化可能是很迅速的。可是，即使这种情况真的发生，有理由（上面已谈到）认为，日本作为一个商品生产国，其任何可能的衰退都将是一个缓慢的过程。有一个事实也是很明显的：由于到2000年它将拥有人们所预测的那批海外资产，日本目前账面上的盈余必然会得到巨额海外投资收入的大量补充。因此，从各方面看，日本似乎注定要变得更为富有。

那么，到21世纪初日本在经济上将强盛到何等程度呢？如将大规模战争或社会生态方面的灾难，或再出现某种20世纪30年代的世界不景气，以及保护主义诸因素排除在外，一致的答案似乎是：日本在经济上将强盛得多。日本在电子计算机、人工智能、电信通信、小汽车、卡车、船舶，可能还在生物技术，甚至在航空和航天诸方面，将居世界第一位或第二位。在金融方面，那时日本可能处于它应有的地位。早已有报道说，日本的人均国民生产总值，已经超过了美国和西欧国家的人均国民生产总值，以致它的生活水平几乎成为世界上最高的。我们很难说出日本在世界总产值或世界总的国民生产总值中将占多大份额。值得回味的是，日本1951年的国民生产总值仅相当于英国的1/3，美国的1/20，可是经过30年，它就使国民生产总值比英国高一倍，相当于美国的一半左右。可以肯定地说，这几十年内日本国民生产总值的增长率因受特殊条件的影响，是特别高的。而根据许多人的估计，日本的经济在今后几十年内仍然有可能以每年高于其他大国（中国当然除外）1.5%~2%的经济发展速度向前发展[5]。正因为如此，一些学者，如赫尔曼·卡恩和埃兹拉·沃格尔等才断定，日本将在21世纪初成为世界上“头号”经济大国，而且毫不奇怪，许多日本人也受到这种前景的鼓舞。对于仅拥有世界3%的人口和0.3%的可居住土地的一个国家来说，这似乎是一项几乎不可思议的成就。但是，从新技术内在的可能性来看，人们却会做出这样的设想：日本已接近其人民和土地的最大潜力；像其他较小的边缘国家或岛国（葡萄牙、威尼斯、荷兰，甚至英国）一样，日本有可能在某一天被拥有丰富得多的资源、只需抄袭日本成功的习惯做法的国家所超过。但是，就可预见的将来而言，在日本的抛物线式的弧形行程中，其发展势头还是继续向上的。

不管人们如何估计日本当前和未来的经济实力，有两个事实是很突出的。第一，日本的经济有巨大的创造性，十分繁荣，并且越来越具有创造性，越来越繁荣。第二，日本的军事实力和国防开支与日本在国际经济格局中的地位没有多大关系。它拥有一支规模合理的海军（包括31艘驱逐舰和18艘护卫舰），一支用于国土防卫的空军和一支中等规模的陆军。但是，同其他国家比较起来，它的军事实力明显小于20世纪30年代，甚至小于1910~1920年。对于“负担均摊”这场争论更为切题的事实是，日本分配给防务的资源，相对地说是小的。根据1983年版《军事力量对比》提供的数字，日本用于防务的开支达116亿美元，而相比之下，法国、联邦德国和英国的防务开支达210亿~240亿美元，美国则高达2 390亿美元。因此，按人均计算，那一年每个日本人平均担负的防务开支才98美元，而相比之下，英国平均每人分担439美元，美国平均每人分担1 023美元。尽管日本目前很繁荣，它似乎还是在悄悄地减少自己的防务开支，并采取了两种互相有关的方式：一是它在其他国家即美国的保护之下求得安全；二是它低水平的防务开支有助于保持低水平公共开支，从而为日本的制造业提供更多的资源，使美国和欧洲的竞争对手受到严重损害。

如果日本真的屈从美国政府和其他西方批评者的压力，把自己的防务开支增加到欧洲北约成员国所担负的水平，即平均占国民生产总值的3%到4%，那就会发生急剧的变化，将会使日本（同中国一起）成为世界上第三军事大国，一年的防务开支就会超过500亿美元。毫无疑问，日本以现有的技术和生产资源，就可以——举例来说——为其海军建设航空母舰特遣舰队，或者生产远程导弹，作为威慑力量使用。这样做肯定会使三菱一类的国内公司获利，并提供一支武装部队去针对苏联在远东的军事力量，从而有助于减轻美国过重的防务负担。

然而，更有可能出现的情况是，日本将千方百计地避开那些外部压力，或在不与华盛顿产生裂痕的情况下，尽可能使其防务开支保持低水平。其主要理由并不是纯粹象征性地希望日本的防务开支保持在占国民生产总值1%这个限度之内。按照北约的定义（即包括军人养老金在内），日本早已打破了这一限制；不管怎么说，它在20世纪50年代初期用在防务上的开支就在国民生产总值中占相当大的比重。它这样做同1951年《美日安全条约》的条件也没有多大关系。那项条约成了美国在日本驻军的合法依据，并进一步推动东京考虑贸易，而不是考虑战略力量问题，因为80年代的条件十分不同于朝鲜战争时的条件。在日本政府看来，真正的原因在于日本国内和各个地区反对日本大规模增加防务开支，反对它修改宪法，因为日本宪法规定日本不得向国外派遣军队（甚至出售军火）。对30年代过分的军国主义化、战时的损失，尤其是对原子弹造成的恐怖的记忆，已经在日本人的良知中种下了一种对战争和战争工具的厌恶和疑虑感，这两种感觉至少像第一次世界大战后西方的和平主义一样强烈。那种记忆可能会时过境迁，随着更年轻、更加自信的一代的出现，不久的将来流行的舆论很可能促使日本政府把用于巧妙地称为“自卫队”的开支增加到适当的水平。

除了上述道义和意识形态上的理由外，还可以加上经济方面的一些理由。在日本工商界和政界人士中间，有许多人反对增加公共开支（如前所述，日本的公共开支大大低于经济合作与发展组织的任何其他成员国）。对他们来说，如防务开支增加1~2倍，这些钱必须采取增加公共开支方面的大量赤字或增加税收的方法来支付，而这两点都是他们极端厌恶的。此外，人们还指出，建设一支庞大的陆军和海军，并不会给日本带来"安全"，不管是军事方面的安全，还是经济方面的安全，就像在20世纪30年代那样。而且，目前人们也很难看到增加防务开支能否防止阿拉伯石油供应的可能中断，而后者从战略上对日本来说，要比假想的核冬天所带来的危险大得多。这一点进而说明，为什么每当中东发生危机时，东京就竭力"躲起来和保持缄默"。那么，对日本来说，像一个世界性的"贸易国家"那样，放弃使用武力和用和平方式解决一切国际争端不是更好吗？由于现代战争代价如此巨大，一般是破坏生产的，所以日本人感到他们的"全方位和平外交"具有很多优点。

日本很了解，它的许多邻国对它的大规模扩充军备会惊讶地做出反应。日本的这种认识无疑也加深了上述感觉。显然，苏联人会对此做出反应——毕竟美国要求日本在防务方面"分担自己的那一份"，而且苏联人仍然在同日本人争论北方四岛问题；苏联人还可能感到，他们在远东应付中国实力的扩张已经够麻烦的了。但是，先前曾被日本占领过的那些地区，如朝鲜、中国台湾、菲律宾、马来西亚、印度尼西亚，以及澳大利亚和新西兰，也会做出反应——所有这些国家都对日本恢复民族主义和武士道精神的任何迹象，做出了神经质般的反应，这些反应已经促使日本"致力于采取创造性的非军事方式来加强东南亚的和平和安全"。可能尤其重要的一点是，日本正面临着一个棘手问题：消除易怒的中国的疑虑——中国对1937~1945年日本在中国犯下的罪行仍记忆犹新，并且已经警告日本不要过分参与西伯利亚的开发工作（这一点反过来使日本和苏联之间的关系复杂化了），或支持中国台湾。

甚至日本的经济扩张（与此同时带动了大量必需的投资以及某些开发援助

和旅游业)，也给邻国带来了许多疑虑——它们感到自己正被再一次吸进更新的、更诡谲的“大东亚共荣圈”中。尤其是因为日本从这些国家进口的东西不多(原料除外)，但却向它们大量倾销日货，它们的这种感觉就更加强烈。这里，中国一直是直言不讳的——20世纪70年代末期，它起初对扩大日本的（对华）贸易和投资表示欢迎，以后便急剧地削减了同日本的贸易和日本的投资，其原因部分是由于中国的收支逆差，部分是为了避免在经济上依赖某个外国，防止为其所利用。邓小平在1979年敦促美国同中国的贸易“必须保持在同日本相等的水平上”，以此来防止产生任何一种日本变种的“自由贸易的帝国主义”。

现时所有这一切仅仅是预示未来动向的一些小事情，但却使东京的政治家们对于日本向21世纪迈进期间怎样才能制定一项最佳的、协调一致的对外战略焦虑不安。毫无疑问，随着经济实力的扩大，日本有可能变成第二个威尼斯——不仅表现在扩大的贸易上，而且表现在保护自己的海上交通线以及对海外的半依赖地位上。但是，内部和外部对一个强大的日本的抵触，将不仅能防止日本沿着老式的帝国主义路线攫取领土的任何打算，而且也会使它不可能大规模扩充军备。然而，后面这一结论将大大刺激美国人士，他们正在要求日本“分担”西太平洋的防务。因此，具有讽刺意味的是，如果日本不大量增加军备开支，它就要受到批评；而大量增加军备开支，它又要受到谴责。不管日本怎样行事，都会给日本那名字漂亮的“最大收获和最低风险的对外政策”带来麻烦。这再一次说明，即使日本经济发展速度加快，它也主张尽可能少地改变东亚军政事务的格局。但这样做同样又会使日本的困境进一步复杂化，因为即使一个非马克思主义者也难以设想，亚洲深刻的经济变革怎么能避免给其他领域带来深远的变化。

因此，日本最感忧虑的可能是那些很少公开讨论的问题——其部分原因是由于外交上的谨慎，部分原因是为了避免发生这种事态——关于东亚本身未来的均势。“全方位和平外交”对于目前来说，是非常好的，但是如果负担过重的美国真的从它的亚洲义务中脱身，或发现日本不可能保护石油从阿拉伯源源不断流向横滨，这种外交还会有什么用处呢？如果中国开始主宰这个地区，它还有什么用呢？如果发生另一次朝鲜战争，它会起什么作用呢？如果正在衰落的、神经质的苏联采取侵略行动，它还会有什么用处？当然我们不可能回答这类假想的、怪诞的问题。但是，甚至仅仅一个拥有小型“自卫队”的“贸易国”有朝一日也可能发现，自己不可避免地要对这些问题做出某种回答。像其他国家以往已发现的那样，商业才能和金融财富，在国际强权政治处于无政府状态的世界上，有时是不能满足需要的。

得失并存的西欧

就当前世界五大经济和军事力量中心来说，唯一不具备主权国家性质的实体是欧洲——这清楚地表明这一地区在走向21世纪初期的新兴大国体系的过程中所面临的主要问题。即使我们在考虑本大陆的未来前景时把东方社会主义政权排除在外（从实际可行的理由上看，必须排除在外），我们仍然不准备谈论某些国家——这些国家有的属于某个经济政治组织（欧共体），但不属于主要军事联盟（北约）的成员国；有的属于北约，但不是欧共体成员国；有的是与两类组织都无关的重要的中立国。由于这些不同情况的存在，接下来我们将集中讨论欧共体（以及某些主要成员国的政策），而不是重点讨论整个非共产主义的欧洲，因为形成世界第五力量的组织和结构是欧共体（至少潜在地存在着）。

但是，正是因为我们要讨论的是欧共体的潜在发展而不是它的现实，才使得我们对它在2000~2020年可能是个什么样子的推测变得复杂起来。从某些方面看，欧共体的形势，类似德意志邦联成员在19世纪中期在较小规模上所面临的形势。当时，它建立了一个关税同盟。关税同盟证明在刺激贸易和工业上获得了巨大的成功，以致它迅速吸引了一些新成员参加该同盟，并且事情非常清楚，如果这个扩大的经济共同体能够使自己变成一个大国，它就能在国际舞台上扮演一个重要的新角色——已有的大国将被迫做出相应的调整。但是，只要那种变革没有发生，只要关税同盟各成员在进一步经济一体化问题上存在着分歧，在政治和军事一体化上存在着分歧，只要在应由哪个国家担任领袖问题上有争吵，各派和实力集团在得或失的问题上有争端，它就会永远处于分裂状态，无法实现它的潜在发展可能，无力与其他大国分庭抗礼。尽管时代和环境有种种不同，但上一世纪的“德意志问题”仍是当今“欧洲问题”的缩影。

从潜力上看，欧共体显然拥有一个大国所具有的规模、财富和生产能力。西班牙和葡萄牙加入后，其12个成员国的总人口已达3.2亿，要比苏联的人口多5 000万人，几乎比美国多一倍。不仅如此，成员国的人口具有高度的文化素养，欧洲还有数百所大学和学院，有数百万名科学家和工程师。尽管各国的人均收入差距很大（联邦德国与葡萄牙两国的人均收入就相差甚远），但从整体上看，欧共体要比苏联富庶得多；若按人均计算，其某些成员国比美国还富。我们在前面已经指出，尽管其贸易的很大一部分是欧洲地区性贸易，但欧共体仍是世界上最大的贸易集团。也许测定其经济实力的更佳尺度是其产量，如汽车、钢、水泥等，欧洲这些产品的产量（钢除外）都超过了美国、日本和苏联。根据每年的统计数字和近6年来美元对欧洲货币比值巨大的变化，欧共体的国民生产总值大约相当于美国（1980年、1986年），或大约相当于美国的2/3（1983~1984年的数字）。就在世界国民生产总值中或工业品中所占的比重来说，欧共体无疑远远大于苏联、日本和中国。

此外，从军事方面看，这些欧洲国家也是不容忽视的。人们发现，欧洲4个最大的国家（联邦德国、法国、英国和意大利）的陆军总兵力超过100万人，还有170万预备役人员。两者合起来虽仍小于苏联陆军和中国陆军，但大于美国陆军。此外，这4个国家还拥有几百艘大型水面舰只和潜艇，数千坦克、火炮和飞机。最后，法国和英国还都拥有核武器和陆基、海基发射系统。对于这些军事力量的意义和效力，本书下面还将述及，但这里可简单地指出一点：如果联合起来，其总数和总效力非常可观。尤其重要的是，这些军事力量的开支平均约占国民生产总值的4%。如果这些国家——或更有意义的是如果整个欧共体的防务开支像今天美国那样达到国民生产总值的7%左右，那么，分配给防务的经费总数就会有数千亿美元，大体与两个超级大国的军费开支相同。

但是，欧洲在世界上的实际力量和效力大大低于其经济实力和军事实力本应达到的水平，其原因就在于欧洲不统一。以武装部队为例，欧洲军队不仅受损于语言不同（过去德意志邦联从未遇到过这个问题），而且还受损于五花八门的武器装备和相差悬殊的军事素质、训练水平。例如联邦德国陆军与希腊陆军、英国皇家海军与西班牙海军就无法相提并论。尽管北约组织做了许多标准化的尝试，但人们仍在埋怨12支陆、海、空军参差不齐。然而，在涉及到欧洲的对外政策和防务政策孰重孰轻时，这些问题与政治方面的障碍相比，就显得黯然失色了。爱尔兰传统的（和无政府主义的）中立立场，妨碍了欧洲经济共同体讨论防务问题；纵然进行这方面的讨论，这些讨论也许会在希腊的反对下很快收场。土耳其拥有一支庞大的陆军，但它不是欧共体的成员国。土耳其和希腊的武装部队对对方的忧虑常常甚于对华约军队的担心。法国的独立立场（下面将看到）在军事上既有有利的一面，也有不利的一面，而它的这种立场使防务和外交政策问题的协商更加复杂。英国和法国都对“在本地区之外”搞军事行动持放任态度，并且确实仍然在海外保持一系列的军事基地和驻军。对联邦德国来说，凌驾于一切的防务问题——它的全部军队所注意的问题——是东部边界的安全问题。对于欧洲来说，制定一项统一的欧洲对（例如）巴勒斯坦问题的政策，或者对美国本身的政策，由于各成员国的利益和传统不同而显得格外复杂（并且常常失败）。

从经济一体化和为了实现经济领域的决策而制定的宪章和法规制度上看，欧共体显然大大走在了前头，但即使如此，作为一个“经济共同体”来说，其分裂状态也远远超过了一个主权国家所可能发生的。政治意识形态总是影响经济政策和经济决策轻重缓急的顺序。当社会党政权在某些成员国执政而保守党在另一些成员国当权时，协调工作即使不是不可能，也是困难重重。虽然现在货币的协调比以往更加成功，但是有时不得不重新做出安排（通常包括重新调整德国马克的币值）这一事实，却提醒我们注意到成员国之间所存在的不同的财政制度和各异的银行存款制度。尽管欧洲委员会提出了有关建议，但对于制定一项欧洲共同的政策来处理各种各样的问题，从全部解除对航班的限制到金融服务，却没有取得什么进展。在很多的共同边界上，仍然关卡林立，烦琐的检查手续激起卡车司机们的愤慨。农业是欧共体的主要支柱，是有着“共同市场”的几个经济部门之一，但农业也是一个争论不休的问题。而且，如果世界粮食生产真能继续扩大，印度和其他亚洲国家不断进入出口市场，那么要求改革欧共体的价格补贴制度的压力将会增大，直到问题再次爆发为激烈的争论为止。

最后，人们还一直担心下面这种情况：经过战后几十年经济的发展和获得成功之后，欧洲开始进入不景气，甚至可能进入衰落状态。1979年石油危机引起的问题——燃料价格猛涨，收支平衡所受的压力，全世界在需求、产量和贸易方面的普遍萧条——给欧洲人的打击似乎比对其他许多主要经济大国的打击更重，参见表45。

表45　1979~1983年国民生产总值实际增长情况表（%）

国　家	1979年	1980年	1981年	1982年	1983年
美国	2.8	–0.3	2.6	–0.5	2.4
加拿大	3.4	1.0	4.0	–4.2	3.0
日本	5.1	4.9	4.0	3.2	3.0
中国	7.0	5.2	3.0	7.4	9.0
欧共体（10国）	3.5	1.1	–0.3	0.5	0.8

欧洲国家所关心的主要问题之一，一直是这一衰退对就业水平的影响——近些年来，西欧失业人数一直大大高于1945年以来的任何时期（1978~1982年，欧共体内的失业人数由590万人猛增到1 020万人），并且没有下降的迹象。这

种现象反过来又使本来已经增至极高水平的社会开支膨胀起来，从而减少了投资。而且，也没有出现像20世纪80年代发生的那种情况——美国已经大规模创造新职业，主要表现在低工资的服务性行业方面。日本也发展了新职业，主要表现在高技术领域和服务性行业方面。不管人们把这一切归咎于缺乏职业刺激、高开支和劳动力市场的不活跃以及官僚们的过分节制（右翼人士倾向于这样做），或国家在制订有效的计划与投资方面的失误（左翼人士通常这样认为），还是归咎于这两方面的致命结合，其结果都是一样的。更使许多评论家惊奇的是下面这种迹象：在未来的高科技赌注上，欧洲正落在美国以及（尤其是）日本竞争对手的后面。因而，欧洲委员会的《1984~1985年度经济报告》发出了如下警告：

> 现在，欧共体与美国和日本相较，在新的和快速发展的技术方面的工业生产能力，面对着正在出现的劣势的挑战，必须做出反应……现在，人们普遍承认欧共体在电子计算机、微电子技术和设备等领域的世界贸易活动中面临着日益恶化的局面。

十分可能的是，这种“欧洲硬化症”和“欧洲悲观主义”画面的色彩被涂得过于暗淡，因为还有其他许多迹象表明，欧洲是有竞争力的，如高质量的小轿车、民用和战斗机、卫星、化工产品、电信系统、财政金融服务等。尽管如此，有两个最紧迫的问题仍然是未知数。欧共体（由于其成员国的社会政治体制十分复杂）能够像它的海外竞争对手那样对就业方式迅速而巨大的变化做出反应吗？或者说，它打算做出更大努力来减少经济变革对非竞争性生产部门（农业、纺织业、造船业、煤炭和钢铁工业）的影响，并在短期内做得十分人道，而长期看来却使本身处于不利地位吗？另一个问题是，欧共体的公司规模不如美国和日本的大公司，它的任何“工业战略”都不是由日本通商产业省一类的机构来制定的，而是由各有不同打算的12个成员国政府（以及欧洲委员会）来制定的，在这种情况下，它能够动员自己的科学和财政力量来保持其在高科技领域竞争中的有利地位吗？

如果我们把注意力从整个欧共体移开，短暂审视一下欧洲的三个居主导地位的军事—政治强国面临的形势，那我们就会进一步看到欧共体的“潜力”正在受到“问题”的严重威胁。没有任何国家像联邦德国那样对未来怀有一种矛盾心理。它之所以这样，在很大程度上是由于它与过去的欧洲仍然藕断丝连以及当前的欧洲结构仍然带有“临时”性质。

尽管许多德国人对于他们的国家到21世纪初期的经济前景表示不安，但这种不安情绪并不十分严重（尤其是同其他国家所面临的经济困难比较起来看）。虽然它的劳动力总额稍多于英国和法国，但其国民生产总值却高得多，这反映出它的劳动生产率长期以来一直很高。在欧共体中，联邦德国一直是钢、化工产品、电子产品、汽车、拖拉机以及（由于英国经济活动衰落）船舶和煤炭的最大生产国。由于它的通货膨胀率极低，劳资纠纷很少，尽管德国马克不断升值，它却保持着出口商品价格的竞争性（它终于使其他国家认识到它的经济效益很高）。联邦德国有十分重视工程与设计的管理传统（美国却重视财政金融），这使联邦德国的高质量产品在国际享有盛誉。多年来，联邦德国在收支方面一直有盈余，盈余额仅次于日本。它的国际外汇储备多于世界上任何国家的外汇储备（日本由于最近几年获得了极大的增长，可能除外），其他国家常常把德国马克留作储备货币。

了解到上述情况后，人们便不难看到当今德国人不安的因素了。欧共体的农产品价格补贴制度加重了德国纳税人的负担，使资源从最具有竞争性的产业部门转移到竞争性最差的部门。这种情况不仅在联邦德国（令人不解的是，联邦德国有大量的小农场）有，在南欧的农业区也有。这虽然有明显的社会价值，但同美国以及日本为其农业提供的保护相比，负担却大得多。长期的大量失业（这说明联邦德国在它的老式产业中有一支过分庞大的劳动力大军），也是一个于国家经济不利的重要因素，因为这会使社会保险金在国内生产总值中占有很大比重。虽然通过实施大规模培训和招收徒工计划（加上联邦德国人口的迅速老龄化）可使青年当中的失业问题得到缓解，但人口老龄化趋势可能引起德国人的严重不安。认为日耳曼民族将“消失”显然是一种夸张的说法，但人口出生率急剧下降，将对联邦德国经济产生不良影响，特别是在联邦德国人口中将有更多的人是养老金领取者时，情况更是如此。除了这种人口方面的担心外，还有一种很不易感觉的担心，即“下一代”将不像使联邦德国从战争废墟上站立起来的一代人那样认真对待自己的工作。随着高工资和较之日本短得多的工作时间等制度的实行，联邦德国的生产增长率将逐渐变得低于太平洋地区各国。

即使如此，如果联邦德国人能够保持低通货膨胀率、产品优质、对开发新技术进行大量投资、在产品设计上高出一筹、有良好的经商作风以及劳资和平相处，这些问题都是可以解决的。（至少人们可以说，如果上面所提到的那些问题给联邦德国经济带来了影响，那么这些问题将对经济竞争能力低的邻国造成更大的伤害。）更加难以预测的是，自20世纪40年代末期以来一直存在的非常复杂的“德国问题”，是否将继续存在到21世纪。这也就是说：由两个敌对的联盟分开的两个“德国”是否将长期存在，尽管它们之间的关系日益亲密？如果东西方关系恶化，且爆发战争，北约（联邦德国在其中占有重要地位）能否在不使联邦德国遭到破坏的情况下保卫它的土地？一旦美国的力量减弱、削减驻欧兵力，联邦德国及其他欧共体和北约成员国能否提供充分的力量，代替过去40年来一直发挥良好作用的美国战略保护伞？这些互相关联的问题都不可能立即得到解决，但又都是有思想的观察家必须关心的。

目前，两个德国的关系是所有这些问题中最棘手的一个问题。如前几章所阐明的那样，确定德意志民族在欧洲国家体系中的适当位置至少在过去一个半世纪中一直是政治家们感到头痛的问题。如果把所有说德语的人放在一起，组成一个民族国家（就像近两个世纪中许多欧洲人要求做的那样），这种最终人口和工业力量都集中起来的德国很可能成为中西欧的经济力量中心。这种情况未必一定会导致德国成为欧洲的一流军事强国，就像德皇威廉二世和（更为甚者）纳粹时代企图称霸世界的德国那样。在一个两极世界中（从军事上看，这个两极世界依然由华盛顿和莫斯科控制，并处于大国侵略行动有可能导致核战争的时代，且波恩和东柏林已由1945年后“非纳粹化”的一代德国政治家处理国事），德国未来任何企图“称霸欧洲”的观念，都是不合乎时代要求的。即使它打算这样做，其他欧洲国家（更不要说世界各国）也会制止它。因此，从理论上说，让6 200万联邦德国人和1 700万民主德国人重新统一起来，尤其是当双方因越来越清楚地看到它们之间的相同点多于与保护它们的超级大国的相同点，而统一起来，这肯定不是一种错误，而是完全正确的。

然而，可悲的是，不管上述解决办法从某种意义上说多么合乎情理，也不管两个德国的人民多么充分表示他们有共同的传统和文化（尽管他们在意识形态方面还存在分歧），政治现实却对他们说不，即使仿照19世纪的模式建立松散的德意志邦联（对此，人们曾巧妙地提出建议）也不行。这里有一个无情的现实，即民主德国是苏联控制东欧缓冲国家的战略屏障（更不必说也是向西方进军的一个跳板了）。由于克里姆林宫的掌权者仍然从帝国主义现实政治的角度思考问题，因此他们认为，民主德国向联邦德国靠拢（并与之合并）是对他们的一个重大打击。一位权威人士根据目前两个德国的兵力情况指出，一个统一的德国可以部署66万多人的正规军、150万人的准军事和预备役部队。苏联不能对在其西翼拥有一支200万人军队的一个统一的德国泰然处之。另一方面，人们不认为一个和平统一的德国应保持如此规模的军队（即一支反映“冷战”紧张局势的军队）。同样，尽管第二次世界大战给德国人的经验教训如此深重，苏联领导人却还是接受了自己所作的宣传——联邦德国执行复仇主义和新纳粹主义政策（自维利 · 勃兰特执政时期以来，这种政策实际上已无法在联邦德国执行）。但是，人们明显看到的另一点是，苏联根本不愿从任何地方撤走，并对德国重新统一的政治后果深感担忧。一个重新统一的德国不仅将是一个强大的经济大国（其国民生产总值将非常接近苏联，至少从官方美元换算值来看是如此），而且在贸易上将对苏联的所有东欧邻国起吸引作用。还有更为重要的一点是，苏联从民主德国撤军肯定会导致捷克斯洛伐克、匈牙利和波兰也要求苏联撤军。从这些国家撤军将使苏联的西部边界变为一条难以划定的波兰–乌克兰国境线，这条国境线的附近有5 000万立场微妙的乌克兰人。

所以，目前看来两德的统一可望而不可即。两个德国之间的贸易可能增加（仅偶尔受超级大国之间紧张关系的影响），两个德国可能比邻国都具有较强的生产力和较富裕的财政；它们都将宣誓忠于各自的超国家军事组织（北约和华约）和经济组织（欧共体和经互会），同时又跟自己的姐妹国签署一些特别协定。人们无法预测，假如苏联因内部发生动乱而政局不稳，同时民主德国也发生动乱，波恩会做出何种反应。人们也无法预测，如果华约向西方发动进攻，民主德国人会做出何种反应。毋庸置疑，苏联为"控制"民主德国军队所做出的特别安排，以及用苏联摩托化步兵师来监视民主德国每个师的做法表明，甚至克里姆林宫内那些冷酷无情的掌权者也对让德国人打德国的情况表示忧虑（实际上他们也应当忧虑）。

而联邦德国面临的——实际上从它产生之日起就一直面临的——一个更加具体和更加直接的问题是，制定一项在欧洲发生战争时执行的切实可行的防务政策。以一开始，联邦德国人及其欧洲盟国就对在兵力上占巨大优势的苏联红军能够不受多大阻碍地向西方实施突击感到忧虑，因而便以美国的核威慑力量作为保卫本国安全的主要手段。然而，自从苏联拥有用自己的洲际弹道导弹打击美国本土的能力以来，上述战略的有效性便成问题了（尽管从未正式宣布放弃这项战略）：华盛顿真会发动一场核交锋来回击苏联对联邦德国北部平原的常规进攻吗？与此相关的另一个问题是，如果苏联人只使用短程或中程导弹（SS-20）打击欧洲目标，美国是否会向苏联发动战略核袭击（同样会招致对美国城市的回击）？无疑，人们提出了许多建议，要求建立"可靠的威慑力量"来应付紧急情况。例如，部署"潘兴–Ⅱ"式导弹和各种各样的巡航导弹系统，以对付苏联的SS-20导弹；生产一种既可消灭入侵的华约部队，又不给己方的建筑物和基础设施造成破坏的强辐射弹（或"中子弹"）。法国则主张建立一支由巴黎控制的威慑部队，以作为不可靠的美国防御系统的备用手段。但是，所有这些建议本身都有问题。除了可能引起政治反响外，所提出的每种办法都带有核武器系统所特有的自相矛盾的性质——使用核武器很可能使人们希望保卫的东西遭到破坏。

所以，人们对下面这种情况并不感到奇怪：尽管联邦德国各届政府在口头上大讲北约核威慑的战略价值，并发誓自己要置办核武器，但它们却一直站在创建一支强大的常规防御部队的前列。事实也是这样，联邦德国国防军不仅拥有北约组织欧洲成员国中最大的陆军（33.5万人，另有64.5万受过训练的预备役人员），而且训练有素，装备精良。如果这支陆军部队再拥有制空权，它本身会发挥重大作用。另一方面，人口出生率的急剧下降又使联邦德国国防军越来越难以保持满员；而政府打算使防务开支只占国民生产总值3.5%~4%，又意味着武装部队将难以采购许多新式装备来满足自己的需要。这些弱点最终是能够克服的，正像只要政治意志坚决，驻联邦德国的装备不太好的盟国军队的不足也能得到克服一样。但是，这仍然无法使联邦德国人摆脱下述令人不安的（对某些人来说，是不能容忍的）困境：在中欧爆发任何大规模战争，都会在他们的领土上造成无法估量的人员伤亡和物质损失。

因此，毫不奇怪，至少自维利·勃兰特担任政府总理时期开始，联邦德国一直在积极地寻求欧洲局势的缓和——不仅主张同民主德国缓和关系，还主张同东欧各国以及苏联缓和关系，以便消除它们那种传统的对太强大的德国的恐惧。同所有北约成员国相比，联邦德国更多地参与和资助了东西方贸易，因为它坚信科布登[6]的信条：经济上的相互依赖，可使战争更加难以发生（毫无疑问，还因为联邦德国的银行和工业处于非常有利的便于进行贸易的地位）。这并不意味着两个德国要实行“中立化”（就像左翼社会民主党人和绿党有时所建议的那样），因为那样做还要使苏联也同意民主德国中立化，而这是非常不可能的。但是，这的确意味着，联邦德国在安全问题上几乎完全把注意力放在了欧洲，不想获得任何“到国外”作战的能力，更不用说偶尔在欧洲以外地区采取作战行动了（法国和英国却仍然这样做）。所以，再进一步看，联邦德国还不愿意别人强迫它介入中东和更远地区那些与它无关并分散它的力量的争端。这种情况反过来又使它不同意美国政府的下述观点：美国政府认为，保卫西方安全不能只限于中欧地区。联邦德国政府感到，在处理同苏联和民主德国的关系以及在处理欧洲以外地区发生的问题时，仅仅搞双边外交即使不是不可能也是很困难的。它必须考虑华盛顿（而且常常还有巴黎）的反应。它在国际力量体系中处于困难而独特的境地，因而不得不付出一定的代价。

似乎联邦德国感到应付经济挑战要比处理对外政策和防务政策问题容易些，而英国的情况却恰恰相反。英国也有很长的历史，它的地理位置也有历史渊源，这一切都强烈地影响着它的对外政策。但是，正如我们在前几章所看到的，在以前的大国中，英国也是一个发现自己的经济和社会很难适应1945年以后几十年（在许多方面，也包括1945年以前的几十年）中在技术和生产制造业方面不断发生变化的格局。全球性变革对它的生产制造业影响最大，而其生产制造业曾使英国赢得过“世界工厂”的美称。确实，在世界上许多经济发达的国家中，生产制造业的产值在国民生产总值和吸收就业人数方面所占的比例一直在逐步缩小，而其他行业（如服务行业）的比例则在逐步增长。但就英国的情况来看，其生产制造业产值的下降速度却比其他国家快得多。它在世界制造业产值方面所占的比重不仅继续相对地无情地下降，而且在绝对地下降。更令人震惊的是，英国制成品在英国对外贸易中的地位也发生了突变。我们可能难以证实《经济学人》的下述说法：“1983年以后，英国在外贸收支方面一直处于赤字逆差状态，这是自罗马人入侵英国以来首次发生的情况。”尽管如此，事实却是，甚至在20世纪50年代末期，英国制成品的出口也相当于进口的3倍，而现在，那种出超的时代已经一去不复返了。而且，失业率的上升不仅发生在较老的产业部门，也发生在“新兴”的高科技企业中。

如果说英国生产制造业竞争力的下降已有一个世纪的历史，那么在发现了北海石油之后，其下降速度显然又加快了。北海的石油虽然可以使英国增加收入来弥补可见的贸易逆差，但也具有以下作用：使英国货币转换为“石油货币”，暂时使英镑值升至异乎寻常的高水平，结果使其许多出口商品失去了竞争力。甚至在北海石油开采完，英国货币币值不断下降的时候，我们也无法断定下述事实能否导致生产制造业出现某种复兴：工厂已被拆除，外国市场已经丧失（可能是永久丧失），高于平均水平的单位劳动力费用上升，致使其商品的国际竞争能力下降。英国大力发展服务性行业可能有某种较好的前景，但充其量也只能像美国那样。在美国，许多服务性行业（从擦窗户到提供快餐）既不能赚取外汇，更不能生产产品。甚至在国际金融、投资、商品交易等不断发展的高收入领域，也似乎可以明显地看出竞争更加激烈。在过去30年，英国在世界服务性行业的贸易中所占比重，已由18%降至7%。由于银行业和金融业已变成全球性行业，且这类行业越来越严格地受到纽约、伦敦和东京拥有巨资的企业（主要是美国和日本的企业）的控制，英国所占的份额可能越来越小。最后，由于电信系统和办公设备的进一步现代化，白领职员的工作可能像美国蓝领工人的工作那样，变得机会越来越少。

人们希望，所有这一切都不是社会巨变的先兆。世界生产量和贸易额的普遍增长，有助于英国经济保持活力，即使它在整个世界生产量中所占的比重缓慢下降，它的人均国民生产总值正在逐步被许多国家（从意大利到新加坡）超过。如果政府的更迭导致社会开支大增（而不是增加生产性投资）、税收加重、商界信心不足和货币发行量猛增，则这种下降的速度有可能加快。反之，如果政府实行比较宽松的货币政策，制定出系统的“工业战略”，在市场交易活动中同欧洲伙伴合作，这种下降的速度便有可能放慢。正如一位经济学家坚持认为的，情况还可能是这样的：现在英国的生产制造业整个来看更有活力、更有竞争性和适应性，已进入了一个“工业复兴”阶段。但是，预示英国经济将有巨大转变的征兆都是不利的。劳动力短缺及缺少训练、产品成本高、最大生产企业也比其他国家的小等因素，都严重阻碍了英国工业的发展。英国培养的工程师和科学家仍然很少。尤其应当指出的是，它在研究与开发方面投资很少。20世纪80年代初，英国每在研究与开发方面花1美元，联邦德国就花1.5美元，日本花3美元，美国花8美元。而且，英国的研究与开发费用50%用于非生产性的国防事业。相比之下，联邦德国才占9%，日本则更微不足道。同主要竞争对手（美国除外）相比，英国的研究与开发工作既与工业部门的需要严重脱节，又没有得到工业部门的大力资助。

英国把很大一部分资源用于与防务有关的研究与开发工作，这使我们看到了英国处于困境的另一个原因。如果英国是一个没有雄心壮志、茫然若失、奉行孤立主义政策、安于现状的国家，那么它的工业复兴患了慢性贫血症只能说是一件憾事，而与国际力量体系无关。但事实却是，尽管英国自维多利亚全盛时期以来国力大减，但它仍然是（或者自称是）一个世界第一流的“中等”强国。它的国防预算在世界上居第三或第四位（这要看怎样计算中国的国防预算总额），海军和空军都在世界上居第四位。人们可以认为，所有这一切与它的国土面积（仅有24.5万平方公里）、人口（5 600万）和在世界生产总值中所占的比重（1983年为3.38%）不断下降的国民生产总值很不相称。而且，尽管大英帝国已如西山落日，它在国外仍然承担着大量战略义务：不仅为保卫北约中央战线在联邦德国驻有陆、空军部队6.5万人，而且在全球各地（如伯利兹、塞浦路斯、直布罗陀、中国香港、福克兰群岛、文莱、印度洋）驻扎部队，拥有海军基地。尽管英国早就多次发表过撤军声明，但迄今仍然没有出现任何一个尼尼微和泰尔[7]。

英国衰落的经济和过大的战略企图之间存在的不协调性，比其他任何大国（苏联除外）都更加严重。因此，它感到下述情况使自己深受其害：武器的价格正在以比通货膨胀还高6%~10%的速度上升，每种新式武器都比它打算替换的武器贵3~5倍。由于国内政治力量对国防开支的制约，英国变得更加脆弱。虽然保守党政府认为必须限制军备开支，以减少赤字，而任何接替它的政府都可能倾向于大砍国防费用。但是，除了这种政治上的困境外，英国不久将不可避免地面临下述重大基本抉择：或者削减分配给军队各部门的资源，使它们处于无法发挥作用的状态；或者部分削减国家的防务义务。

可是，只要上述建议一提出，障碍马上就会出现。掌握制空权被认为是不言而喻的事（因此皇家空军的预算多于其他军种），甚至在新式欧洲战斗机的成本螺旋式飞速上升的时候，也是如此。显然，英国承担的最大海外义务是在联邦德国和柏林驻军（每年几乎耗资40亿美元）。但是，甚至到1987年驻在那里5.5万人的陆军部队、600辆坦克、3 000辆其他装甲车辆，却仍然感到供应不足，尽管部队士气很高。然而，对英国莱茵陆军的规模作任何削减，或采取巧妙的策略把一半部队部署在英国而不是全驻在联邦德国，都势必要引起这样一些政治反响：联邦德国忧虑，比利时效法，美国不高兴。总之，这对北约不会产生一点儿好作用。第二种办法是削减水面舰队的规模。这是1981年英国国防部计划执行的方案，但因后来发生了福克兰群岛危机而夭折了。尽管对这项方案在白厅的权力机构中有最积极的支持者，但出台的时机不好——恰恰在苏联海军的挑战日益严重和美国进一步强调北约各国军队应有“在本区以外”推进的能力之际（主张加强北约欧洲常规部队的人士肯定不同意削减北约在大西洋上的第二支最大舰队的实力）。在削减兵力方面，另一个比较切实可行的方案是，英国减少在福克兰群岛承担的过多耗资（虽然从感情上说可以理解）、不堪重负的义务。但是，甚至这种“削减”的决定，也可能要推迟好几年才能做出。最后一点是，对耗资巨大的“三叉戟”潜射弹道导弹系统的投资，似乎仍在逐月增加。鉴于保守党政府热衷于建设一支先进的、“独立的”威慑力量（而且认为“三叉戟”潜艇还可能改变整个核力量对比格局），要做出削减核潜艇投资的决定，恐怕只有在英国出现根本的政府更迭时才有可能，而那样做反过来又可能使未来的防务政策产生更多的问题。

然而，当走到这一步时，采取任何办法都很难解决问题。正如《星期日泰晤士报》指出的：“除非马上采取措施，这个国家的防务政策将越来越倾向于用更少的钱办同样的事情，而这样做只能给英国和北约带来害处。”这就使英国（任何政党的）政治家们只能在下面两种方案中做出抉择：要么削减海外义务，并承担因此而产生的后果，要么进一步增加国防开支[英国的国防开支（占其国民生产总值的5.5%）比任何北约欧洲成员国（希腊除外）都多]，从而减少生产性投资，使实现经济复兴的远期前景更加暗淡。如同衰落中的大多数强国一样，英国做出任何抉择都是困难的。

英国在英吉利海峡另一边的邻国——法国——也同样处于困境之中，尽管它的困境因为国内对法国防务政策没有连续不断的批评和其经济情况自20世纪50年代以来一直甚佳（并不是说一点儿问题也没有）而被掩盖了起来。归根结底，同英国一样，法国也不得不妥善处理这样一个问题：它仅仅是一个“中等”强国，但拥有广泛的国家利益和海外义务，而武器造价越来越高使保卫国家利益和承担海外义务变得日益困难。尽管它的人口总数同英国一样，但它的国民生产总值和人均国民生产总值却高于英国。法国生产的汽车和钢比英国多，并拥有规模很大的航空航天工业。与英国不同，法国仍必须大量进口石油。另外，它的农产品自给有余，欧共体为其提供了大量补贴。在许多重要的高技术领域，如电子通信、空间卫星、飞机、核动力等，法国决心使自己的产品在世界市场上保持竞争能力。20世纪80年代初（正当法国的主要贸易伙伴国采取财政紧缩政策的时候），法国的经济因社会党政府一味追求发展而受到严重损害。此后，它执行得更严格的政策似乎已使通货膨胀率下降，贸易赤字缩小，法郎币值稳定了下来。所有这一切应当使法国经济的发展趋势得到恢复。

但是，每当把法国的经济结构和前景同莱茵河彼岸强大的邻国，或同日本进行比较时，它的问题就暴露无遗了。虽然法国仍然大量出口战斗机、葡萄酒和谷物，但它“在向国外销售普通制成品方面却一直有问题”。它的许多主顾都是形势不稳定的第三世界国家，同这些主顾签订的合同都是耗资巨大的项目，如修建水坝，或定购“幻影”式飞机等。但合同签订后，它们又没有支付能力。相比之下，许多外国工业品、小轿车和家用电器产品“打入”法国表明，在一些重要领域，法国产品没有竞争力。它同联邦德国的贸易逆差在逐年扩大。而且，由于法国的物价总是比联邦德国增长得快，这很可能导致法郎进一步贬值。法国北部的情况仍然令人担忧，煤炭、钢铁和造船等工业很不景气；它的很大一部分汽车工业也感到压力很大。虽然新技术似乎给法国人带来了希望，但它们不能吸收大量失业者，也不能吸收大量的投资，以便与联邦德国、日本和美国技术的发展保持同步。在一个经济上离不开农业的国家看来，更令人忧虑的是全球谷物、奶制品、水果、酒等农产品生产过剩造成的危机。如果继续执行对农产品实行补贴的价格政策，法国和欧共体受到的压力将越来越大；如果削减价格补贴，则可能会引起社会动乱。直到几年前，巴黎还能够依赖欧共体提供的资金来帮助它改善农业结构。现在，这笔资金的大部分很可能要跑到西班牙、葡萄牙和希腊农民的腰包中去。所有这一切可能使法国在今后20年内没有必要的资金来大规模开展研究与开发工作，并使以高技术为基础的国民经济获得持续增长。

正是在法国未来必须确定发展的轻重缓急这一范围更大的背景下，人们需要研究一下有关法国国防政策的不同意见。近几年来，法国的战略及其军事行动在许多方面给人们留下了极为深刻的印象。由于认识到（以及口头上断言）美国战略核威慑力量的可靠性越来越令人怀疑，法国已单独建立起自己“三位一体”的发射系统，以备在苏联发动侵略战争时使用。由于自己生产核武器并掌握核威慑力量的使用权，坚持一旦威慑失灵就动用自己的整个导弹部队打击苏联，巴黎感到自己更有把握遏制克里姆林宫的侵略。与此同时，它拥有一支庞大的地面部队，在联邦德国西南部有一支最强大的驻军，并承担了一旦联邦德国要求就提供援助的义务。尽管它不在北约指挥系统之内，因而对战略问题能发表“欧洲人”的独立见解，但它并没有拒绝一旦苏联发动进攻即增援中央战线的军事需要。法国在欧洲以外地区还可发挥应有的作用。通过偶尔在海外采取军事干涉行动，在第三世界国家保持驻军和派出顾问，以及成功地推行军火销售政策，它还能（作为供应国）对苏联或美国施加一定影响。虽然这一切有时使华盛顿不快，虽然法国在南太平洋的核试验使该地区的国家深感不安，但苏联对于高卢人闹独立性的种种（有时是无法预料的）表现也不会感到满意。而且，由于法国右翼和左翼人士都支持本国在国外发挥突出作用，因而法国政府为此目的所造的舆论和采取的实际行动也不会引起国内的批评，而在其他几乎所有西方国家则不然。所有这一切促使外国观察家（当然也包括法国人自己）把法国的政策说成是符合逻辑的、不感情用事的、切实可行的，等等。

但是，正如某些法国评论家开始公开承认的那样，法国的政策也并不是没有问题的。它的政策使了解历史情况的人自然而然地回想到了1914年和1939年以前法国防务政策在理论与现实之间的差距。首先，通过冷静的观察就会发现，法国的所有独立姿态都是在美国向西欧做出保护与保证（包括常规力量和核力量方面的保证）的前提下做出的。雷蒙 · 阿隆指出，高卢人的强硬政策之所以有可能得到执行，只是因为法国在20世纪第一次没有处于最前线。但是，如果美国提供的安全保证不复存在，那又会是一种什么情景呢？也就是说，如果大家都认为美国的核威慑力量靠不住，如果美国逐步从欧洲撤回自己的部队、坦克和飞机，那又会怎样呢？在某些场合下，出现上述两种情况，都可能受到欢迎。可是，正如法国人自己所承认的，他们对出现上述情况决不会感到高兴，因为苏联实行的政策是：逐步把自己的核力量与驻欧洲的常规部队加强到无比强大的水平，对其东欧卫星国实行严密的控制，发动旨在使联邦德国公众要求脱离北约组织联盟和实行中立主义的“和平攻势”。那些表明法国实行所谓“新大西洋主义”的许多迹象，皆为法国对未来表示担心的明证。“新大西洋主义”强调：对苏联采取更加强硬的立场；批评德国社会民主党人中的中立主义倾向；法德达成协议，在联邦德国前沿部署法国快速行动部队（还可能包括战术核武器）；同北约联系更紧密。在苏联改弦更张之前，法国必然要对美国从欧洲撤军后（甚至在撤军前）苏联可能向西欧进军深感忧虑。

如果出现上述威胁的可能性加大，法国在实际上能够采取什么行动呢？当然，它可以进一步扩充常规部队，采取步骤建立一支强大的、在美军减少甚至不复存在的情况下也足以制止苏军进攻的法德联军。在联邦德国政治家赫尔穆特 · 施密特等人看来，这不仅是巴黎–波恩协约的合乎逻辑的发展，也是国际形势（例如美国兵力削弱）不断发展的结果。要执行这样一种计划，肯定会遇到种种政治上和组织上的困难，如今后中间偏左的联邦德国政府可能采取的态度、指挥、语言和部署问题，以及非常棘手的法国战术核武器的使用问题。但不管怎样，这项计划肯定会撞在无法规避的资金缺乏这个暗礁上。在20世纪80年代，法国用在防务上的开支约占国民生产总值的4.2%（相比之下，美国占7.4%，英国占5.5%）。但是，鉴于法国经济的脆弱性，这一比重不可能再增加很多。而且，法国独立发展原子武器还意味着，它的战略核部队的开支在国防预算中所占的比重达30%，这一数字远远超过任何其他国家。因此，剩下来的资源便不够用来置办AMX作战坦克、先进的飞机、新型核动力航空母舰，以及各种“超级”战斗武器等。法国武装部队虽然有可能在一定程度上得到扩充，但这满足不了所有需要。所以，正像英国所面临的情况，法国也面临着下述困难的抉择：要么完全停止研制某些武器系统，要么使国民经济军事化。

同样令人忧虑的是，在技术和战略方面人们对法国核威慑力量作用的怀疑。法国的部分“三位一体”核武器系统（陆基导弹，尤其是飞机）已经过时，甚至进行耗资巨大的改装和现代化改进也可能赶不上更新的武器技术的发展。如果美国战略防御计划在技术上获得重大突破，如果苏联也建立起庞大的弹道导弹防御体系，这个问题将变得更为严重。在法国人看来，没有什么比两个超级大国不断加强自身潜在的军事力量而让欧洲继续处于易受攻击的状态更令人不安的了。针对这种情况，法国已大大加强了它的潜射弹道导弹系统。可是，有一条法则仍在起作用：先进的技术不仅可以使现有武器系统变得毫无用处，而且肯定会使任何更新武器系统造价更加昂贵。毫无疑问，德国也像所有其他核大国一样对核威慑的可靠性产生了怀疑。如果巴黎认为，美国越来越不可能因为联邦德国边境受到侵犯而甘愿冒险同苏联进行一场战略核交锋，法国怎么可能为了联邦德国的利益而履行自己的“诉诸核武器”的允诺呢？（就连联邦德国人也很难相信这一点。）即使通过向苏联发射全部导弹来保卫法国“圣殿”的高卢传统也是以这样一种未经证实的假设为前提的：法国人宁愿接受被常规手段击败的灭亡。“砍掉苏联熊一条臂膀”这句话说起来中听，但在人们想到他们肯定要被苏联熊吞食和苏联因其反导防御体系可能使损害减少之后感觉就不一样了。显然，法国官方的核战略不会很快改变，更不用说完全改变。但是，人们不禁要问：如果东西方力量对比进一步恶化，美国的力量减弱，法国的核战略还切实可行吗?

因此，法国的问题是：各方面的需求很多，而国家资源有限，负担不起。鉴于人口和经济发展趋势前景不佳，法国防务消耗的国民收入将继续占很大比重，并且还可能进一步增加。法国可能很快不得不为农业部门拨出大量资金。同时，武装部队的现代化也需要大量金钱。但是，在考虑所有这些需求时，不应忘记还要向研究与开发领域和先进的工业部门大量投资的迫切需求。如果不为后者分配足够的资金，经过一段时间，法国的国防建设、社会安全和所有其他领域的前景就会变得暗淡起来。尽管不只是法国面临这一困难，但法国人主张在国际经济交往和防务方面欧洲人应该有“欧洲人”的立场，而且显然只有法国人能诉说欧洲人的苦衷。正是由于这一点，巴黎才常常率先提出新政策(如加强法德军事联系，生产欧洲“空中客车”和卫星等)。搞这些项目造成的后果是：法国的邻国对高卢人喜欢独断专行地制订计划和争权夺利的做法产生了顾虑，对法国公司有可能在欧洲提供资金的项目中获得最大份额深表疑虑。但是，其他项目都已证明是值得做的，而且大有前途。

诚然，欧洲的“问题”远不只这里讲到的这些，还有人口老化，工业设备陈旧，内地城市存在的种族矛盾，繁荣的北方和贫穷的南方之间的差别，比利时、北爱尔兰和西班牙北部因政治和语言问题而引起的紧张局势。持悲观态度的观察家们还偶尔提及某些欧洲国家（丹麦、联邦德国）可能“芬兰化”，并认为如果发生这种情况，它们就会倒向苏联。由于上述情况只有在有关国家的左派政治力量上台之后才能出现，我们现在还难以估计其可能性。即使发生了这种情况，如果人们把欧洲（其代表主要是欧共体）作为全球系统的一个政治力量单位来考虑，它面临的最重要的问题显然是我们上面提及的那些：如何为下一个世纪制定一项共同的防务政策，这项政策甚至在国际力量对比可能发生重大变化的时候，也具有活力；如何在面临新技术和新商业竞争对手的严重挑战的情况下保持竞争力。从本章所论及的其他4个国家的情况看，我们可推断出今后可能发生下述变化：日本和中国在世界上的地位将可能得到加强，苏联甚至美国的地位将可能受到削弱。然而，欧洲却仍然是一个谜。如果欧共体能够真正团结一致地行动，它很可能提高自己在世界上的地位——不管是军事方面的，还是政治方面的。反之，如果人的不团结本性导致出现一种不利的结局，则欧洲衰落的趋势就一定会继续下去。

矛盾重重的苏联

“矛盾”一词在马克思主义的术语中有其特定含义，特指资本主义生产方式所固有的矛盾，这一矛盾的发展必然导致资本主义的灭亡。因此，用这一术语描述苏联这个世界上第一个社会主义国家现在的处境，似乎是我们在故意进行冷嘲热讽。尽管如此，在许多至关重要的方面，苏联所要达到的目标与其手段之间的矛盾却在日益增大。它公开声称要增加工农业产值，但却又以集体化和僵化的国家计划来阻碍工农业的发展。它承认世界和平极其重要，但其庞大的军事力量与“革命”国家的联系及其本身的革命传统，又往往加剧了国际紧张局势。它要求绝对保证其漫长边界线的安全，但却采取不尊重邻国安全的顽固政策。这不仅恶化了它与西欧、东欧、中东国家、中国以及日本的关系，还使苏联人产生了“被包围”感和不安全感。苏联的学说承认科学技术和新的生产手段是推动事物辩证发展的动力，将不可避免地导致政治和社会变革。但是，苏联官僚主义的习惯势力、以苏联共产党的领导干部为主体的特权阶层、对自由交流知识的限制和缺乏激励个人发挥主动性的制度，这一切都使它在迎接未来的高技术革命方面处于极其不利的地位，而在日本和加利福尼亚，高科技已被大量采用。苏联共产党的领导人经常说，苏联决不能在军事上处于劣势地位，要求人民增加生产的呼吁则更多。但是，他们已清楚地认识到要调节这两个目标的关系是很困难的，要改变把过多的国家资源用于军队这一传统则更加不容易。结果，苏联削弱了自己与其他国家进行经济竞争的能力。也许可以把所有这些问题贴上别的标签，但称它们为“矛盾”似乎更为确切。

马克思主义哲学强调物质是存在的基础，但具有双重讽刺意味的是，苏联的主要困难正在于其经济结构。西方专家搜集的证据（且不说苏联领导人越来越多的公开承认）表明，情况的确如此。赫鲁晓夫在20世纪50年代曾信心十足地预言：苏联在经济上将超过美国，将“埋葬”资本主义。但他如果活到今天，听到戈尔巴乔夫先生在1986年苏共二十七大上的讲话会有何感想呢？戈尔巴乔夫说：

> 20世纪70年代，经济困难开始出现，经济增长率明显降低。结果不仅党纲中提出的经济发展目标未能实现，甚至第九个五年计划和第十个五年计划规定的较低的目标也未能实现。这一时期，我们的社会发展计划未得到贯彻执行。科学、教育、卫生、文化和社会服务也发展缓慢。
>
> 我们后来虽然进行过努力，但未能完全扭转形势。工艺技术、石油煤炭业、电机工程业、黑色金属业和化学工业的基本建设严重停滞不前。主要经济效率指标和提高人民生活水平的目标也未能达到。
>
> 因此，加速发展国民经济是解决一切近期和长远、经济和社会、政治和思想、国内和国外问题的关键。

对此，我们可以这样说，世界上任何国家的政府都可发表这种声明，但仅仅承认在经济上有问题并不一定能确保他们解决这些问题。

从苏联的整个历史看，农业在其经济中一直是最薄弱的环节。令人不解的是，在100年前俄国却是世界两大谷物出口国之一。而自20世纪70年代初以来，苏联每年需进口数千万吨小麦和玉米。如果世界粮食生产保持目前的势头，苏联（和某些东欧社会主义国家）在近年内将步一些非洲和中东国家之后尘，从粮食纯出口国沦为粮食纯进口国。苏联农业生产陷入这种困境并不是对农业漠不关心或努力不够造成的。斯大林去世后，每一位苏联领导人都重视提高粮食产量，以满足消费者的需要，并兑现其提高人民生活水平的许诺。认为苏联人的生活水平没有提高是不对的，苏联人的平均生活水平要比（令人绝望的）1953年高得多。但令人沮丧的是，虽然国家对农业投入了大量财力、物力和人力，农业投资占国家全部投资的30%（美国只占5%），农村劳动力占全国劳动力的20%（美国仅占3%），但经过几十年的努力逐渐与西方国家接近的苏联人的生活水平又走下坡路了。仅仅要保持当时的生活水平，苏联就必须每年向农业投资约780亿美元，另加500亿美元的食品价格补贴。这将使苏联离粮食出口国的距离越来越远，将使其不得不拿出更多的硬通货来进口谷物和肉类，以弥补农业产量的不足。

苏联农业产量不稳定，且其农业产量只有美国的1/7，确实有自然条件方面的原因。虽然美苏两国在地理上有许多相似之处，都是北半球幅员广阔的国家，但苏联的纬度要高得多（乌克兰地区同加拿大南部处于同一纬度）。这种地理位置不仅不利于玉米生长，而且使小麦种植区冬季的气温比美国的堪萨斯州和俄克拉何马州冷得多，并更容易遭受旱灾的侵袭。1978~1982年的4年间，苏联的气候特别糟，以致苏联政府不得不停止宣布农业产量的具体数字（虽然苏联平均每年进口3 500万吨粮食已为人们提供了一些线索）。就是在“丰收”的1983年，苏联也未能达到粮食自给，而下一年又是一个寒冷、干旱的灾年。而且，由于北方无霜期短，南方土地贫瘠，通过开垦“处女地”、扩大耕地面积来提高小麦产量的企图也很难实现。

但是，各国观察家却一致认为，苏联农业停滞不前的主要原因不是气候条件，其最大的问题是农业的“社会化”引起的。为了取悦百姓，苏联政府用补贴的办法把食品价格人为地压低了，把每磅成本为4美元的肉以80美分的价格出售。其结果是，农民以购买来的面包和土豆饲养牲畜要比用自产的谷物饲养更合算。国家的农业投资主要用于大型项目（如水坝、排灌工程），而不是普通农民需要的厩棚和现代化小型拖拉机。对播种、投资等问题，在农田劳作的人无权决定，而是由管理者和官僚们决定。农民没有责任心、没有积极性，可能是农业产量低、效益低、浪费大最重要的原因。另外，由于贮存设施不足、运输设备陈旧落后和分配不及时，20%的谷物、水果和蔬菜及50%的土豆都烂掉了。如果对这一体制进行根本性的改革，把农业集体化变为个体化，其结果是不言而喻的。苏联的自留地占全国耕地的4%，但其产量却占苏联农产品总量的25%，就是最好的证明。

但是，无论苏联最高领导层在“改革”方面唱的调子多高，他们也不想按照邓小平的做法，进行大规模的农业改革，达到中国式的市场化程度，虽然事实很明显：苏联的农业产量大大低于它的勇于开拓的邻邦（见图3）。

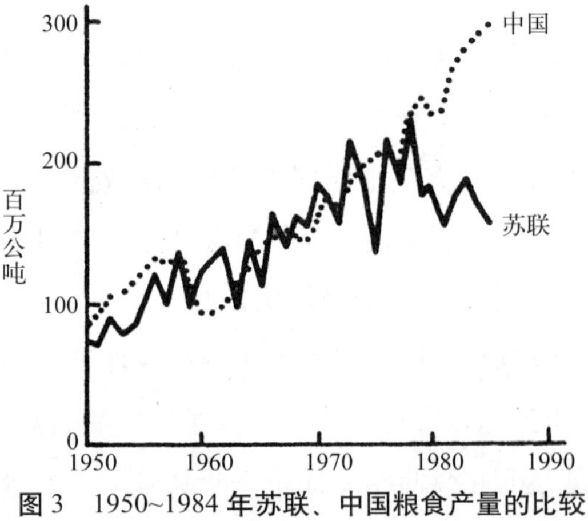

图3　1950~1984年苏联、中国粮食产量的比较

克里姆林宫虽然不会公开解释为什么要继续坚持效益极低的集体农庄体制，但有两个原因是非常明显的。第一，如果大幅度增加自留地面积，开辟更多的自由市场，提高农产品价格，农民收入在国民收入中的比重就会大大提高。这将损害城市居民的利益，引起他们的不满，甚至可能有损于工业投资。从另一方面看，这还意味着布哈林政策（即调动农民积极性的政策）的最终胜利和斯大林路线的破产。第二，如果放弃集体农庄制，控制苏联农业的官僚和管理者们的权力就会被削弱，这将使其他行业和部门的决策者们的权力受到影响。

毫无疑问，“个体农户”可根据市场信息、不断变化的气候情况及农作物生长状况灵活地采取相应的措施。中央官僚机构无论组织得多么合理，配备多么称职的人员，在灵活有效地组织农事活动方面，远远不及“个体农户”。但是，搞个体农业对“中央官僚机构”的前途不利。苏共政治局不会注意不到“社会主义”与“国家食品长期不足”之间这种令人难堪的联系。但在苏共政治局看来，哪怕是进口更多的粮食，坚持“社会主义的（即集体化的）农业”仍比放弃对农民这一社会阶层的控制更安全、稳妥。

同样，苏联若进行工业改革，也将困难重重。由于苏联工业在1945年后取得了举世瞩目的成就，许多产品（如机床、钢、水泥、化肥、石油等）的产量已超过美国，一些观察家认为，苏联工业不必进行改革。但是，苏联工业的发展已出现停滞现象。制定雄心勃勃的产量指标，然后再投入大量财力、人力来实现这些指标，便可轻而易举地增加产量的时代行将过去；其部分原因是，苏联的劳动力和能源日益匮乏（这一问题我们将在以后讨论）。另一同样重要的原因则是官僚主义的计划不切实际，过于重视重工业，不根据消费者的喜好和市场需要调整产品结构。如果水泥工业占用了其他部门迫切需要的资金，如果水泥生产耗能过多，如果其最终产品须长途运输而给负担过重的铁路系统又增加了负担，如果把水泥运到数以千计的根据计划者的指令开工但又永不竣工的建设工程工地，那么，生产大量水泥并不一定是件好事。苏联庞大的钢铁工业处于同样的状况。大量钢材被浪费，出现了“钢铁产量很高却又供不应求”的奇怪现象，使一些学者惊讶万分。毋庸置疑，苏联也有一些效率高的工业部门（这些部门均同国防有关，因为需同西方竞争，可使用大量资源），但苏联的多数工业部门因只重视产量，不关心市场价格和消费者需要而受阻。苏联工厂因不像西方工厂那样搞不好就会破产，因而缺乏提高生产效率的动力。如果继续坚持计划经济体制，无论采取多少提高工业增长率的措施，苏联工业也难以迅速发展。

如果说苏联工业效率低得令人难以忍受（或者以政府更加严肃的语调来判

断这种效率越来越令人难以忍受了），还有3个因素可能使这一效率变得更低。第一个因素涉及能源供应问题。我们已日益清楚地看到，20世纪40年代后苏联工业产量的急剧增长，是靠不计成本地消耗大量煤炭、石油和天然气资源换来的。结果，与西欧各国相比，苏联及其主要卫星国的能源与钢的浪费极大（见表46）。

表46　1979~1980年创造1 000美元的国内生产总值所消耗的煤和钢

（单位：千克）

	煤	钢		煤	钢
苏　联	1 490	135	英国	820	38
民主德国	1 356	88	法国	502	42
捷克斯洛伐克	1 290	132	联邦德国	565	52
匈牙利	1 058	88	瑞士	371	26

对于苏联来说，在它能源供应充足、使用方便时，采取这种滥用能源的做法情有可原，但这种情况已时过境迁、今非昔比了。1977年，美国中央情报局曾进行过一次人所共知的预测，认为苏联的石油产量不久将到达顶点，然后便会迅速减少。这一结论虽然下得过早，但1984年和1985年苏联的石油产量确实有所减少，这在第二次世界大战以来还是第一次。更令人震惊的是，剩余的石油（储量仍很大）不是在很深的地层，就是在像西伯利亚西部那样的终年冻土带。1985年，戈尔巴乔夫曾说，在过去的10年中，苏联每多开采一吨石油，就要增加70%的成本费，这种情况将日益严重。有鉴于此，苏联已投入大量资源，以尽快增加核发电量，准备到1990年将核发电量在发电总量中所占的比重提高1倍，即从占10%提高到占20%。切尔诺贝利核电站事故对这一计划到底会有多大影响，现在下结论还为时过早。切尔诺贝利核电站4台机组的发电量占苏联核发电总量的1/7。它的关闭意味着要增加其他核电站的发电量。显而易见，这肯定会提高成本（因为要采取更多的安全措施），放慢计划中的核

工业的发展速度。更为棘手的问题是，苏联对能源工业的投资已占其全部工业投资的30%，这个比例肯定还会急剧增加。一份报告指出："要保持近来在石油、煤炭、电力生产方面的投资趋势，坚持在天然气方面既定的投资增加指标，就须耗费苏联在1981~1985年在工业方面增加的全部投资。"这似乎令人难以置信，因为这样做将给其他部门造成严重的影响。尽管如此，总的模式是清楚的，即仅仅保持较低的经济增长速度，苏联在国民生产总值中也要增加能源产值的比例。

在苏联领导人看来，另一个十分棘手的问题是，如何迎接高科技（人工智能、超级电子计算机、激光器、光学器材、电信器材等）的挑战。在这一方面，苏联面临日益落后于西方的危险。仅从狭隘的军事角度看，苏联面临的威胁就很严重："超级"武器和先进的探测系统可抵消苏联在军事装备方面的数量优势；超级计算机可破译苏联人的密码，测定水下潜艇的位置，控制瞬息万变的战场，保卫美国的核基地（如里根总统在"星球大战计划"中所说的那样）；先进的雷达技术、激光技术、制导技术，可使西方的飞机和火炮（或火箭）部队在自己不受伤亡的情况下，摧毁敌方的飞机和坦克。以色列军队就经常对叙利亚的苏制武器系统这样做。仅仅要在这些先进技术领域赶上西方，苏联就必须为其与国防有关的部门分配更多的科学家和工程技术人员。

在民用工业方面，问题更加严重。由于传统的"投入"（如劳动力和资本投资）有限，采用高科技遂成为提高苏联工业产量的关键。例如在能源勘探、生产和分配中大量使用计算机，就可极大地减少浪费。但是，采用这一技术不仅需要投入大量资金（资金来自何处？），还意味着苏联高度保密的官僚集权式制度将受到挑战。计算机、文字处理机、传真机和知识密集型产业，只能在这样的社会才能充分发挥其效益，即它的国民受过良好的技术训练，提倡试验创新，能自由交换信息，可大胆提出假想。高科技在加利福尼亚和日本可起重要作用，但在苏联则会危害国家对信息的垄断。如果苏联的高级科学家和学者也不得单独使用复印机（管理复印机的部门都由克格勃的人员控制），如果不让警察机构放松控制和审查，我们很难想象苏联社会会大量使用文字处理机、计算机网络系统和电子邮件等。因此，苏联的工业像在农业方面一样，由于经济结构和政治思想是改革的主要障碍，苏联政府所做的“现代化”许诺与投入的资金和人力，效果肯定受损。

目前，苏联对从西方通过合法贸易换来的或非法“偷来”的技术和机器设备的依赖日益严重。相比之下，这虽不十分重要，但也是苏联面临的一个严重问题。苏联进行的工业和科技间谍活动（不论是出于军事目的，还是经济目的）的规模，显然无法确定数量，但它却表明苏联人担心自己落后于西方。通过正当贸易以原料换取西方技术（及东欧产品），是苏联试图缩小“技术差距”的传统方法。在1890~1914年和20世纪20年代，它都这样做过。从这个意义上说，苏联只是进口更加现代化的产品，如石油钻探设备、钢材、输送管、计算机、机床、化学—塑料工业设备等。使苏联计划工作者更为头疼的是，进口技术设备的安装时间不断加长，使用效率也远远低于西方。第二个问题是购买这些技术设备需要的硬通货。过去，苏联可进口经互会兄弟国家的技术设备（可不用硬通货），但这些设备的技术现已日益落后于西方。即使如此，苏联仍不得不购买东欧的产品，以防东欧经济崩溃。苏联一直通过以货易货或直接出售多余石油的方法，来购买大部分西方产品。但是，由于石油价格不稳，本国能源需求量不断增加，生产工艺日益复杂所造成的制成品在换取原材料条件方面的变化，导致苏联（和东欧各国）的外贸前途暗淡。同时，由于石油和其他原材料（天然气可能除外）换取的外汇越来越少，而支付各种进口产品的费用仍然很高，苏联用于投资的款项肯定会减少。

苏联担心影响今后经济增长的第三个因素是人口问题。苏联在这方面的前景如此不佳，以致一位学者在其新著《人口与劳动力》一书中直言不讳地写道：

> 无论是从短期看还是长期看，到20世纪末，苏联人口与劳动力的增长前景都相当暗淡。苏联人口出生率的降低速度和死亡率的急剧上升速度都出乎人们的预料。由于新的劳动力的供应减少，加上劳动力分布不均，人

口不断老化，苏联政府在这方面的前景不容乐观。

虽然这些问题都很严重，而且相互影响，但最令人震惊的发展趋势是，20世纪70年代初期（或更早）以后，苏联人的寿命越来越短，婴儿死亡率越来越高。由于医院医疗条件和社会保健条件逐渐恶化，再加上卫生设备不足、公共卫生水平低下和酗酒成风，苏联（特别是男性劳动力）的死亡率一直在上升。“今天，苏联男子的平均寿命仅为60岁，比20世纪60年代中期减少了6岁。”另一个令人吃惊的现象是，苏联的婴儿死亡率不断上升，这在工业化国家中是绝无仅有的。尽管苏联有大量医生，但其婴儿死亡率却是美国的3倍。苏联人的寿命比以前短了，而人口出生率又在急剧下降。由于城市化，参加工作的妇女人数逐渐增多，住房条件差及其他不利因素，苏联的人口出生率一直呈下降趋势，在俄罗斯族中尤为严重。这些趋势所造成的后果是，俄罗斯族男性人口几乎一直没有增加。

苏联领导人对这些情况造成的后果长期以来一直忧心忡忡，因而鼓励生育，反对酗酒，动员年迈的工人继续留厂工作。首先，随着老年人比例的增加，苏联显然必须把大量财力、物力用于社会保险和医疗卫生。在这一方面，苏联同西方工业化国家别无二致（只是苏联人口死亡率高），但这样又会使苏联领导人考虑将资金首先用于哪些方面的问题。其次，劳动力增长率急剧降低将严重影响苏联的工业和武装部队。据估计，在1980~1990年，苏联劳动力的净增人数只有599万人，而前10年则为2 421.7万人。暂不谈对军队的影响，我们不妨回顾一下20世纪50年代到70年代苏联工业产量的增长。在这一时期，苏联工业产量的增长在很大程度上依赖于劳动力数量的增加，而不是效率的提高。从此以后，苏联再也不能靠在制造业中迅速增加劳动力来实现经济增长了。当然，如果更多的从事农业生产的男性劳动力进入城市，可在相当程度上克服这些困难。但现在的问题是，斯拉夫族地区离开农村进入城市的青年已经过多；而非斯拉夫族的各加盟共和国虽有剩余劳力，但这些人所受到的教育太少，不懂俄语，进入工厂前需要用大量资金进行培训。这种情况使我们想到了另一个使莫斯科非常不安的发展趋势：中亚各加盟共和国（如乌兹别克斯坦）的人口出生率是斯拉夫人和波罗的海沿岸居民的3倍，因此苏联人口的民族构成从长远看，将发生重大的变化。到2000年，俄罗斯族人在全苏人口中所占的比例，将从1980年的52%，降至48%。在苏联历史上，俄罗斯族人口将首次不再居于多数地位。

一些人可能会说，这一大串困难被夸大了。与军事有关的苏制产品常常给人留下深刻的印象，且这些产品因军备竞赛的推动而不断得到改进。1981年，一位历史学家指出：如果回顾一下苏联在50年内所取得的经济成就，人们就会发现，苏联的情况并非一团漆黑。这位历史学家还说，西方观察家有个习惯，时而夸大苏联的强项，时而夸大苏联的弱点。尽管如此，无论苏联自列宁时代以来取得了多么巨大的成就，事实是：苏联始终未赶上西方，实际生活水平与西方的差距自勃列日涅夫执政后期以来一直在加大，在人均产值和工业效率方面，被日本等亚洲国家超过，经济增长率低，人口老化及气候、能源和农业方面的困难，给苏联领导人实现自己目标的前景蒙上了一层阴影。

有鉴于此，戈尔巴乔夫所说的“加快社会经济发展是解决我们所有问题的关键”，就不难理解了。但是，苏联即使没有自然条件方面的不利因素（如纬度高），要像中国那样改革，还必须克服两个巨大的政治障碍。第一个障碍是党务官员、政府官员和领导阶层以及其他精英成员根深蒂固的特权地位。这些人权势大，依据职位高低享受各种特殊待遇，不必经受苏联普通人在日常生活中经受的艰辛。采用分散制订计划和决定商品价格的体制、解除集体农庄对农民的控制、给工厂经理以更大的自主权、奖励能干事业而不是只对党忠诚的人、关闭过时的工厂、拒绝接受次品、允许自由交流信息，所有这些都会被掌权者视为对自己地位的严重威胁。苏共领导一方面要求加强教育、更为灵活地制订计划、在各行各业增加投资、加强纪律、反对酗酒、反对腐化，另一方面又强调说，一切改革都必须依据“科学社会主义理论”进行，决不能“搞任何市场经济和私人企业”。一位访问过苏联的人说，“苏联维持苏维埃制度需要低效率”。如果真的如此，戈尔巴乔夫先生关于苏维埃制度需要“深刻改革”的急切呼吁，就不会对苏联的经济增长率产生长期影响。

第二个政治障碍是，苏联国防开支在国民生产总值中占的比例太大。用什么方法能准确地计算出苏联军费开支总额并折合成西方的防务开支，一直是许多西方分析家感到非常棘手的问题。美国中央情报局1975年曾宣布，苏联武器的价格按卢布计算是原先估计的两倍，因而苏联的国防开支不是占苏联国民生产总值的6%~8%，而是11%~13%。这导致了对苏联军费的各种错误的解释。然而，确切的数字（苏联的计划工作者可能也不知道具体的数字）不如下面的事实更有意义：虽然1976年后苏联军费开支的增长率在逐步下降，但克里姆林宫用于国防的费用在国民生产总值中所占的比例仍是美国的两倍，甚至在里根重整军备时期仍然如此。这就是说，苏联武装力量占用了苏联本来可用于发展民用经济的大量训练有素的工人、科学家、机器设备和资金。这也不会像一些人所预言的那样，只要苏联削减国防开支，其经济增长率就会像脱缰之马，奔腾向前。原因很简单，实现经济起飞需要很长时间。例如，一座T-72型坦克装配厂需要改建相当长的时间才能生产其他产品。另一方面，如果到2000年因与北约进行军备竞赛而导致苏联军费在国民生产总值中所占的比例由14%增至17%，苏联军方使用的设备（如机器制造和金属加工设备）将越来越多，对其他的工业部门的投资将越来越少。经济学家们认为，这是苏联决策者面临的一大难题。但是，有迹象表明，今后苏联军费开支的增长率将高于国民生产总值的增长率，这将给苏联的经济繁荣和人民消费水平的提高造成不利影响。

因此，苏联如同历史上的所有大国一样，在分配国家资源时，不得不在下述方面进行选择：(1) 满足军事方面的要求，即满足苏联的安全需要；(2) 满足苏联公众对更多的消费品、更高的生活水平、更好的工作条件的日益强烈的要求，改善社会服务，降低死亡率和患病率；(3) 增加对农业、工业的投资，使苏联经济实现现代化，增加产量，赶上发达国家。在较长的时间内满足国防和社会需要，对苏联的决策者来说，是一个困难的抉择。人们的印象是：尽管人民增加消费的要求非常强烈，苏联的经济现代化改造也十分迫切，莫斯科却无法摆脱传统的军事安全观念的束缚，因此，已经做出基本抉择。除非戈尔巴乔夫政权确实决心进行改革，否则大炮总比黄油重要，（如果需要）也比发展经济重要。这些再加上其他因素，使得苏联完全不同于日本、西欧，甚至不同于中国和美国。

从历史的观点看，克里姆林宫继承了罗曼诺夫王朝和斯大林的衣钵，要求有一支可与任何大国军队相匹敌（或更庞大）的武装部队。毫无疑问，苏联当前的军事力量极其强大。要想提供准确的苏联年军费开支总额，看来是不现实的。这是因为，一方面莫斯科官方公布的数字低得使人无法相信，用其他项目（如“科学”、太空计划、公安、民防、建筑等）掩盖了大量与国防有关的开支；另一方面，由于美元与卢布汇率经常人为地变动，对苏联预算程序了解有限，因此将苏制武器和苏联劳务费换算成美元相当困难（如美国中央情报局所做的）。由于对苏联政治制度和意识形态的偏见，西方对苏联国防开支的“猜算”，可谓五花八门，人们完全可以各取所需。然而，无可争辩的事实是，苏联武装部队中的各军兵种、核部队和常规部队（在陆地、在海上、在空中）都在进行大规模现代化改装。人们只要看看苏联迅速增加的陆基和海基战略导弹系统、数千架飞机和数万辆主战坦克、飞速发展的水面舰艇部队和潜艇部队、专业兵种（空降兵、两栖作战部队、化学战部队、情报与反情报部队）的作战能力迅速加强，一切就都明白了。苏联取得这些成就所花的费用也许不像五角大楼那样多，但毫无疑问，苏联获得了只有美国才可与之匹敌的军事力量。这不是20世纪的军事波将金村，在第一次严重考验中就崩溃。

不过，苏联的军事机器也有弱点和问题。苏军并不是一支能征善战、能高效率地完成克里姆林宫所赋予的任何任务的军队。本章已经说明了其他大国战略家们所面临的困难。因此，我们现在应对苏联军事和政治领导人所面临的各种困难予以注意，但也不能因此认为，苏联的“寿命”不会太长。

从中期和远期看，苏联军事决策人所面临的困难是经济和人口问题。现在，首先谈谈技术问题。从彼得大帝时代起（再重复一下本书前面几章里提出的一个论点），只要其他大国军事技术的发展速度放慢，使武器装备、部队编制（不管是18世纪的步兵纵队，还是20世纪中期的装甲师）以及作战战术实现标准化，俄国就对西方国家享有最大的军事优势。但是，只要武器技术的发展螺旋式上升，质量的重要性大于数量时，俄国的军事优势就消失了。诚然，苏联现在已在很大程度上弥合了在沙皇时代存在的与西方的技术差距，其军方在利用国营经济的科技与生产力方面享有优先权。尽管如此，在许多技术领域，苏联还远远落后于西方。显而易见，有两种情况使苏联人忧心忡忡。一是近几十年来在中东和其他地区进行的代理人战争中，苏制武器往往显得比美制装备略逊一筹。应当承认，朝鲜、埃及、叙利亚、利比亚的飞行员与坦克手绝不是世界上最优秀的。但即使如此，我们也有充分理由怀疑，他们是否能用苏制武器打败使用在航空电子设备、雷达、微型制导系统等方面享有极大优势的美制武器的敌人。西方的苏联军事问题专家报告说，苏联在提高武器质量方面一直在进行不懈的努力，在几年内就可生产出酷似美国武器系统的装备。这可能是苏联人采取的一种对策。然而，这样做会把苏联人也拖入正威胁着西方防务计划的旋涡：越是尖端的武器，制造的时间就越长，维修保养的时间就越多，装备的重量就越大，造价也就越高，而生产的数量则会减少。这对于一个习惯于依靠大量武器完成各项战略任务的国家来说，不是一个令人鼓舞的趋势。

第二个使苏联对技术落后感到不安的情况与里根政府提出的“战略防御计划”有关。在现阶段，我们还难以相信这一计划真会使美国免受敌方的核袭击（例如，该计划对低空飞行的巡航导弹就无能为力），但它却可保护美国的导弹发射场、空军基地，能加重苏联国防开支的负担，使之生产更多的火箭和弹头，以便纯粹以数量来搞垮美国战略导弹防御系统。这对克里姆林宫来说，是很难接受的。不过，更令克里姆林宫不安的，是高技术常规战争带来的问题。一位评论家指出：

> 一个能摧毁99%的苏联来袭核弹头的防御系统并不令人满意，因为剩下的导弹仍具有巨大杀伤力……但是，如果美国能取得技术优势，能保证大量摧毁苏联的飞机、坦克、军舰等常规武器，苏联的数量优势就无足轻重了。在“星球大战”计划中不很理想的技术，可能在非核的战争中大显身手。

而且，这将迫使苏联人投入更多的资金，研制激光器、光学器材、超级计算机、制导系统和导航系统等先进技术装备。这也正如一位苏联发言人所说的：“将在更高的技术水平上进行一场全新的军备竞赛。”前苏军总参谋长奥加尔科夫元帅在1984年曾提醒人们注意苏联技术落后于西方可能造成的可怕后果。由此看来，红军对于它能否赢得这场竞赛的胜利信心不足。

另一方面，苏联潜在的人口问题可能威胁它一直享有的数量优势，即兵力优势。如上所述，这是由苏联总人口出生率下降和非俄罗斯地区人口出生率上升这两种趋势造成的。如果说这一情况会给苏联工农业劳动力配置造成不良后果的话，从长远看则会给征兵工作造成更大困难。按理说，每年从210万（原文如此——译者注）适龄男性中征召130万~150万新兵没有问题，但来自土耳其斯坦的亚洲青年所占的比例越来越大。这些人中的许多人不精通俄语，操纵机械设备（且不说电子设备）的能力太差，有时还深受伊斯兰教的影响。所有关于苏联军队民族构成的研究报告都认为，军官、士官及火箭部队、空军、海军和技术部队的人员均主要为斯拉夫人，红军的一类师也主要是斯拉夫人，但苏军二类师、三类师和运输勤务部队的人员则主要是非斯拉夫人。这就提出了一个十分有趣的问题：在与北约的常规战争中，如果一类师需要大量增援部队，这些“后续”师的作战效能如何将十分令人怀疑，把这种怀疑是否归于“种族偏见”和“大俄罗斯民族主义”（许多西方评论家也这样认为），从严格的军事角度看并不重要。重要的是，苏军总参谋部认为，苏联很大一部分适龄青年不可靠、智力低。这种判断可能是对的，因为有报告说苏联南部伊斯兰宗教激进主义势力很大，且入侵阿富汗的苏军中少数民族部队表现不佳。

换句话说，苏联领导人所面临的“民族问题”，并未因灌入马克思主义的意识形态而有所减弱，其处境犹如80年前的奥匈帝国和沙皇俄国。毋庸置疑，现在的控制措施要比1914年前严格得多，人们也可能对一些说法（如乌克兰是不满的“温床”）有保留意见。但是，我们也不会忘记1941年乌克兰人曾热烈欢迎德国入侵者，读过关于波罗的海沿岸各民族不满的报道，听说过1978年格鲁吉亚人为抗议把俄语变为该共和国第一语言而举行的（成功的）暴力示威。或许，我们尤其应注意在中苏边界居住的、持骑墙态度的数百万哈萨克人和维吾尔族人，以及在不安定的苏土（耳其）、苏伊（朗）、苏阿（富汗）边境地区居住的4 800万穆斯林。这些使苏联领导人感到惴惴不安，加重了他们的不安全感，使他们越来越为把比较“可靠”但数量不断减少的斯拉夫青年放于何处而操心费力。是应不顾工农业战线斯拉夫青年越来越少（这两条战线都迫切需要增加训练有素、思想忠诚的新成员），仍把他们送入军队，编入一类师或其他名声好的军队，还是应冒军队战斗力下降的风险，提高红军中非斯拉夫人的比例，从而把俄罗斯人及其斯拉夫同伴解脱出来，从事地方建设？苏联由于有“安全第一”的传统，很可能选择前一种做法。但是这远不能使之摆脱困境，因为这只是一种两害取其一的选择。

如果苏联战略家们所说的“力量对比”的经济因素颇使苏共政治局担心，那么迅速变化的全球力量对比中的军事形势，也不会使这些苏联领导人感到欣慰。无论苏联的军事机器在外国观察家看来有多么强大，多么令人望而生畏，将苏联军队与其所承担的战略任务做一番对比是会有益的。

在进行这项工作时，我们应分别考虑常规战争和核战争。由于显而易见的原因，在军事力量对比中人们最关心、最注意的是大国（尤其是美国和苏联）所掌握的战略核武器。美国和苏联都拥有能毁灭人类的核力量。我们不妨先看看伦敦国际战略研究所1986年公布的美苏战略核弹头数（见表47）。

表 47　美苏战略核弹头数（估计）

	美国	苏联
洲际弹道导弹弹头	2 118	6 420
潜射弹道导弹弹头	5 536	2 787+
飞机运载弹头	2 520	680
合　计	10 174	9 987+

不同的人对这些数字有不同看法。对于只关心数量、担心数字有诈的人来说，他们将认真检查各类弹头的数量，并提醒人们注意美苏还拥有大量的战术核武器。在许多业余评论家和一般公众来看，美苏建成具有如此规模及杀伤能力的核武库，是一种政治无能或精神失常的表现。它们对这个星球上人类的一切日常生活都造成了威胁，应尽快全部销毁或大量削减。而大学和国防部门的研究者们则认为，核武器作为国家战略的手段之一，确实有可能被使用。因此，他们贡献出自己的全部智慧和精力，深入研究双方的武器系统、升级战略和作战演习、军备控制的利弊与核查协定、“投掷重量”、“百万吨级当量”、“航天器预定着陆地带”、攻击目标方案和“第二次打击”等。

显而易见，在涉及500历史年的一本书内阐明“核问题”是相当困难的。由于核武器的存在，尤其是核武器的大规模部署，人们以传统观念来考虑战争、战略和经济问题是否已变得多余？一旦爆发全面核战争，北半球的每个人（可能也包括南半球的每个人）再估计核武器对世界事务中不断变化的力量对比的影响，是否已毫无意义？大国间的竞争不时演变成公开战争的传统模式是否在1945年已经彻底结束？

显然，我们无法对这些问题做出肯定的回答。但是，尽管有核武器存在，仍有迹象表明今日的大国也可能重新采纳运用武力的传统观点。首先，两个超级大国现在处于核均势，或多年来已处于核均势。尽管人们对于是否存在“机会之窗”和任何一方是否具有“首次打击”能力争论不休，但非常清楚的一点是，美国和苏联都不能保证既消灭对手，自己又免遭毁灭，即使部署的“星球大战”系统也不能使这一局面发生重大变化。由于双方都在难以探测的潜艇上部署了大量潜射弹道导弹，美苏都无法确保自己能一举全歼敌方的所有武器。除非出现偶然诱发的核升级，这一情况及对“核冬天”的恐惧足以使决策者不敢轻举妄动。这样，双方就陷入了谁都无法摆脱的核僵局：既不可能消除核技术，超级大国也不可能丢弃所拥有的核武器，而它们又无法取得真正的优势（因为一方对另一方的新武器系统可以仿制或对抗的反措施，而实际使用这些武器又风险太大）。

换言之，两个超级大国的庞大核武器将继续存在，但都无法使用（偶然事故除外），因为使用核武器违反在战争中（在其他大多数事物中也一样）“手段必须与目的相一致”这个自古有之的定理。在核战争中，人类遭受毁灭的危险太大，以致根本无法以战争手段来实现政治、意识形态和经济的目的。虽然许多智囊人物在潜心研究“进行核战争的战略”，但要驳倒杰维斯的观点是困难的。杰维斯认为：“理智地运用核武器的战略语义不通。”一旦发射了第一枚导弹，美国丧失核垄断后双方一直“互为人质”的局面就会结束。由于核战争所造成的灾难极其巨大，任何有理智的政治领导人都不会首先跨越核门槛。除非由于人为的错误或技术故障（这都是可能的）引发核战争，否则美苏双方都不敢动用核武器。如果确实发生了冲突，双方政治、军事领导人会努力把冲突限制在常规范围内。

今后20年或更长的时间内，两个相互对立的超级大国可能面临更加严重的问题：核武器将扩散到世界上动荡不安的国家和地区（中东、印度次大陆、南非和拉美）。由于这些国家不属于大国之列，本文不讨论它们在地区性冲突中使用核武器的可能性。鉴于核扩散会使全球政治更为复杂，我们有理由认为，在制止核扩散方面，美苏两国之间存在着共同点。核扩散趋势的发展可能使两个超级大国更加重视共同利益。

对迅速发展的中国、英国和法国的核力量，苏联则另有看法。在几年前，人们一致的看法是，三国的所有核武器在核力量对比中只是无足轻重的因素。

由于这三国在核交锋中只能给苏联造成有限的损失，它们的核战略根本没有威慑作用。但情况表明，这种看法也许很快就要予以纠正。在苏联看来，最令人惊恐的事态莫过于中国核力量的增长。对于这一事态，苏联已经焦虑了25年。如果中国不仅能研制出更加先进的陆基洲际弹道导弹系统，还能按其意愿研制出潜射远程弹道导弹系统，如果双方无法圆满地解决中苏争端，那么中苏未来的边界武装冲突就有可能升级为核战争。如果冲突真的升级，就目前情况看，中国会遭到严重破坏，但莫斯科也无法排除一定数量的中国导弹（到20世纪90年代数量会更多）击中苏联的可能性。

英法两国核发射系统的增多和弹头威力的增大在政治上虽不令人吃惊，在技术上却使莫斯科感到不安。直到最近，英法两国战略核武器系统是否能起到“威慑作用”仍令人怀疑。这两个国家用自己的那一点发射系统只能给苏联造成轻微的损失。因此，在美国保持中立的情况下（这恰是两国为自己拥有核武器系统进行辩护的理由），两国不会冒举国自杀的危险与苏联进行核战。但是，由于在今后几年英法的潜射弹道导弹会大量增加，这两个中等强国对苏联的杀伤能力将提高数倍。例如，采购携带“三叉戟－Ⅱ”型导弹系统的潜艇（因其价格昂贵、攻击力强而被《经济学人》杂志称为“核导弹的劳斯莱斯”）后，英国将拥有一支几乎战无不胜的威慑力量，可摧毁的苏联目标将从16个，增加到350余个。同样，法国携带M-4型多弹头远程导弹的“灵敏”号新式潜艇，可摧毁96个苏联目标。这个数字比法国5艘老式核潜艇（法国只有5艘核潜艇）所能摧毁的目标总数还要多。当其他几艘核潜艇也装上M-4型导弹后，法国的战略核弹头将增加5倍，并在理论上获得从数千英里的距离外攻击数百个苏联目标的能力。

当然，英法核力量的增强到底意味着什么是无法预测的。在英国，许多知名人士指出，那种认为英国可以独立地使用核武器抗击苏联的想法实际上是不足取的。持另一种意见的人却反驳说，英国的“自杀”至少能给苏联造成巨大的损失。法国公众和一些战略评论家感到法国政府所宣称的威慑政策作用也不大。但另一方面，人们有理由相信，非常认真地对待核战争可能性的苏联军事计划人员，肯定会对最近的事态发展感到头疼。他们不仅面临4个可给苏联心脏地区造成巨大破坏的国家（已不仅是美国一国），而且还必须考虑，如果苏联与4国中的一国（如中国）进行核交战，其余三国保持中立，坐视它们相互残杀，战后的世界军事力量对比会有何变化。正因为如此，苏联人才反复强调说，苏联在与美国签订《全面限制战略武器条约》时，不仅要考虑英法两国的核系统，还要考虑留出一定的力量对付中国。在克里姆林宫看来，所有这些情况已使核武器变为在执行合理的军事打击政策时无法使用的手段。

即使常规武器是衡量苏联军事力量的主要标准，是苏联实现其政治目标的主要手段，我们也很难相信苏联人对目前国际军事力量对比会感到心中有数。这似乎是一个非常大胆的看法，因为人们经常听到的是，在美苏“军事力量对比”中，苏联的飞机、坦克、火炮、步兵师的总数远远多于美国。人们还经常宣称，北约部队在欧洲大规模常规战争中，将无力坚守阵地，在几天后就不得不使用核武器。但是，近来越来越多的学术研究报告认为，目前的真实情况是“双方的力量都不足以保证自己取得胜利”。这一结论是进行了详尽的比较分析（例如对美国装甲师与苏联坦克师的编成进行比较分析），研究了某些影响更大但难以预测的因素（例如中国的作用、华沙条约的可靠性）后得出的。在此，我们只能加以简要说明。这一结论的根据即使大致属实，也会令苏联的参谋人员极不舒服。

首先要说清楚的一点是，任何关于常规力量的对比分析，都应将两个敌对联盟视为一个整体来衡量，在欧洲尤其如此。只要这样观察问题，我们就会发现，北约不包括美国的部分要比华约不包括俄国的部分重要得多。的确，正像《1985年度英国国防白皮书》所指出的：“驻在欧洲的北约一线部队大部分来自欧洲国家，即欧洲国家提供90%的兵力、85%的坦克、95%的火炮、80%的战斗机以及在大西洋和欧洲海域70%以上的主力舰只……欧洲可动员兵力近700万人，而美国只有350万人。”当然，美国也在德国部署了25万人，一旦欧洲燃起战火就准备跨过大西洋的美国陆军师、空军中队也是必不可少的增援部队，且总的来看北约还要依赖美国的核威慑和美国的海上力量。但重要的是，北约这座大厦的基础较为牢固，不像华约那样头重脚轻、需要靠苏联。还值得注意的一点是，美国北约盟国的防务开支比苏联的华约盟国高6倍；英国、法国和联邦德国每个国家的国防开支，比苏联以外华约各国军费的总和还要多。

如果全面衡量两大集团的力量，而不像西方人那样为了使自己的评估结果耸人听闻进行毫无道理的删节，我们就会发现，两个集团在多数方面处于战略均势。华约在某些方面虽有数量优势，但并不举足轻重。例如，双方在欧洲的地面部队数量大体相当，地面部队总数及后备役地面部队总数也大体相同。根据最准确的估计，华约的兵力为1 390万人（其中640万为主力部队，750人为预备役），没有大大超过北约1 190万人的总兵力（其中500万人为主力部队，680万人为预备役）。况且，华约军队中还有相当一部分是三类师和红军的预备役部队。在极其重要的中欧战场，北约军队与大量的苏联装甲师和摩托步兵师相比，数量上的差距最为严重。但即使如此，如果想想在城镇林立、人口稠密的德国北部实施“快速机动进攻战”是多么困难，看看苏联5.2万辆主战坦克中有那么多是只能堵塞道路的老式T-54型坦克，我们就会感到华约的优势并非很令人不安。只要在弹药、燃料和武器等方面有充足的储备，北约就会比20世纪50年代更容易挫败苏联的常规进攻。

此外，在比较两大军事集团时，还要考虑团结、凝聚力等无法用数量表达的因素。北约的弱点是不容否认的。大西洋两岸经常为“军费负担”问题争论不休；出现危机时，各国政府为发射核导弹而必须进行反复协商也是个棘手的问题。联邦德国、英国、西班牙、希腊等国的“中左”政党内，有许多人主张中立并有反北约情绪，这些都不时引起焦虑。如果有朝一日，某个与华约西部边界接壤的国家（特别是联邦德国）实行“芬兰化”，这不仅可使苏联在战略上得到重大利益，还可减轻苏联的经济负担。但是，即使这种情况的发生在理论上是可能的，它也无法与苏联对东欧各国可靠性的担心相比。具有广泛群众基础的波兰团结工会运动，民主德国希望与波恩改善关系的迹象，“蹑手蹑脚地走向资本主义”的匈牙利，波及波兰、罗马尼亚以及整个东欧的经济困难，都是苏联领导人必须正视而又很难解决的问题。这些问题不是动用苏联红军就能解决的，对“科学社会主义”的新解释看来也不能使东欧人满意。尽管苏联领导人最近发表了一些关于现代化和对马克思主义经济政策进行重新审视的言论，但是人们还难以看到苏联要取消对东欧的控制。然而，这种种政治不满和经济困难的情况必然使人们更加怀疑华约非苏联军队的可靠性。例如，人们几乎都认为，波兰军队不会增强华约的力量，因为在战时苏联红军须对波兰军队及波兰境内至关重要的公路和铁路进行了严密的监视。同样，人们也难以想象，捷克斯洛伐克军队和匈牙利军队会按照莫斯科的命令，去积极主动地进攻北约阵地。甚至苏联盟军中战斗力最强、最现代化的民主德国军队的态度，在得到向西进攻的命令时也可能发生变化。的确，华约军队中大部分是苏联人（占4/5），苏军师在与西方的常规战争中将是真正的先头突击部队。不过，如果苏联红军指挥官在进行这样一场战争的同时，又要监视100多万战斗力不强而又不太可靠的东欧士兵，这任务可能不会轻松。北约以反攻（譬如攻入捷克斯洛伐克）来回敬华约进攻的可能性无论多么小，也能使苏联的政治和军事领导人更加心神不安。

此外，苏联人从20世纪60年代初期起，就面临一个十分可怕的问题：可能与北约和中国发生大规模冲突。如果东西线战争同时发生，从一条战线向另一条战线调兵即使不是不可能，也会受到严格制约。即使战争只在一条战线爆发，克里姆林宫也不敢从潜在敌国沿边界部署有重兵的地区抽调兵力。事实也是如此。苏联不得不分出约50个师和1.3万辆坦克准备对付中苏冲突。苏联军队虽然比中国军队现代化程度高，机动能力强，但要彻底打败兵力是它4倍的对手，实在令人难以想象，更不用说长期占领了。这是假设战争保持在常规战争范围内的情况（由于苏联人曾暗示要毁灭中国，这种假设也许根本不会发生）。如果中苏间进行核交锋，苏联计划制订者就得想想，核冲突后与仍坚守中立的西方相比，自己是否会居于劣势地位。同样，苏联人也得考虑在与北约打完核战争或大规模常规战争后，在大伤元气、实力锐减的情况下，如何对付中国的压力。

虽然中国因其幅员辽阔成为苏联除北约以外最大的心病，但人们也不难想象苏联对其整个亚洲“侧翼”都不放心。从地缘政治上看，莫斯科大公国（俄国）在亚洲逐步扩张领土的传统政策已无法继续执行。且不说许多较小的亚洲国家，仅中国的重新崛起、印度的独立与发展、日本的经济复苏，就足以消除19世纪人们关于俄国会逐渐控制整个亚洲大陆的担心。（今天这种想法会使苏联总参谋部大惊失色！）的确，这还不能阻止苏联人像在阿富汗那样在周边地区得手。但是，阿富汗冲突的持续时间和在亚洲其他国家出现的反苏情绪证明，苏联人要进一步扩张领土，在政治上和军事上都将付出无法估量的代价。一个世纪前，俄国沙皇曾信心十足地宣布他的“亚洲使命”，而当今克里姆林宫的统治者，则不得不担心从中东向其南部边界渗透的伊斯兰宗教激进主义、中国的威胁，以及在阿富汗、朝鲜和越南出现的复杂局势。苏联无论在亚洲部署了多少个师，都无法确保其漫长的边界线的“安全”，尤其是西伯利亚大铁路极易因遭敌火箭袭击而中断。西伯利亚铁路中断后，远东地区的苏联军队将陷入极端困难的境地。

由于有关心本土安全的传统，所以苏联的海上力量和海外力量相对来说要小得多，这并不奇怪。这不是说，我们无视苏联海军在过去25年中令人瞩目的发展，对苏联各种性能大大改善的新型潜艇、水面舰艇和正在建造的试验性航空母舰视而不见；也不是否认苏联商船队、渔船队的迅速壮大，以及它们可能起到的重要战略作用。但是，苏联海军在攻击能力方面，与拥有15个航空母舰特混编队的美国海军相比，还相差甚远。而且，我们如果比较两大军事集团的海军，而不是两个超级大国的海军，就会发现美国–北约盟国的海军实力相当强大。

如表48所示，西方盟国的主要水面作战舰只为华约的两倍，海军飞机为华约的3倍，潜艇几乎与华约旗鼓相当。况且，华约许多大型水面舰只已服役20

多年，探测敌潜艇的能力有限，75%的海军人员是应征士兵（西方则是长期服役的职业军人）。因此，人们很难看出苏联在近期内会拥有夺取“制海权”的能力。

表 48　北约与华约海军实力对比

	华约			北约		
	苏联盟国	苏联	总计	总计	美国	美国盟国
核潜艇	—	105	105	97	85	12
柴油机潜艇	6	168	174	137	5	132
主要水面舰只	3	184	187	376	149	227
海军飞机	52	755	807	2 533	2 250	283

最后一点是，如果苏联海军新式大型水面舰只的真正任务是在巴伦支海等海域充当“海上堡垒”，保护本国的核导弹潜艇不受北约的攻击（也就是说，苏联舰队的主要任务是保卫本国的战略威慑力量），那么苏联海军显然没有多余的部队（老式潜艇除外）可用于切断北约的海上交通线。由此我们还可得出这样的结论，在与西方进行大规模冲突时，苏联无法向其散布在世界各地的基地和部队提供支援。尽管人们对苏联向第三世界的渗透大肆渲染，但苏联的海外（指东欧和阿富汗以外）驻军很少，其海外主要基地在越南、埃塞俄比亚、南也门和古巴。这些国家要求苏联提供大量财政援助，苏联对此似乎日益不满。苏联可能已经意识到，西伯利亚大铁路在有中国卷入的战争中极易遭到破坏。因此，它正有计划地开辟一条经印度洋到其远东领土的海上交通线。但是，按照现在的形势看，这条航线也并不可靠。苏联的势力范围无法与在全球拥有军事基地、部队和舰队的美国（还有英国和法国）相比，苏联那几个无遮无掩的基地在战争中无法逃避西方的打击。如果把日本、中国和某些亲西方国家的小国再算进去，形势就对苏联更加不利。当然，以武力把苏联人赶出第三世界在经济上对苏联并不是一个沉重打击，因为它在第三世界的贸易、投资和贷款，与西方相比微不足道。不过，这再次表明苏联还不完全是一个全球性大国。

人们可能认为，这是在夸大苏联与西方的差距。但值得注意的是，苏联计划制订者的确在考虑“最坏的情况”。苏联军备控制谈判人员总是反驳苏联军事力量应与美国相等的观点，说苏联要有“分外”的力量对付中国，保证自己8 000英里边界线的安全。任何一位明白事理的观察家都会认为，苏联确保自己安全的力量已绰绰有余，它继续制造更新式的武器系统，只会使别国感到不安全。但是，克里姆林宫的决策者继承了军国主义和时常类似偏执狂的治国传统，在他们看来，苏联与东欧、中东“北部”的边界和与中国漫长的共同边界都可能顷刻崩溃。但是，部署了那么多的苏军师和空军中队来保卫这些边界，苏联人并未获得所希望的安全感。苏联也不敢从东欧撤军或在边界问题上对中国做出让步，因为它担心这样做会在当地引起一系列反应，还害怕被视为是莫斯科丧失意志的表现。克里姆林宫在为解决确保其漫长的陆地边界安全这一传统难题而努力的时候，还必须竭尽全力在火箭技术、卫星运载武器、探索太空等方面赶超美国。因此，苏联，或更加确切地说是苏联的马克思主义制度，在世界力量竞争中，在整体素质上都在经受考验。苏联不喜欢处于不利的地位。

如果苏联经济发展比较健康，它的处境（或力量对比）肯定比现在好（这使我们又回到了俄国的老问题上）。经济对苏联军事之所以至关重要，不仅因为苏联人是马克思主义者，他们的武器和薪金均来源于经济，还因为他们知道经济在持久的、有大国参加的联盟战争中十分重要。1979年出版的《苏联军事百科全书》认为，全球性联盟战争也许是短暂的，使用核武器时尤其如此；“但是，考虑到联盟中参战国巨大的军事、经济潜力，也不能排除打持久战的可能性”。如果这样的战争成为持久战，经济支持力将像过去历次联盟战争中一样发挥重要作用。这种前景不会使苏联领导人感到欣慰，因为在世界国民生产总值中苏联仅占12%~13%（加上华约卫星国也只有17%）。苏联的国民生产总值不仅远远低于美国和西欧，而且正在被日本超越。如果中苏两国的经济增长率长期保持目前水平，30年后中国将赶上苏联。如果有人觉得这一结论夸大其词，不妨重读一下《经济学人》杂志的评论：1913年“沙皇俄国每人每小时的实际产值是日本的3.5倍，然而经过近70年的岁月后，苏联的人均产值却只及日本的1/4”。因此，无论人们如何估价苏联目前的军事力量，到21世纪初它在世界各经济大国中很可能退居到第四位或第五位。这将使苏联领导人感到不安，因为这对苏联国力有深远影响。

这并不是说苏联已接近崩溃的边缘，也不能把它看成一个几乎具有超强力量的国家。但这的确表明，苏联正面临着左右为难的选择。正如一位苏联问题专家所说：“勃列日涅夫时代的基本政策——大炮、黄油、增长率，已不可能再执行下去了……即使在很乐观的情况下，苏联将面临的经济困难，也要比它在20世纪60和70年代所遇到的严重得多。”预计，俄国人将为发展经济做出更大努力。但是，即使莫斯科有一个积极进取的政府，它也不可能为发展经济而放弃“科学社会主义”，更不可能为减轻负担而大量削减国防开支从而影响苏联国家的军事核心。因此，苏联摆脱其目前困境的希望不容乐观。如果没有庞大的军事力量，苏联在世界上就无足轻重；而有了庞大的军事力量，苏联既让他人感到不安全，也妨碍了自己的经济发展。这真使苏联进退维谷。

但是，西方不能对此喜出望外，因为苏联没有听任自己建立起来的国家衰败的传统和习惯。从历史上看，任何一个扩张过度、由多民族组成的帝国（本书所述及的奥斯曼帝国、西班牙帝国、拿破仑帝国和大英帝国），都是在大国战争中被打败，或在战争中受到严重削弱而不得不进行政治收缩时（如1945年以后的英国），才退回本国境内的。对苏联的困难喜形于色、期待这个帝国崩溃的人不应该忘记，这种转变不总是以人们预想的方式进行，而且，通常要付出非常巨大的代价。

相对衰落的美国

当你致力于分析美国的现实境况并探索它的未来时，由于两个重要的区别，有必要牢记苏联所面临的困难。这两个区别是：第一，尽管有人会说，在已往的几十年里，美国作为一个世界大国比苏联衰落得相对快些，但它的问题远不如它的对手苏联严重。况且，美国的绝对实力（特别是在工业和技术领域）远比苏联雄厚。第二，同一个僵化且控制甚严的大国相比，美国社会那种结构松散和自由放任的特性（尽管不无缺点），有可能在适应变化的环境方面赋予它更好的机会。但是，反过来，这又要求美国领导人能理解当今世界正在进行的更大的变动进程，要求他们在适应全球环境变化的过程中意识到美国自身的优势和弱点。

尽管就目前来讲美国在经济上甚至军事上仍是天下无双，但它迟早逃脱不了两种重大考验，这两种考验对任何在世界事务中占据“第一”的大国的寿命都曾构成严峻挑战。这两种考验是：在军事或战略领域，该大国能否在其预期的国防需求和它所拥有的履行所承担义务的手段之间，保持适度的平衡；同这一点密切相关的是，面对不断变化的全球生产格局，该大国能否在相对的衰落中保持其实力的科技和经济基础。这种对美国能力的挑战将会更加严峻，因为正像1600年前后的西班牙帝国或者1900年前后的大英帝国一样，美国是大量战略义务的继承者，而这些义务都是在几十年前国家影响世界事务的政治、经济和军事能力如此毋庸置疑的时候所承担下来的。结果是，同以往大国的兴衰史十分相像，美国也正面临着“帝国战线过长”的危险，也就是说，华盛顿的决策者不得不正视这样一种棘手而持久的现实，即美国全球利益和它所承担的义务总和，已远远超过它能同时保卫的能力。

同以往被战略上的过度扩展所困扰的大国不同的是，美国还面临着核毁灭的危险。很多人认为，正是这一点完全改变了国际强权政治的性质。如果一场大规模的核战争真的发生，那么有关美国“前途”的任何考虑都将值得怀疑，以至于使这种考虑本身毫无意义；即使美国在这样一场冲突中（因其防御系统和地理优势）处于比法国或日本更有利的地位，情况也完全一样。另一方面，1945年以后军备竞赛的历史已经表明，尽管核武器对东方和西方都构成巨大威胁，但它们对谁都显得难以使用，这正是大国之所以增加常规力量方面的开支的一个主要原因。然而，如果存在大国之间有朝一日卷入一场非核战争（不论是纯地区性的还是较大规模的）的可能性，那么今日美国同昔日的西班牙帝国或爱德华七世时的大英帝国在战略环境上的相似之处，就变得十分明显而且恰如其分。在每一种情况下，衰落中的头号强国都面临着众多威胁，而且这些威胁对其本土安全（就美国来讲，被一支入侵军队征服的前景十分遥远）来说算不了什么，但对国家的海外利益来说却是十分严峻，因为它们的海外利益如此广泛，以致很难同时保卫；并且要想放弃其中任何一种利益而又不冒更大的风险，几乎同样困难。应当指出，美国的每一种海外利益都是因它在当时看来似乎很有道理（常常又颇为紧迫）的理由承担起来的，而且在绝大多数情况下，需要美国出面的这些理由尚未消失。对华盛顿的决策者来讲，美国在世界某些地方的利益比几十年前甚至更为重大了。

就美国在中东所承担的义务而言，这一点非常正确。这是一个西自摩洛哥、东到阿富汗的广阔地带；正是在这里，美国面临着一系列的冲突和难题，仅这些问题本身（正如一位观察家所指出的那样）就足以使人“喘不过气来”，望而却步。中东既控制着世界石油供应量的绝大部分，又很容易受到苏联的渗透；美国国内有一个强大的、有组织的院外集团，在坚定不移地为孤立但在军事上却卓有成效的以色列奔走呼号；这里的那些有亲西方倾向的阿拉伯国家（埃及、沙特阿拉伯、约旦和海湾的阿拉伯联合酋长国）既受到来自内部的伊斯兰宗教激进主义者的压力，又面临来自外部如利比亚之类的威胁；这里的所有阿拉伯国家，不管它们之间如何争斗，都一致反对以色列对巴勒斯坦的政策。所有这些都使该地区对美国至关重要。然而，与此同时，任何简单的政策选择都难以适用于该地区，这又使人手足无措。另外，该地区又是世界上最有可能经常发生战事的地区（至少一些地方是如此）。最后，该地区还有一个苏联试图以武力征服的阿富汗。因此，毫不奇怪，中东一直被美国视为需要持久关注——不论通过外交方式，还是通过军事行动——的重点地区。然而，1979年在伊朗解救人质行动的失败和1983年在黎巴嫩冒险的厄运，仍然记忆犹新，加之该地区矛盾的外交复杂性（如何既支持沙特阿拉伯又不使以色列担惊受怕）和美国在阿拉伯世界的不得人心，都使美国政府要想推行一项连贯的、长期的中东政策非常困难。

在拉丁美洲，也可看到对美国国家利益的日益增长的挑战。如果世界上发生一场大规模的国际债务危机，并给全球的信贷体系，特别是给美国的银行以沉重打击，那么这场危机最有可能从拉美开始。事实上，拉美的经济问题不仅降低了美国许多著名银行对客户信贷分类的等级，而且还导致了美国制品对该地区出口的持续下降。在这里也正如在东亚一样，世界上先进的富裕国家提高对进口的低劳动成本制品的关税，并对海外援助计划表示冷淡。这本身就是一种不小的威胁，足以引起人们的担心。所有这些问题又同拉美地区几十年来在经济上和社会上所发生的巨大变化掺杂在一起；同时，拉美地区的人口爆炸正日益压迫着它所能获得的资源，也对大多数拉美国家陈旧的、保守的统治体系产生了强大压力。这导致了种种基础广泛的社会和宪法改革运动，甚至还有彻底的“革命”运动，而后者又受到了来自古巴和尼加拉瓜激进政权的影响。由于反对革命的政府宣称要铲除国内所有的共产主义苗头，并请求美国帮助实现这一目的，这些运动反而又导致了保守主义的回潮。拉美地区所存在的这些社会和政治裂痕，常常迫使美国在两种愿望之间进行选择：是在拉美各国提携民主权利，还是战胜各国的马克思主义。拉美地区的问题也使得美国在以下两种策略之间进行权衡——能否仅通过政治和经济手段达到自己的目的，或者能否诉诸武力行动（像格林纳达事件那样），它为此而煞费苦心。

然而，最令人忧虑的问题还在美国的南边，这一问题使得苏联面临的波兰“危机”都显得黯然失色。美墨关系的现状简直是世界上独一无二的。墨西哥已处于经济崩溃和违约赖账的边缘，它国内的经济危机使得每年都有10多万墨西哥人非法流入美国，它同美国之间最有利可图的贸易突然成了残忍、野蛮地经营毒品走私，而美墨边界对于这类贩运活动仍然非常容易渗透。

如果说对美国远东利益的挑战还很遥远的话，那么这并不能削弱东亚这一广大地区在今天的重大意义。远东居住着世界上最多的人口，美国对外贸易中最重要的并且日益增长的部分，正是同“太平洋周边”国家进行的；世界上未来的两大国——中国和日本就位于此地；苏联也直接和间接（通过越南）地属于远东地区。该地区还有一些新兴的工业化国家，一方面，它们脆弱的准民主制度彻底地接受了资本主义的自由主义经济原则；另一方面，它们又都削低价格与美国的工业制品进行竞争，从纺织到电子无不如此。正是在远东地区，美国一直承担着大量的军事义务，这作为早期“冷战”的产物一直存在着。

即使仅仅把这些义务列一个清单，也能揭示出美国远东利益的那种非同寻常和范围广泛的特点。几年以前，美国国防部试图就其在远东的利益问题准备一份概要文件，而它那十分简洁的文字却披露出那些战略义务的无限范围：

> 东亚和太平洋地区的安全对于美国的重要意义已通过以下诸条约正式申明：同日本、韩国和菲律宾的双边条约，使泰国成为我条约成员的《马尼拉条约》，同澳大利亚和新西兰的《澳新美安全条约》。我们还通过在朝鲜和日本驻守陆空部队，将我第七舰队部署于西太平洋前沿而进一步扩大了它的意义。我们在该地区的最高目标是与友国和盟国协力做到：
>
> ——维护我重要海上航线和我在该地区利益之安全，保持我履行在太平洋和东亚所承担的义务之能力；阻止苏联、朝鲜和越南干涉他国事务；与中国建立持久的战略关系；支持友好国家的稳定和独立。

进一步讲，这一段精心挑选的文字难免会掩盖很多十分微妙的政治和战略问题，比如如何同中国建立良好关系而又不放弃中国台湾；如何在尽力控制友好国家的产品流入美国市场的同时，“支持友好国家的稳定和独立”；如何使日本为保卫西太平洋的安全承担更多责任，而又不致引起日本邻国的不安；如何维持美国的海外基地（比如在菲律宾的基地），而又不激起当地人民的反美情绪；如何减少美国在韩国的军事存在，而又不至于向朝鲜传递错误“信号”……

更为重要的——至少按军事部署来衡量如此——还是美国在西欧的利害关系。保卫西欧是美国陆军和大部分海空力量高于一切的战略原则。根据一些秘密的统计数字，美国实际上将其一般常规部队的50%或60%派驻在北约国家，而（批评家们反复指出）北约组织的其他成员国仅仅将其国民生产总值的很小一部分用于国防开支，尽管欧洲的全部人口和总收入现已超过美国。在这里，笔者不打算重复“分摊负担”讨论中欧洲所提出的种种反对意见（诸如法国和德国这样的国家为维持征兵制所付出的社会代价之类），也不想讨论这样一种观点，即假如西欧“芬兰化”，那么美国可能会为保卫西欧拿出比现在更多的军费。从美国的战略观点来看，一个无法回避的事实是，西欧比日本似乎永远都较易受到苏联的压力，部分原因是西欧不是一个岛国，部分原因是苏联在欧洲的东部前线集中了它陆空力量的最大部分，而且明显地超过了其内部安全的合理需要。尽管如此，这仍不可能使苏联拥有横扫西欧的军事能力，但在这种情况下，要单方面陆续撤走美国的地面和空军部队，则要谨慎从事。即使西欧这一世界上工业生产最为集中的基地可能落入苏联手中的微小可能，也足以使五角大楼相信，“西欧安全对于美国的安全特别重要”。

但是，不管美国对欧洲所承担的义务在战略上多么合乎逻辑，这一事实本身并不能保证某种军事和政治纠纷不会导致大西洋两岸的不和。虽然北约组织在某种程度上把美国和西欧紧密联在一起，但是从经济上讲，尤其是在农产品市场日益缩小的情况下，欧共体本身也像日本一样，是美国的竞争对手。意义更为深远的是，尽管欧洲官方政策一直强调躲在美国“核保护伞”下的重要性，但是欧洲公众对于在自己的土地上部署美国武器（巡航导弹、潘兴Ⅱ式导弹、载有三叉戟导弹的潜艇，更不消说中子弹）的后果，仍然深感不安。但是，（又回到前面谈过的问题）假如两个超级大国在一场大规模的冲突中避免“跨越核门槛”，那么这对于使用常规手段保卫西欧仍然存在许多难题。首先，使用常规手段费用十分昂贵。其次，即使有根据表明华约的地面和空中部队事实上可以被牵制住，这种观点也意味着北约现有兵力必须得到加强。依照这种观点，没有任何事情能比减少或撤走美国驻欧军队更令人担心的了，不管这么做的经济理由和加强美国在世界其他地区的军事部署的要求多么迫切。但是，在美国如此众多的武装部队投入西欧这一特定地区的情况下，要想推行一种既是全球性又具灵活性的大战略，确实极其困难。

考虑到上述情况，最关心美国力量与其所承担的义务之间脱节现象的，竟是武装部队本身，这就毫不奇怪了。因为，如果美国的战略弱点在一场战争的严酷考验中暴露无遗，那么他们将是第一个受害者。有鉴于此，五角大楼不时发出这样的警告，即它正被迫从事一场全球范围的“后勤供应大搬家”的游戏，一有新的麻烦，它就将部队从一个“热点”转移到另一个“热点”。1983年，美国在中美、格林纳达、乍得和黎巴嫩进行的重新部署，致使前参谋长联席会议主席疾呼美国兵力与战略之间的“搭配不当”，“比以往任何时候都更加严重”。果真如此，那么问题也是在多年以前就已存在了。对于历史学家来说，有趣的是，给美国武装部队“伸展过度”的警告配上“美国全球主要军事部署图”，酷似以前的世界大国——大英帝国在其战略扩张达到顶峰时期所拥有的遍布全球的海军基地和驻军分布。

从另一方面来讲，要求美国同时保卫其所有海外利益而又没有一些盟友的帮助——比如说西欧的北约成员国，中东的以色列，太平洋的日本、澳大利亚，可能的话还有中国——几乎是不可能的。而所有的地区性倾向在防卫方面也不可能都对美国不利，比如说，尽管捉摸不定的朝鲜对南方进攻的可能性一直存在，但这种行为将不会受到中国的欢迎；另外，韩国本身已经拥有了两倍于朝鲜的人口和4倍于朝鲜的国民生产总值这样雄厚的实力。同样，虽然苏联在远东的势力扩张总是引起华盛顿的大惊小怪，但是中国对苏联通往远东的海陆交通线已构成越来越大的威胁，这在很大程度上可以抵消苏联扩张的威胁。美国国防部长已清醒地承认：“我们永远也不能以百分之百的信心有效地满足我们承担的所有义务。”这一认识是十分正确的，但是，假如我们能够考虑到世界上潜在的反苏力量（美、西欧、日、中、澳）的总和远远大于站在苏联一边的力量总和，那么问题就可能不像初看起来那样令人担忧了。

尽管有此安慰，美国大战略的基本困境仍然存在：今日美国几乎承担着同它在1/4世纪以前同样多的义务，而当时它在世界国民生产总值、工业产量、军费开支和武装部队总人数中所占的比重，都比现在要大得多。即使在它赢得第二次世界大战40年后和它从越南脱身10多年后的1985年，美国在国外驻守的武装部队仍达52万人（包括6.5万名海军人员）。顺便指出，这个总数实质上已大大超过了鼎盛时期的大英帝国在平时的海外陆海军驻军总数。然而，按照参谋长联席会议和许多文职专家所强烈陈述的意见，这点儿人根本不够。尽管从20世纪70年代末以来美国的国防预算已增加了两倍，但是它的“现役武装部队的人数只增加了5%”。正如英国和法国在其帝国时期所发现的那样，一个承担有广泛海外义务的国家，比起一个只是为了本土防御而保持武装部队的国家来说，始终都面临一个更为难办的“人力问题”；而且，在一个政治上自由和经济上放任的社会里，由于征兵不得人心，这一问题也就格外严重。

如果没有对美国制度本身的效率提出——至少是从越战以来——如此众多的怀疑，那么这种对它在世界范围内利益和能力之间存在的差距的担心，也许还不太强烈。由于这些问题在其他的研究中都被反复讨论过，这里只对它们进行简要的概括，也不对“国防改革”这一热门话题作进一步讨论。例如，长期以来争论的一个主要领域一直是军种之间的竞争程度，尽管这一问题在许多国家的军队中普遍存在，但在美国体制中似乎根深蒂固。原因可能在于参谋长联席会议主席的权力相对微弱，还可能在于同战略和作战领域相比，要把大量的精力用于武器采购。在和平时期，我们可以把它作为“官僚政治”的一个极端典型而不予重视，但在实际的战争时期，比如说，在紧急情况下派遣包括4个军种的快速部署联合特混编队，如没有适当的协调，就可能造成致命后果。

就军事采购这一领域来讲，所谓“浪费、弄虚作假和滥用职权”的批评也是司空见惯的。近年来造价昂贵但性能不合要求的武器引起公众关注，出现了种种丑闻，其原因有诸多合理的解释，例如在“军工部门”中缺乏适当的投标竞争和市场力量，武器系统本身“日益昂贵”的倾向，何况还有军火商对高额利润的追求等。但是，把采购过程中的缺陷同正在发生的明显而根本的变革——新的技术进步对战争艺术带来的广泛影响——割裂开来是很困难的。尽管在高科技领域苏联通常是最脆弱的——这表明美国武器的质量可以抵消苏联武器如坦克和飞机数量的优势——但是，卡斯帕·温伯格就采购新的武器装备而提出的“竞争战略”，仍具有明显的诱人之处。不过，里根政府在其第一任期内比卡特政府在飞机上多支出75%的军费而最终只多得了9%的飞机这一事实，揭示了20世纪末期美国军事采购中存在的这一令人震惊的问题：假使技术进步的逻辑迫使人们花费越来越多的金钱，却只能得到越来越少的武器系统。那么在一场激烈的常规战争初期过后，美国及其盟国是否还真能准备起充足的、先进而造价昂贵的飞机和坦克呢？如果美国海军在一场第三次大西洋海战中的初期阶段就遭受惨重损失，它是否还有足够的攻击潜艇或护卫舰呢？如果没有，结果将是不堪设想的，因为十分明显，当今武器的复杂性使得武器本身难以像第二次世界大战时期那样在短期内就得到更换。

这一困境又因制定美国国防政策这一复杂过程中的两个因素而更显严重。首先是预算的限制，除非外部环境对自身构成了日益严重的威胁，否则要想争取国防开支有比以往较大的提高，比如增加到国民生产总值的7.5%，那将是一场异乎寻常的政治游说；特别是由于联邦赤字的规模迫使美国将平衡政府开支作为首要问题之后，增加军费开支更为困难。但是，假如国防开支增长速度的下降或者干脆停止，恰好同武器费用的攀升碰到一起，那么五角大楼面临的困难将会雪上加霜。

其次，像美国这样一个全球超级大国所必须应付的军事突发事件错综复杂、多种多样；每一种不同的事件对所需的武装部队和武器都有不同的要求。这一点在大国的历史上不是没有先例。当年的英国陆军由于不得不在印度东北边境或在比利时作战，曾经常处于捉襟见肘的困境之中。但是这种挑战比起今日“头号”强国所面临的艰难任务，只能是小巫见大巫。如果美国的关键问题是在各种水平上保持对苏联的核威慑，那么它就必然会把大量金钱投在诸如MX导弹、B-I和“隐形”轰炸机、潘兴Ⅱ式导弹、巡航导弹、载三叉戟导弹的潜艇之类的武器上。如果同华沙条约集团打一场大规模的常规战争是最有可能的方案，那么资金大概就要流向完全不同的方向：战术飞机、主战坦克、大型航母、护卫舰、攻击潜艇以及后勤保障建设。假如美苏避免直接相撞但有可能在第三世界激烈角逐，则所需武器就会混合搭配：小型武器、直升机、轻型航母以及美国海军陆战队将得到加强并成为中坚力量。由此可见，有关“国防改革”的大量争论来自对美国可能应付的战争类型的不同估计。但是，如果政府决策人士估计错误，后果又将如何呢？

进一步讲，对美国这种体制效率的主要担心——甚至“重振”国威的坚决支持者们都如此表示——在于现行的决策体系能否保证推行一个适当的大战略。这不仅意味着要实现军事政策上更大的连贯性，以减少“海洋战略”和“联盟作战”之间的争吵，而且还要求实现美国长远的政治经济和战略利益之间的协调一致，以取代已成为华盛顿决策重要特点的官僚内斗。关于这一点，一个常被引用的例子就是，决策部门之间对于美国在海外怎样和在何地使用其武装部队，以加强或是保卫其国家利益的频繁的公开争执——国务院要求对威胁到这些利益的行为做出明确而坚决的反应，而国防部则不情愿（特别是在黎巴嫩的冒险失败以后）卷入海外麻烦，除非有特殊情况。但是，五角大楼也有过与此相反的例子，即它偏爱在同苏联的军备竞赛中事先不同主要盟国协商就单方面做出决定（比如战略防御计划SDI和主动违反第二阶段限制战略武器条约），这却给国务院留下不少难题。对于国家安全委员会，尤其是国家安全顾问个人的地位，也有不少使人难以捉摸的问题。美国对中东的政策也常常是零打碎敲、前后不一，这部分是由于存在十分棘手的巴勒斯坦问题，部分是由于美国在支持保守的、亲西方的阿拉伯国家以抵制苏联对该地区的渗透方面的战略利益，常常受到其国内亲以色列院外集团有组织的激烈反对和冲击。在如何运用经济手段（从贸易制裁、禁止转让技术到外援许可证、武器销售和粮食出口）支持美国的外交利益方面（这些利益影响到对第三世界、南非、苏联、波兰、欧共体等国家和地区的政策），各部门、机构之间经常争执不下，致使各项政策之间有时互不协调、相互矛盾。一方面，任何明智的人都不会坚持认为，每一个困扰世界的对外政策问题都有一个明显而现成的“解决办法”；另一方面，决策体制内部经常发生分歧，对保护美国的长远利益肯定没有帮助。

所有这些问题使得那些悲观的批评家对华盛顿决策者活动于其中的整个政治体制提出怀疑。这是一个过于庞大而复杂的问题，难以在这里深入探讨。但它日益表明，对于一个需要依据世界事务中难以驾驭的巨大变化来修订其大战略的国家来说，每隔两年都可能造成外交决策停顿的这种选举制度，可能没有多大好处；由院外集团、政治行动委员会及其他利益集团这些对不同的政策变化明显抱有偏见的团体所施加的强大压力，也可能于事无补。大众传播媒介对重要而复杂的国际和战略问题所固有的“简单化”倾向——它们关注这些问题的时间和空间有限；其存在的目的主要在于赚钱和招徕读者和听众，报道本身的客观性并不重要——恐怕也无助于国家。在美国社会文化中势力仍然强大的“逃避现实责任”的心理倾向，对当今美国更不会有什么裨益，尽管就美国昔日的“边疆”眼光来看是可以理解的，但对于适应今日日益复杂和一体化的世界以及同其他文化和意识形态的交往，却是一个障碍。最后，美国也不可能永远受其分权体制，即立法权与决策权分立这种体制的帮助，因为分权原则是200多年前美国在地理和战略上尚与世隔绝的情况下谨慎确立的；而且当时有充裕的时间，能对寥寥无几的真正算得上“对外”政策的问题达成一致意见。但是，在它已成为一个全球超级大国，又常常不得不迅速调整对那些几乎不受什么束缚的独立国家的政策的今天，要做到这一点已是日益困难。在这些难题中，对实施一项前后一致的、长远的美国大战略构成难以克服的障碍的已不止一个；而它们的不断积累和相互作用的结果，则使得在选举年对那些看来有损于某些特殊利益的政策进行必要的调整，比不作调整更加困难。因此，也许正是在文化和国内政治领域里，为迎接21世纪而发展和完善一项有效的美国总体政策，将受到最大的考验。

有关保卫美国全球利益的“手段与目的”之间适当关系的最后一个问题，

同逼近美国的经济挑战密切相关，因为经济方面的问题复杂多样，已对制定国家政策构成无比的压力和威胁。美国经济的广泛性和复杂性使我们很难对各个方面所发生的变化做一概括，特别是在它不断发出矛盾信号的时期里，尤为困难。尽管如此，在上一篇中所描述的一切特征仍然适用。

第一个特征是，与世界生产相比，美国工业相对衰落。不仅在旧的制造业（如纺织、钢铁、造船）和基础化学领域是这样，而且在世界的人工智能、航天、汽车、机床和计算机领域所占的比重中也是如此，尽管现在很难判断经济技术领域里竞争的最后结果。在以上两个领域里，美国都存在大量问题：在传统的基础工业方面，美国同新兴的工业化国家之间在工资水准上的差别很大，任何“提高效率的措施”恐怕都难以奏效；如果美国在未来技术的竞争中真的输掉（如果这种情况真的发生），那么情况就会更加糟糕。例如，1986年末，美国国会的一份研究报告曾经指出，美国在高科技产品方面的贸易盈余已从1980年的270亿美元减少到1985年的40亿美元，而且正在迅速走向亏损。

衰落的第二个部门（一般也是人们很少料到的）就是农业。仅10年前，农业专家们还在预言，在粮食需求和农业产量之间将会出现全球性的不平衡。但是，他们所预测的这种饥荒和灾难的前景，反而招致两种强烈的反应。其一是在海外食物销售无限广阔的前景刺激下，美国从20世纪70年代开始对农业进行大规模投资；其二就是，在西方世界的资助下，进行大量研究，以便用科学方法提高第三世界的谷物产量。这项工作十分成功，以至于使越来越多的第三世界国家成了粮食出口国，因而也自然成了美国的竞争者。这两种趋势同欧共体因其价格补贴体制而成为过剩农产品生产者的过程殊途同归。结果专家们现在转而提出了“世界充满着食物”之说，这又反过来导致了农产品价格和美国粮食出口的急剧下跌，也迫使许多农场主停产歇业。

因此毫不奇怪，正是这些经济问题导致了遍及美国经济各部门和弥漫于商人、工会、农场主及其各自的国会议员之间的保护主义浪潮。正如英国爱德华七世时期的“关税改革”之争一样，加强保护措施的辩护者抱怨外国所进行的不公正行为和低成本制品在美国的倾销，谴责国外对农场主的大量补贴；而且坚持认为，只有美国政府放弃对贸易的不干涉政策并实行强硬的反倾销措施，才能应对这些国外竞争的压力。他们的许多怨言（比如日本廉价硅片充斥美国市场）都是有道理的。广义上说，这种保护主义情绪恰恰反映了曾是天下无敌的美国制造业优势地位的衰落。犹如维多利亚时期的英国一样，1945年后的美国支持自由贸易和公开竞争，不仅是由于他们垄断了全球商业以及由此带来了繁荣，而且因为他们懂得，如果消除保护主义，那么最有可能受惠的是他们自己。但是40年后，随着这种自信心的下降，美国的观点将转向保护国内市场和国内生产者。总之，正像英帝国早期的情况一样，现存制度的保护者总会提出，提高关税不仅可能削弱国内产品在国际上的竞争能力，而且还可能导致种种外来的不利反应，比如全球关税战、抵制美国货、一些新兴工业化国家的货币贬值，以及再次出现20世纪30年代的经济危机。

伴随着这些影响美国制造业和农业的问题而来的，还有国家金融领域里前所未有的动荡。美国工业制品在国外竞争力的削弱和农产品出口的下降，共同造成了美国在有形贸易方面的巨额逆差——到1986年5月为止的12个月里，逆差额为1 600亿美元；更使人担心的是，这一贸易赤字再也不能用美国在“无形”贸易方面的收益来抵偿，而后者通常是成熟经济的依靠（比如1914年前的大英帝国）。恰恰相反，要维持美国在世界上的经济地位的唯一办法，只能是前所未有地大规模吸收外资，在短短几年之内，将自己从世界上最大的债权国变成最大的债务国。

使这一问题更加复杂的是——按照某些批评家的看法，这一问题的根源是——长期以来美国政府本身的预算政策。即使在20世纪60年代，华盛顿已有这样的倾向，即依靠赤字财政而不是依靠增加税收，来支付日益庞大的国防和社会计划的开支。但是，里根政府在80年代早期的政策——如大规模地增加国防开支，大量降低税收，而在联邦开支的其他方面没有相应减少——导致了赤字的超常上升，从而也使国家债台高筑（如表49所表明的那样）。

表 49　1980~1985 年联邦赤字、债务和利息

（单位：10 亿美元）

	赤字	债务	债务利息
1980 年	59.6	914.3	52.5
1983 年	195.4	1 387.9	87.8
1985 年	202.8	1 823.1	129.0

很多警告指出，这种趋势的继续发展，将使美国债务在2000年以前跃至13万亿美元（为1980年债务的14倍），为此所付的利息将上升到1.5万亿美元（为1980年的29倍）。事实上，降低利率虽可能减少这些估计数字，但整个趋势仍然十分不利。即使联邦赤字能够降到“只有”1 000亿美元，到21世纪早期，国债加上利息付款仍将使美国数额空前的金钱流向同一方向。从历史上讲，大国在和平时期如此增加其负债程度的仅有的另一例子，就是18世纪80年代的法国，而当时的财政危机加速了其国内政治危机的爆发。

美国的贸易和联邦赤字现时已同世界经济中的一种新现象相互影响、相互推动，这种现象可以表述为国际资本运动同商品贸易和劳务的“脱臼”。由于世界经济日趋一体化，制成品和金融服务业的贸易量比以前任何时候都大得多，其贸易金额每年可达3万亿美元。但是，这同今日世界货币市场上资本流动的惊人规模——比如，仅伦敦的欧洲美元市场的流通量就“至少相当于世界贸易额的25倍”——比较起来，就大为逊色了。这一趋势曾受到70年代一些事态（比如固定汇率转变为浮动汇率，欧佩克成员国大量过剩的石油美元等）的刺激，也受到美国赤字的推动，因为联邦政府消除支出和收入悬殊的唯一办法，就是从欧洲和（特别是）日本吸收大量的流动资金，像上面讲过的那样，把美国变成世界上最大的债务国。事实上，没有80年代早期的外资流入，很难想象美国经济能维持下去，尽管这会引起美元汇率上升这一难以对付的后果，并进而损害美国农业和制造业产品的出口。但是，外资流入又提出了这么一个使人担心的问题：一旦数额如此巨大而又十分活跃的外资撤出美国，致使美元

汇率急剧下跌，会造成什么后果呢？

这种种趋势反而说明，那种危言耸听之说夸大了美国经济问题的严重性，同时也没能指明这些发展变化的“正常性”。比如，倘若在70年代末没有这么多人以飞涨的价格和很高的利率购买土地，美国中西部农业区的经济情况可能不会太糟。另外，从制造业向服务业的转移是可以理解的，也是发生在所有发达国家里的共同现象；同时还应想到，即使制造业中的雇佣劳动力（尤其是蓝领工人）的数量一直在下降，美国制造业的绝对产量还是一直上升的。就制造业中的雇佣劳动力的减少而言，也是一种“正常”的趋势，因为世界生产正日益从材料密集型向知识密集型转变。与此相似，美国的金融机构日益转变成世界性的金融机构——世界上共有3个国际金融中心（东京、伦敦和纽约）——也没什么不好，因为它操纵着（也得益于）大量的流动资本，这只会提高美国服务业的收入。只要通货膨胀为一国特定时期所需要且允许，即使每年有大量的联邦赤字和巨额国债，问题也不会过于严重；甚至有些人还持这样的看法，认为经济自会“按自己的方式摆脱”赤字，或者政治家们会采取适当措施来减少赤字，要么提高税收，要么压缩开支，或者二者兼施。他们指出，过于草率地削减赤字的努力很可能引起大规模的衰退。

更使人宽心的，据说是美国经济中积极的增长信号。由于服务行业的繁荣，美国在过去10年中比其在和平时期的任何时候都更迅速地创造了新的就业机会——当然也比欧洲要快。与此相联系，更大规模的劳工流动也有利于就业市场的这种变化。进一步讲，美国不仅在加利福尼亚，也在新英格兰、弗吉尼亚、亚利桑那以及许多其他地方对高技术大量投资，保证了更高的产量，同时也创造了更多的国家财富（也确保了美国对苏联的某种战略优势）。事实上，正是美国经济中存在着大量的机会继续吸引着数百万的移民，激励着成千上万的企业家；而汇入美国的资本洪流也要求进一步投资，特别是在研究和开发领域。最后，如果全球贸易中的这种变化确实导致了粮食和原材料价格的下跌，那么这也应该有利于仍进口大量石油、金属矿石及其他原料的美国经济（尽管会损害像农场主和石油大王这样一些生产者）。

以上许多观点可能都有道理。因为美国经济的规模如此宏大而且多样化，因此，在一些经济部门和地区衰落的同时，其他部门和地区则可能欣欣向荣。这就使得对美国经济进行“危机”或“繁荣”的笼统概括很不恰当。因此，即使在原材料价格下降、美元难以长久支撑的高比值在1985年早期下跌和利率降低——这三种趋势都会对通货膨胀和企业界的信心产生很大影响——的情况下，你仍会发现一些经济学家对未来充满信心，这一点并不奇怪。

不过，从美国大战略和一种有效的、长远战略必须依靠的经济基础的角度来看，前景并不那么美好。首先，美国1945年以来在全球范围内承担了大量的军事义务，但是现在它肩负这些包袱的能力明显地不如几十年前，当时它在世界工业和国民生产总值中所占的比重远远大于今天；它的农业也未陷入危机，它的国际收支也比今日健康得多，政府预算尚保持平衡，对世界其他国家所欠债务也远不如今日沉重。从这一较广的意义上来讲，一些政治科学家把今日美国的地位同往昔“衰落的霸权”相提并论是有道理的。

在此着重指出这一点是有益的，即今日美国知识界日益强烈的不安心情，同英国爱德华七世时期遍及各政党的忧虑心情，以及由此引起的所谓“国家效率”运动之间，存在着惊人的相似之处。这就是国家的决策、企业和教育界之间，就如何扭转与其他发达国家相比已日渐削弱的竞争力这一问题，展开的基础广泛的论争。就商业技能、训练和教育水平、生产效率、收入（不甚富裕的家庭）和生活水平、健康状况、住房以及1900年的实力“第一”几个方面来看，它正在丧失其原来的优势地位，伴随而来的还有国家长远战略地位的灾难性后果；因此，要求“重振”和“重组”的呼声在左派中至少同在右派中一样强烈。这种运动通常都会在社会各处导致改革；但是有讽刺意味的是，这种运动本身就是衰落的证明；而这种改革的鼓动在几十年前美国的领导地位毋庸置疑的时候是完全没有必要的。非常有影响的作家G·K·切斯特顿具有讽刺意味地评论说，一个强壮的人是不担心自己身体的，只有到了衰弱不堪时，他才开始谈论自己的健康。同样，一个世界大国在其强大而又不受任何挑战之时，比其相对衰落之时，更不可能对自己履行义务的能力展开辩论。

更严格地讲，如果美国的工业基础继续受到削弱，它的大战略将会受到严重影响。假如一场未来的大规模战争仍是常规性质的（由于交战双方都惧怕发生核毁灭），那么我们不禁要问：在美国某些重要工业衰退、蓝领工作减少等情况持续若干年后，美国的生产能力将会受到什么影响？与此相联系，使人不禁想起海因斯在1904年对英国工业衰退给这个国家的实力造成的影响所发出的警告：

> 假若作为一国国防基石的工业受到（外国竞争的）威胁，那么国家处境将会怎样？没有钢铁工业，没有庞大的工程技术行业，国家就无法生存。因为在现代战争中，缺乏这些就等于丧失了生产的手段，也无法保持一支有战斗力的舰队和陆军。

很难想象美国工业能力的衰退会如此严重，因为它的工业基础比爱德华七世时期的英国要雄厚得多；而且重要的一点是，美国“与国防有关的工业”不仅受到五角大楼订货单的支撑，而且也同整个工业从材料密集型向知识密集型（即高科技）的转变并行不悖；从长远来讲，这也会减少西方对重要原料的依赖。尽管如此，大量的半导体（或者从半导体想到其他产品）在国外装配而后运回美国市场，美国的海运和造船工业衰退，许多矿井和油田关闭。一旦发生一场持久的大国之间的联盟战争，所有这些肯定会产生破坏作用。进一步讲，如果历史的先例还可供借鉴的话，那么对战时生产的“高涨”造成最严重束缚的通常是技术工人短缺问题——这又使人对美国蓝领（往往是有技术的工人）工作的大规模减少不禁疑虑重重。

另一个与支持适当的大战略同样重要的问题，涉及到经济增长缓慢对美国社会和政治一致性的影响。在某种程度上使大多数欧洲人十分惊奇的是，美国在20世纪竟然避免了公开的“阶级”政治的出现。任何人都能想到，这应归功于下列事实：大量的移民都是从世界各地严酷的社会环境中逃离出来的；美国庞大的版图容许那些对其经济地位全然绝望的人们“逃避”到美国西部，同时也使得劳工组织比在法国或英国都困难得多；同样的地理因素以及这片沃土提供给企业家的机会，鼓励了在很大程度上不受限制的自由资本主义的发展，而正是这种自由资本主义决定了美国的政治体制（除了偶尔出现的来自左派的攻击以外）。结果是，美国贫富之间的“收入差距”比任何其他发达的工业社会都大；由于同样的原因，美国用于社会公益事业的开支在其国民生产总值中所占的比例，比其他类似的国家都低（日本除外，它好像有一个很强大的以家庭为基础的、资助穷人和老人的计划）。

尽管存在着社会经济上的明显差异，但并不存在“阶级”政治，这一点显然得益于以下事实：20世纪30年代以来，美国的全面发展为大多数公民的个人生活改善提供了广阔的前景；美国社会中最穷的1/3人口没有被“动员”起来成为正式的选民。但是，假定白人同黑人和西班牙人在出生率上存在差异——何况还有流入美国的大量移民的变动，假定经济变化导致制造业中数百万高收入工作者的岗位丧失，以及服务业中低收入工作者大量涌现，在这种情况下，再得出以下结论就显得不明智了，即使美国进入一个由美元贬值和低增长造成的持续的经济困难时期，它仍能保持其主要的政治经济模式（政府低开支和富人低赋税）。这还意味着，通过增加国防开支来迎接外来挑战，通过削减现有的社会开支来对付预算危机的这种美国政体，可能要冒最终引起政治动乱的风险。考虑到本篇中所考察的其他所有大国的情况，在确定国家的优先次序过程中，如何对付国防、消费和投资之间的三重经常的紧张关系，尚没有简单易行的答案。

这种情况势必使我们面对低经济增长和高国防开支之间的微妙关系。对“国防开支经济学”的争论确实众说纷纭；而且——考虑到美国经济的规模和多样性，来自政府大量合同的刺激以及武器研究带来的技术进步——论据都不是简单地指向一个方向。但对我们的目的来说，最重要的是进行比较。即使美国的国防开支（正如人们常常指出的那样）在艾森豪威尔政府时期占其国民生产总值的10%，在肯尼迪政府时期占9%，当时美国在世界生产和财富中所占的比重也大约是今天的2倍；而且特别重要的是，当时美国的经济无论是传统制造业还是高科技制造业，都未遇到任何挑战。进而言之，假如美国现在继续将其国民生产总值的7%或更多一些用于国防，而它主要的经济竞争对手，特别是日本用于国防的开支仅占其国民生产总值的微小部分，那么依据这一事实，后者就可能拥有更多的“自由”资金用于民用投资；假如美国继续把大量的研究和开发工作投入与军事有关的生产，而日本和联邦德国将同样的力量集中于商业的研究和开发，而且五角大楼从商品的设计到生产过程占用了大部分的科学家和工程师，而其他国家则使同类的专业人员致力于为民用消费者研制更好的产品，那么美国在世界生产中所占的比重必定会继续下降，而且它的经济增长率将低于那些致力于市场活动且不急于将人力和财力投入国防的国家。

从长远来看，这些趋势使美国处于进退维谷的困境，不过这个说法几乎是多余的。道理很简单，因为美国是一个全球超级大国，比日本或联邦德国这样地区性的大国承担着大得多的军事义务，需要更为强大的国防力量，正像西班牙帝国深感要有一支比同时代其他国家更为强大的陆军一样；而维多利亚时代的大英帝国坚持要有一支比其他任何国家都强大的海军，也说明了同一道理。不仅如此，由于苏联被美国视为其全球利益的主要威胁，而且众所周知，它正将其国民生产总值的相当大一部分投入国防，因此美国决策者势必会担心“输掉”同苏联进行的这场军备竞赛。然而，更为明智的决策者也认识到，军备的负担正把苏联的经济拖向衰败；而且认为，倘若这两个超级大国继续把更多的国家财富虚掷于军备这一非生产性领域，那么关键的问题不久将成为：“同诸如日本、中国这样迅速发展的国家相比，美苏哪个国家的经济衰退得更快？”对于像美国这样全球战线过长的大国来讲，在军备上的低投资可能使其感到危机四伏，处处易受攻击；而在军备上的大量开支尽管可能带来短期的安全，但却可能损害其经济的商业竞争能力，从而将长期地削弱美国的安全。

在这里，历史的先例也不怎么鼓舞人心，因为昔日的“头号”强国都面临着共同的困境，这就是：尽管它们的相对经济实力都在下降，但对其地位日益增多的挑战却又迫使它们拿出越来越多的人力和财力投入军事领域，从而挤掉了生产性投资；随着时间的流逝，还将导致低增长和重赋税的徘徊不去，加深国内对重点开支项目的分歧，削弱其承担防卫负担的能力。如果这确实是历史发展的一种模式，那么我们禁不住要用萧伯纳的警言妙语对上述论点作如下诠释：“罗马衰落了，巴比伦衰落了，现在轮到斯卡斯代尔了。”[8]

因此，从最广泛的意义上讲，对美国能否保持其现有的地位这一引起公众日益广泛争论的问题的唯一回答，只能是否定的，因为历史从来不曾赋予任何国家永久地超越其他社会的权利，那样将意味着冻结自远古时代以来就存在的增长率、技术进步和军事发展这种种不同模式之间的差异。另一方面，历史先例的参照并不意味着美国注定要步诸如西班牙或者荷兰这些昔日主要大国的后尘而湮没无闻，或者像罗马帝国和奥匈帝国那样土崩瓦解。美国社会太庞大了，使之不可能效法前者；美国社会内在的共生凝聚性，也使之难以重蹈后者覆辙。即使许多当代政治科学著述都将美国同英国进行类比，但是，假如它们忽视了二者在规模上的不同，那么这种类比也不会有太多的说服力。这一点可以通过以下方式加以说明：不列颠诸岛的地理面积、人口和自然资源可能表明，在其他条件都相同的情况下，它应该大致拥有世界财富和力量的3%或4%；然而恰恰由于其他条件不会相同，历史和技术环境的特殊安排才使英国在其鼎盛时期占有了世界财富和力量的25%；而自从那些有利条件一去不返之后，它的一切作为又都回到较为“正常”的规模。同样道理，人们会说美国的地理版图、人口和资源，使它本应拥有世界财富和力量的16%或18%，但是由于有利的历史和技术环境，使它在世界财富和力量中所占的比重在1945年高达40%或许更多。而我们现在所目睹的一切，也不过是它从那一非常高的地位降到一个较为“正常”位置的早期阶段而已。美国的衰落被其目前拥有的强大军事能力及其资本主义和文化在“国际化”方面的成功所掩盖。然而，即使美国衰落到占有世界财富和力量的“正常”比重，在未来相当长一段时间内，仅仅由于它的规模，美国在一个多极世界中仍将是个十分重要的大国。

因此，在未来几十年里，美国领导者所面临的任务是清醒地认识到正在发展的广泛趋势，意识到必须很好地“处理”所有事态，以便使美国的相对衰落进行得缓慢、平稳，不致仅仅为了近利却招致远损的政策的冲击而加速。这就需要美国从上到下一致认识到，世界上正在发生的技术以及由此而来的社会经济变化，比以往任何时候都更为迅速，国际社会在政治上和文化上比以前更加多样化；这对于不论是华盛顿还是莫斯科对各自问题所提出的简单解决办法都是一种挑战；认识到世界经济和生产力的天平不会再像1945年那样倒向美国；即使在军事领域，也有迹象表明，世界的力量正在重新组合，国际格局正从两极向多极体制发展，而在这一多极化进程中，美国经济和军事的综合实力可能仍比其他任何一个国家都强大，但这种差距不会像第二次世界大战结束后的几十年里那样悬殊。如果想到基辛格对实施以两极世界为基础所制定的政策可能带来的不利影响而作的评论，那么这种变化本身并不是一件坏事；如果认识到苏联可能受到世界力量变化影响的程度，那么这更不是一件坏事。在对美国领导地位的衰落进行讨论时，有必要反复强调，这里所说的衰落是相对的，不是绝对的，因而也是完全正常的；对美国实际利益的唯一严重威胁，反倒可能来自不能明智地适应新的世界秩序。

考虑到美国仍有相当雄厚的国家实力，要处理好这一重新调整时期的外交和战略以实现沃尔特·李普曼所讲的“国家义务和国家力量之间的平衡”，从理论上讲不应该是美国今后历届政府中精英人才力所不及的。虽然还没有一个明显的“继承国”能接过美国的全球担子，就像在20世纪40年代美国承担英国的角色那样，但是，同四面受敌的西班牙帝国相比，或者同遭受法、英夹击的荷兰相比，或是与面临一群挑战者的大英帝国相比，美国所遇到的问题确实要少得多。美国迈向21世纪所面临的考验肯定严峻异常，尤其是在经济领域。但是，如果美国的资源能组织使用得当，对美国这个大国的局限性和机会有明智的认识，那么美国的国家力量仍是相当强大的。

从某一方面来看，美国面临的困境很难说是独一无二的。我们不禁要问：世界上哪个国家在制定一项可行的军事政策，或者在大炮、黄油和投资之间进行选择的时候，不曾遇到一系列难题？但是从另一个角度讲，美国所处的地位又是十分特殊的。尽管它的经济或许还有军事都在衰落，但是，用皮埃尔·哈斯纳的话说，“在每一种平衡和重大问题上”，它仍然是“决定性的角色”。因为无论如何，美国毕竟拥有如此强大的力量（不管是好事还是坏事），因为它是西方联盟体系的柱石和目前世界经济的中心，它有所作为，或者无所作为，比任何其他大国决定干什么都重要得多。

注：

1. 爱德华七世（1841~1910年），英国国王，维多利亚女王之子，在位期间为1901~1910年。——审校者注
2. 柯尔贝尔（1619~1683年），法王路易十四即位后，柯尔贝尔任财政总监，推行重商主义政策，建树颇多。——审校者注
3. 腓特烈大帝（1712~1786年），普鲁士国王（1740~1786年），史称腓特烈大帝，因其整顿财政和司法，推行一系列改革，加强了普鲁士在欧洲的地位。——审校者注
4. 这是日本公司在那里兴建工厂的原因之一。
5. 假设情况果真如此，人们仍难以从技术上断定准确的数字意味着什么。许多通常用来进行国际比较的统计方法（如中央情报局用的），是以美元汇率为依据的。因而，1985~1986年美元兑日元的汇率曾猛跌近40%。这一情况要是应用于上述计算，同美国相比较，就会使日本的国民生产总值激增（同苏联比较也是如此，因为人们也常常以“几何式的平均美元换算数”来计算苏联的国民生产总值）。仅把日元从其目前兑美元的汇率提高到120日元（或100日元）比1美元——某些经济学家就把这一汇率看成是它的“真正的”汇率——就会使日本的国民生产总值接近美国的，大大超过苏联的。正是因为汇率的急剧变动，某些经济学家才更愿意使用“购买力平价比率”来进行计算，尽管这种计算方法也存在着问题。
6. 理查德·科布登（1804~1865年），英国政治家和经济学家。——译者注
7. 尼尼微为古代亚述帝国之首都，其废墟在伊拉克境内。泰尔为古代腓尼基南部的一个海港，在今黎巴嫩境内。作者在此引述这两个地方喻空无一人，已被弃置之意。——译者注
8. 斯卡斯代尔，美国地名，此处寓意指美国。——译者注

后记

对国际体系中500年的大国兴衰史进行考察后，在本书结束之前，笔者写了最后一节。在这相当重要的一节中，笔者阐发了许多理论和方法论问题，如“战争与力量对比发展周期”，“全球性战争、公债与长周期”，“帝国的大小与持续时间”，以及许多政治学家曾经探讨过的其他各种理论，以便读者对本书所述主题有一个总体概念，并对某些事物未来的发展趋势进行预测。但是，这不是一部政治学专著，尽管它向正在研究战争和国际秩序变化规律的政治学家们，提供了大量翔实的材料和评论。

笔者在本节中不打算对目前国际形势做出结论性概括，因为这违背本书的主要宗旨。本书认为，国际体系是不断变化的。这不仅由于政治家们的日常活动和政治、军事事件的不断发生所致，还由于世界力量的形成会发生深刻的变化，这些力量在一定时候就会脱颖而出。

然而，在结束本书之前，谈几点一般性意见是适宜的。在全书中都谈到，在国际体系中财富与力量或经济力量与军事力量总是相互依存的，而且也应该这样看。既然这两者关系密切，既然各国的发展变化是不可抗拒的规律，那么，国际力量对比就不会一成不变，任何政治家不这样假定就是愚蠢的。由于各国间的对抗具有无序性和竞争性，过去5个世纪的国际事务史基本上是一部战争史，或至少是一部备战史。无论作战或备战都会消耗本可用于做其他（公共的或私人的）“好事”的资源。因此，不管国民经济和科学技术发展到何种阶段，在每个世纪都会有一场关于应将多少国家财富用于军事目的的辩论。与此同时，还有一场关于如何更好地繁荣国民经济的辩论。这不仅因为财富的增多可使国民受益，还由于人们认为，经济力量的增长、生产力的提高和财政收入的增加，将影响到大国的胜负——如果再次发生国际性战争的话。的确，本书论及的所有大国间长期大规模战争都说明，在战争期间和两次大战之间的和平时期，经济力量的影响是巨大的，不同的经济增长率可使不同国家变得相对强大或弱小。1500~1945年发生的多次大规模联盟战争的结局，在很大程度上证实了长期以来一直在进行的经济力量的变化。因此，每次战争结束后建立起来的“各国版图”新秩序，都是已经形成的国际体系中权力再分配的结果。然而，和平的到来并不能使这一不断变化的过程结束，各大国不同的经济增长速度将使它们继续处于相对兴旺和衰微之中。

在混乱的世界秩序中，兴旺和衰微的大国的存在是否必然导致战争，尚无法确定。大部分历史著作认为，“战争”与“大国体系”是形影不离的。新商业理论和地缘政治学的创始人之一麦金德指出，“历史上的大规模战争，都是由诸国的不平衡发展直接或间接造成的”。但是，这种情况是不是1945年以后就不复存在了呢？的确，此后可能出现两种情况。第一，核武器（它的使用有将相互交火变为相互毁灭的内在危险）的问世，最终制止了只从武装冲突对付大国力量对比不断变化的习惯做法，使间接的小规模“代理人”战争成为唯一尚存于世的战争样式。第二，双方对核武器的恐惧将使大国间的未来战争（如果这种战争发生的话）仍保持常规形态。但是，鉴于现代化常规武器的巨大威力，即便是常规战争也是极其残酷的流血事件。

显然，对这些重大问题，任何人都无法做出回答。有些人认为，人类不会如此愚蠢，以至于再去进行另一场代价极高的大国战争。我们必须提醒这些人的一点是，在19世纪的很大一部分时间里，这种看法也很普遍。诺尔曼·安吉尔的《大幻想》一书（该书是一部国际畅销书，其主要观点是，战争对战胜国和战败国在经济上都会造成巨大损失）于1910年出版，而欧洲各国的总参谋部正无声无息地制订最后的作战计划。

不管大国间发生核战争或常规战争的可能性如何，有一点很清楚，那就是世界力量对比正处在重大变化时期，而且这种变化很可能以比以往更快的速度进行。此外，这种变化主要发生在经济生产和战略力量这两个既分开又相互影响的方面。假如过去20年的发展趋势今后仍然如故，世界政治格局可能出现如下情况：

第一，在世界经济总产量和世界军事开支总额方面，“五个力量中心”所占的比例与世界其他国家相比将会减少。但是，这种减少是一个缓慢的过程。在不远的将来，可能没有任何国家可加入由美国、苏联、中国、日本和欧共体组成的“五头政治联盟”。

第二，这“五个力量中心”各自在世界经济总产量中所占的比重已经开始沿着一定方向变化，即苏联、美国、欧共体所占比重逐渐减小，日本和中国所占比重逐渐增大。在经济方面，这五个中心并非处于均势。美国的生产能力和贸易能力与欧共体大体相同（虽然前者在军事力量方面占有巨大优势），苏联与日本也基本相同（虽然日本的经济发展较快），并且后两者的生产能力分别大约只占前两者的2/3。中国的生产能力仍远远落在后面，但它的经济发展最快。

第三，在军事方面，当前仍是一个两极世界，只有美国和苏联有能力毁灭对方和其他任何国家。尽管如此，世界的两极性可能逐渐减弱。在核力量方面逐渐减弱的原因有二：一是在绝大多数情况下，核武器不能使用；二是中国、法国和英国都在努力扩大各自的核武库。在常规力量方面减弱的原因则是：中国的常规作战能力在稳步增强；联邦德国和法国（可能还有英国和意大利）越来越深刻地认识到，如果它们能真正有效地合作，它们的陆、海、空军合并后将成为一支非常强大的联合军事力量。由于国内政治方面的原因，这种情况在不远的将来发生的可能性很小。但是，存在这种可能性本身，就足以使世界“两极”体制究竟能持续多久更加令人怀疑，至少在常规力量方面是这样。相比之下，目前任何人都不会想到，日本将把自己建成一个军事大国。不过，如果今后有一天新上台的东京政治领导人决定将其更多的经济力量用于发展一支更强大的军事力量，则任何熟悉“战争与世界政治变化”方式的人都不会感到惊奇。

如果日本的确想用更多的军事手段积极参与世界事务，那么很可能是由于它感到只作为一个“贸易大国”进行活动，已无法维护自己的利益。它希望通过加强自己的武装部队，把自己的国际地位和影响提高到只使用非军事手段无法达到的程度。然而，过去500年的国际竞争史表明，只有军事“安全”是绝对不够的。从近期来看，军事强国可遏制或打败敌对国家（只要做到这一点，多数政治领导人及其民众就非常满意了）。但是，如果它们因为取得了胜利就无限制地进行领土和战略扩张，如果它们像帝国那样将很大一部分国民收入用于“防务”，而“生产性投资”越来越少，它们的经济增长速度就会放慢。从长远看，这将对满足本国公民的消费要求和保持本国的国际地位，造成不良影响。在苏联、美国和英国，这种情况已在发生。值得注意的是，中国和联邦德国都在竭力防止将过多的资金用于军事。它们都认为，军事投入过大会影响国家长期发展前景。

因此，我们现在必须回到这个从古至今都使战略家、经济学家和政治领导人困惑不解的难题上。要成为一个大国（根据定义，大国就是一个能保卫自己并可对付任何国家的强国），必须有可使国家欣欣向荣的经济基础。利斯特说：“对于一个一流强国来说，要进行战争或非常可能进行战争，就必须使自己成为一个工业生产大国。”然而，进行战争，或将国家的很大一部分“生产能力”用于生产武器装备，就有破坏国家经济基础的危险，对于那些为得到长期发展而将绝大部分国民收入用于发展生产的国家的经济基础更是如此。

对于上述所有观点，政治经济学的经典作家们都认为是正确的。追随亚当·斯密的经济学家主张保持低水平的国防开支，而赞同利斯特的国防经济观点的人，则要求国家拥有强大的暴力手段。他们都承认（如果他们诚实的话），这实际上只是一个做出何种选择的问题，并且是一个困难的选择。当然，最理想的是，“利润”和“军力”齐头并进。但是，政治家们往往发现自己面临如下困境：在现实的或想象的危险时期，必须“花钱购买”军事安全，而过后这种安全又会变成国民经济的负担；而保持低水平的国防开支，有时又会感到本国的利益受到了其他国家行动的威胁。

因此，当前国际体系中的大国必须应付以前所有大国都遇到过的两种挑战：第一是经济发展的不平衡，这可致使一些国家比另一些国家更富有、更强大；第二是紧张的有时甚至是危险的国际形势，这将迫使它们在追求近期军事安全和长远经济发展之间做出抉择。没有什么普遍适用的准则可使当今各国决策者制定出适用于所有情况的行动方案。他们如果不重视国防建设，当敌国乘虚而入时，就无法做出有效的反应。他们如果在军备上花钱过多，或不顾费用的不断增加仍然继续承担过去接受的各项军事义务，就会感到力不从心，像一个老人那样本已经精疲力竭但仍在拼命地工作。由于“战争费用日益增加的规律”，上述两种挑战都难以应付。人们经常引用的一个例子是，今天美国空军一年的预算到2020年只够研制一种飞机。尽管人们或许能够避免这一点，但对于各国政府及其纳税人来说，现代武器费用的增长速度仍然是一个惊人的事实。

因此，当今世界的所有大国——美国、苏联、中国、日本和欧共体各国——都必须认真分析从古至今的大国兴衰和各国生产力发展速度时快时慢的原因，都面临技术革命、国际形势和世界力量对比不断变化、武器费用螺旋上升、力量对比的变化等问题。任何国家和个人都无法左右这些情况的发展变化。用俾斯麦的名言说，所有国家都在“时间的长河”中航行，它们“不能创造或控制时间”，但却“能以不同的技能和经验驾驶航船前进”。它们的航行顺利与否，在很大程度上取决于在华盛顿、莫斯科、东京、北京和西欧各国首都的政府领导人的智慧。上述分析试图表明，五大政治实体中每个实体的前景可能会是什么样子，因而也要表明整个大国体系的前景如何。但是，这在很大程度上仍然取决于它们在“时间长河”中驾驶航船的“技能和经验”。